마침내, 검찰개혁

## 마침내, 검찰개혁

초판 발행 2025년 6월 10일

저자 **김남준**
편집 한상진 조연우
교정교열·본문디자인 조연우
인쇄 (주)아트가인쇄

펴낸이 김동현  펴낸곳 도서출판 뉴스타파
출판등록 2020년 8월 24일 제2020-000128호
주소 (04625) 서울시 중구 퇴계로 212-13 뉴스타파함께센터 2층
전화 02-6956-3665
이메일 yunoo@newstapa.org

ISBN 979-11-989332-3-2(03300)
이 책은 저작권법에 따라 보호받는 저작물이므로 무단 전재와 복제를 금합니다.

**도서출판 뉴스타파**는 뉴스타파함께재단이 만든 출판 브랜드입니다.
세상에 필요한 이야기를 나누는 책을 만듭니다.

# 머리말

나는 경상남도 진주의 교육자 집안에서 3남 1녀의 장남으로 태어나 고등학교를 졸업할 때까지 경남을 거의 벗어나 본 적이 없다. 고등학교 수학여행 때 버스를 타고 경남을 벗어난 적이 딱 한 번 있다. 과거 지방 출신이 대부분 그랬듯 우물 안 개구리로 산 것이다. 대입학력고사를 치르고 1983년 서울대에 면접을 보러 가면서 처음 서울에 가보았다. 관악산에서 휘몰아치던 찬바람이 고향의 따뜻한 날씨와 확연하게 대비되었다. 대운동장에 붙은 공고에서 지망한 법과대학에 합격한 것을 확인한 기억이 선명하다. 학교와 집안의 명예를 높였다는 칭찬을 주변으로부터 제법 들었다.

당시 대통령은 전두환이었고 군사독재 시대였는데, 고등학교 다닐 때까지는 그것이 무슨 의미인지 알지도 못했고 제대로 이야기해주는 사람도 없었다. 고등학교 1학년 때인 1980년 광주민주화운동이 일어났는데 고등학교 기숙사에서 '광주에서 폭동이 일어나 사람이 좀 죽었다더라' 라는 정도 이야기를 누군가가 하는 것을 들은 기억이 있을 뿐이다. 1983년 3월 대학교 캠퍼스에서 일상적으로 '짭새'라는 사복경찰을 만나고 불심검문도 당하면서 조금씩 내가 모르던 것이 많았다고 생각하게 되었다. 그해 5월에 아크로폴리스에서 열린 광주민주화운동 사진전은 나에게 큰 충격이었다. 그때부터 선배들이 권하는 책을 읽기 시작하였다. <전환시대의 논리>, <해방전후사의 인식> 등은 나에게 학교가 이제까지 가르쳐준 것에 대해서 다시 생각하는 계기를 제공해주었다. 1학년 여름방학 농활을 마치고 고향 집에 가니 그 사이 달라진 아들 모습에 부모님이 걱정하시던 모습이 지금도 선하다.

이후 어정쩡한 상태로 대학 생활을 충실하게 보내지 못하고, 졸업 후 군 복무를 하였다. 군 복무를 하는 동안 언론 등을 통하여 변호사들이 사회 참여 활동으로 인권 증진과 사회 민주화에 기여하는 모습을 접하게 되었다. 그때부터 공부에 매진하여 복무를 마친 다음 해인 1990년 제32회 사법시험에 합격하였다.

짧은 시간 동안 대학 입시 때보다 더 열심히 공부한 기억이 있다. 사법연수원에 다니던 1991년 말부터 약 3개월간 서울 북부에 있는 노동단체에서 간사로 일하기도 하면서 사회에 기여하는 변호사가 되겠다는 결심을 굳혔다. 사법연수원을 마치면서 시민 종합법률사무소에 지원하여 1993년 3월부터 변호사 업무를 시작하였다. 시민 종합법률사무소는 조영래 변호사의 후배들과 고영구 변호사님이 같이 설립한 사무소였다. 나는 안양 사무소에서 처음 변호사 업무를 시작하였는데 그곳에는 법조 대선배인 고영구 변호사님이 계셨고, 나는 고영구 변호사님으로부터 변호사로서의 자세와 업무에 대해서 배울 기회를 가졌다. 당시 안양 지역에는 법원과 검찰청이 없었다. 나는 변호사 업무를 수행하는 한편 지역 노동조합과 시민사회단체 관련 일을 했다. 안양 사무소에 노동인권상담센터도 만들어 지역 노동 인권 문제에 일조하려고 노력하였다. 지역에 노동 관련 사건이 많아서 해고 무효 확인 사건, 산업재해 사건 등을 많이 수행하였다.

2003년 노무현 후보가 대통령으로 당선되면서 참여정부가 들어섰다. 사무소 대표로 계시던 고영구 변호사님이 국가정보원장으로 취임하였고, 서울 사무소에 있던 선배인 김선수 변호사는 사법개혁비서관 겸 사법개혁추진단장으로 임명되었다. 2005년 6월에는 민주사회를 위한 변호사 모임의 선배인 천정배 변호사가 참여정부 법무부장관으로 임명되었고, 나는 두 달 후인 8월부터 법무부장관 정책보좌관으로 1년간 법무부 생활을 하였다. 후술하겠지만 법무부에 근무하는 동안 강정구 교수 국가보안법 사건 관련 수사지휘권 발동, 김용빈 검찰총장 사임, 노회찬 의원의 삼성 떡값 사건 등을 겪으면서 엘리트 조직인 검찰 생리를 몸으로 경험하였다. 약 1년간 근무한 후 2006년 7월 장관 사임에 맞추어 정책보좌관직을 사임하였다.

참여정부는 검찰개혁을 국정 과제의 하나로 내걸었으나 여러 가지 이유로 결국 실패하고 말았다. 이명박, 박근혜 정부를 겪으면서 검찰개혁의 길은 더욱 멀어졌다. 정치·언론·검찰이 과거보다 더 유착하고, 검찰조직 자체가 관료 권력화하는 상황을 접했다. 참여정부의 검찰개혁이 실패한 이유는 검찰조직의 자율성을 믿은 데서 기인하였다는 평가가 지배적이다. 일반 조직도 그렇지만, 특히 엘리트로 구성되고 권한이 큰 조직은 스스로 개혁하기 쉽지 않은 법인데 참여정부는 그런 인식이 부족했던 것이다. 문재인 정부의 검찰개혁도 사실 성공했다고 보기 어렵다. 단순한 인선 실패 문제가 아니라 구조적인 문제, 검찰조직에 대한 인식, 구체적인 방법론의 문제에서 기인했다고 보아야 할 것이다.

나는 2016년 대선 시기 '국민성장'이라는 단체의 반특권검찰개혁단장, 2017년에는 법무부 1기 법무검찰개혁위원, 2017년부터 2018년까지는 대통령 직속 정책기획위원회 국민주권분과의 권력기관개혁소분과장, 2019년 9월 말부터 1년간 2기 법무검찰개혁위원회 위원장을 지냈다. 검찰개혁과 관련해서 여러 활동을 하였지만 집행조직에 참여하지 않고 위원회 활동을 주로 하였기 때문에 현실적으로 많은 한계를 느꼈다. 하지만 그 기간 동안 여러 위원과 같이 많은 고민을 하였고, 미래 검찰의 모습에 대한 자료도 남겼다.

검찰개혁 관련 활동을 하면서 겪고 느낀 점을 기록으로 정리할 필요를 느꼈다. 과거의 잘못을 반복하지 않고, 앞으로 권력기관과 검찰을 개혁하는 활동에 도움이 되리라는 기대에서다. 내가 위원장으로 활동하였던 2기 법무검찰개혁위원회 시기는 한국 사회에 검찰개혁에 대한 관심이 최고조로 오른 때다. 그 시기를 중심으로 문재인 정부의 권력기관개혁, 검찰개혁에 대해서 살펴보는 것이 곧 다가올 미래를 대비하는 길이 되지 않을까 생각한다.

# 목차

| | |
|---|---|
| 머리말 | 5 |
| 추천사 | 13 |
| 들어가며 | 23 |
| 계엄과 내란 그리고 탄핵 | 37 |
| '검찰개혁'에 다가가기까지 | 55 |
| 문재인 정부의 등장과 정권 초기 권력기관개혁 | 63 |
| 2기 법무검찰개혁위원회 | 113 |

    1) 검찰 본연의 역할에 대한 기준을 세우다

2) 대검 개혁안과 긴급 2차 회의

3) 감찰권 실질화 권고

4) 조국 장관의 검찰개혁추진계획

5) 이행점검 TF 결성

6) 장관 사퇴와 법무부 탈검찰화

7) 사무 분담과 사건 배당의 투명한 기준 마련

8) 대검 정보 수집 기능 폐지 권고

9) 법무부와의 관계 설정

10) 대검찰청 등의 감사원 정례감사 제외 관행 폐지 권고

11) 일반검사회의, 수사관회의 구성 권고

12) 불기소 결정문 공개 권고

13) 수사 과정 인권 보호 조치

14) 추미애 장관 취임과 법무부 탈검찰화 실질화 방안

15) 공익소송 패소 비용의 필요적 감면

16) 피의자 방어권 보장 강화

17) 미결수용자 등의 사복 착용권 보장

18) 검사실 출석조사 남용 개선

19) 소년범죄 관련 제도 개선

20) 김칠 인사제도 개신안

21) 출국금지 제도 개선

22) 범죄 피해자 보호 제도와 수사자문단

23) 이행점검 TF와 검찰 권한 분산

24) 범법정신질환자와 수용자 자녀 인권 보호

25) 검찰 성평등 인사와 일, 생활 균형 실현

26) 마지막 회의

**남은 과제**                                      285

**마치며**                                          291

추천사

## 권력의 검찰에서 국민의 검찰로

12·3 내란을 진압한 시민들에 의해 새 정부가 출범했다. 들뜬 마음을 가라앉히고 차분하게 할 일을 해야 한다. 가장 먼저 '내란 우두머리'를 키운 토양을 걸어잎어야 한다. 검찰개혁이다. 윤식열은 검찰을 이용해 대통령이 되어 '검찰통치'를 일삼다가 이에 저항한 야당과 비판 언론, 시민사회를 무력으로 제압하려고 '친위 쿠데타'를 일으켰다. 민생은 피폐해지고 나라는 위기에 빠졌다. 그에 따른 고통은 오롯이 시민의 몫이다. 문재인 정권의 검찰개혁이 성공했다면 '대통령 윤석열'과 내란은 없었을 것이다. 검찰개혁이 곧 민생인 이유다.

검찰은 대한민국 권력기관 가운데 가장 막강하다. 기소독점권과 경찰 수사지휘권, 그리고 직접수사권까지 한 손에 쥐고 세상을 호령한다. 검찰의 힘은 수사와 기소의 결합에서 나온다. 자기 맘대로 형사처벌 대상을 정해 괴롭히고 핍박한다. "기소되면 인생이 결딴난다"라는 윤석열의 말은 아이러니하게도 신랄하고 솔직한 자백이다. 검찰은 정의와 인권을 수호하라고 국민이 위임한 권력을 자신의 정치적 영향력을 극대화하는 데 쓴다. 검찰개혁은 이런 검찰의 힘을 빼서 '국민의 검찰'로 만드는 것이다.

저자는 문재인 정권에서 검찰개혁 실패를 직접 겪었다. 법무검찰개혁위원회 2기 위원장을 맡아 조국 법무부장관을 도왔다. 윤석열 사단의 표적이 된 조국은 결연하게 검찰에 맞섰으나, 역부족이었다. 정권이 힘이 빠지고 나면 개혁은 성공할 수 없다.

<마침내, 검찰개혁>은 문재인 정권의 검찰개혁이 왜 실패했는지, 실패를 반복하지 않으려면 무엇을 해야 하는지 잘 보여준다. 내란을 극복하고 민주주의를 회복하는 데 유용한 길잡이가 될 책이다.

한겨레 논설위원 **이춘재**

## 검찰개혁을 넘어 헌정 질서 회복의 이정표로

　김남준 변호사의 <마침내, 검찰개혁>을 처음 접했을 때는 그냥 회고록인 줄 알았으나 책의 마지막을 읽고 덮었을 때 내 생각이 틀렸음을 알았다. 이 책은 단순한 회고록이 아니다. 이것은 한국 현대 정치사에서 검찰개혁이라는 가장 막강한 난제를 둘러싼, 어쩌면 불가능에 가까운 집단적 도전의 기록이며, 동시에 민주주의의 근간인 권력 분립과 헌정 질서 회복을 위한 치열한 실천의 기록서다.

　김남준 변호사는 참여정부 법무부 정책보좌관으로서, 그리고 문재인 정부의 검찰개혁위원회 위원장으로서 검찰개혁이라는 한국 정치 역사상 가장 풀기 힘든 과업을 기획하고 실천해온 인물이다. 이 책은 저자가 수십 년에 걸쳐 쌓아온 정치적 성찰, 제도적 고민, 현실적 한계에 대한 분석, 그리고 마지막으로 윤석열 대통령 탄핵소추에 이르기까지 헌정 사상 가장 치열한 투쟁의 중심에서 쓴 '헌법 역사의 기록'이다.

이 책은 개혁이라는 개념 자체에 대한 근본적인 고민에서 출발한다. '개혁은 왜 실패하는가' 라는 고민은 평온한 일상에서는 생각해볼 시도조차 하지 않을 법한 분야다. 이에 대한 답변을 진지하게 생각하게 만드는 도입부는 매우 신선하다. '개혁은 왜 실패하는가' 라는 질문을 던져놓고 역사학자 에드워드 기번의 로마제국 분석에서 시작하여, 권력기관개혁의 어려움에 대해서 저자의 경험에 기반한 사실까지 연결시킨다.

기나긴 역사의 흐름 속에서 수많은 개혁의 시도는 기득권의 반발로 인해 종종 좌초되었다. 오히려 성공의 역사가 드물다고 할 것이다. 개혁의 수혜자는 불특정 다수이며 개혁의 성공으로 이들이 얻는 이득은 자유, 인권이라는 개념의 추상적인 형태에 불과한 반면, 개혁의 대상은 조직화되어 있으며 개혁의 완성으로 인해 그 대상이 빼앗기는 것의 형태는 매우 구체적이고 명확하다. 특히 개혁의 대상은 강한 권력을 지니고 있는 경우가 많다. 이러한 점에서 개혁은 항상 불균형한 싸움이다. 이는 이어지는 장에서 검찰개혁이 실패할 수밖에 없었던 구조적 이유로 자연스럽게 연결되며, 특히 수사와 기소의 분리, 검찰의 비대한 권한이라는 현실 문제에 대한 법적·제도적 분석으로 설명한다.

무엇보다 이 책을 더욱 빛나게 하는 내용 중 하나가 바로 2024년 12월 3일 윤석열 대통령의 비상계엄 선포와 내란 행위, 그리고 탄핵소추전 과정을 기록한 대목이다. 이는 대한민국 민주주의 역사에 큰 오점으로 남을 '현직 대통령에 의한 위헌·위법적 내란 행위'를 헌정 질서 파괴 사유로 판단하고, 이를 헌법재판소 전원일치 파면 결정이라는 결론으로 이끌어낸 실무자 시점에서 기록한 현장의 언어다.

또 이 책은 검찰개혁이라는 시대적 과제가 정권에 따라 소멸되고 반복되어온 한국 현대사의 악순환을 실감나게 보여준다. 참여정부는 정치적 간섭을 배제한 자율개혁에 기대를 걸었고, 문재인 정부는 수사·기소권 분리와 공수처 설치라는 구조적 개혁에 나섰지만, 결국 권력기관의 반발과 정치적 부담 앞에 물러날 수밖에 없었다. 그 과정에서 저자는 각 정부를 거치며 수차례의 위원회 활동과 검찰개혁을 위한 각종 개혁운동에 참여하였고 이를 통해 내부 논의의 한계와 행정부 실행력 부재를 동시에 목격했다.

이 책은 검찰개혁이 단지 검찰이라는 조직만의 문제가 아님을 말한다. 검찰은 수십 년간 축적된 법적 특권, 정치 권력과의 유착, 언론과의 교차점에 있는 기득권 카르텔의 핵심이다. 윤석열 정부의 집권 과정과 통치는 이 카르텔이 어떻게 정치 권력을 포섭하고 마침내 동일체로 결합되는지를 보여준 결정체였다. 아이러니하게도 이는 결국 내란이라는 가장 위험한 형태로 발현되었으며, 기득권 카르텔을 개혁해야 하는 이유를 국민에게 명확히 설명해줄 증거가 되었다.

내란의 강을 건너는 동안 우리는 행정권을 장악한 검찰권력이 어떻게 국가와 국민에게 폭력을 행사하고 민주주의 근간을 뒤흔들며 헌정 질서를 파괴할 수 있는지를 지켜보았다. 내란수괴 윤석열의 탄핵으로 일응 내란이 끝난 것으로 보이지만 아직 내란은 완전히 종식되지 않았다. 내란에 동조했거나 이를 직접 실행에 옮긴 내란 공범들이 아직 검찰과 사법·입법·행정 모든 영역에서 끈질기게 살아남아 동조자들의 죄를 덮어주거나 무마하려 시도하고 있다. 이러한 시국하에서 개혁은 곧 사법·입법·행정 전 영역에서의 민주주의 복원과 헌정 질서 수호 작업이라는 개념으로 확장될 수밖에 없다.

한편, 검찰개혁을 약속한 새 정부가 국회 다수당과 함께 출범하는 헌정 사상 다시 없을 유일한 기회가 찾아왔다. 우리는 이 기회를 잘 살려야 한다. 그러기 위해서는 실패의 역사에서도 교훈을 찾아야 할 것이다.

김남준 변호사는 이 긴 여정의 기록을 끝내며 '이제 검찰의 시간을 끝낼 때가 되었고, 다시는 검찰의 시간이 올 수 없도록 제도개혁을 해야 한다. 부족하고 불완전한 것도 기록으로 남겨야 한다는 생각을 했다. 이를 디딤돌로 다시 일어설 수 있기 때문이다' 라고 결론지었다.

이는 단순한 정치적 감상이나 견해의 발현이 아니라, 개혁의 지속성과 반복성을 강조한 헌정적 진단이다. 특히 '제도는 시간이 지나면 항상 현실과 괴리될 수밖에 없기 때문에 변화하는 시대 상황에 따라 개선과 개혁이 필요하다' 라고 밝힌 부분에서 필자의 경험에 비추어 향후 이루어질 험난한 검찰개혁 과정을 향한 깊은 우려가 엿보인다.

한강 작가는 "죽은 자가 산 자를 구할 수 있는가"라는 질문으로

4.19와 5.18이라는 과거의 민주 열정이 오늘의 헌정 위기를 막아낸 사회적 자산임을 보여준 바 있다. 필자 또한 이 기록이 미래를 위한 투쟁과 헌정 사상 가장 강력한 집단에 대한 개혁 과제 앞에서 이를 완성시킬 디딤돌이 되기를 희망한다.

<마침내, 검찰개혁>은 누구나 쉽고 재미있게 읽을 수 있는 글은 아니다. 법적 전문성과 정치 상황의 이해가 일정 부분 요구된다. 그러나 이 책이 담고 있는 '이 나라 권력기관개혁의 구체적 역사와 한계, 그리고 민주주의를 지키기 위한 실천의 힘'은 그 어떤 대중서적보다 분명한 메시지를 우리에게 던진다. 바로 지금, 완전한 내란 종식과 헌정 질서 회복이 필요한 시기에 이 책을 반드시 읽어야 하는 이유다. 검찰개혁은 여전히 현재진행형이다. 그리고 필자가 이 책에 담은 실패와 한계의 기록은 미래 개혁을 준비하는 이들에게 나침반이 될 것이다.

모두가 사람답게 사는 세상을 꿈꾸는
국회의원 **김용민**

# I
들어가며

## 1. 개혁이 실패하는 이유

영국 역사학자 에드워드 기번은 저서 <로마제국쇠망사>에 '번영이 쇠퇴의 원리를 숙성시키고, 정복 확대와 함께 파멸의 원인도 커지면서 로마제국이 망하게 되었다'고 기술했다. 방대한 로마제국의 역사를 연구한 결과, 제국이 번영한 이유를 쇠퇴의 원인으로 본 것이다.

그라쿠스 형제 등의 토지개혁을 비롯한 로마 시대 여러 차례의 개혁 시도가 원로원을 중심으로 한 기득권 세력에 의하여 좌절된 것은 역사를 통해 알려져 있다. 시대 변화에 맞추어 사회 제도와 문화가 바뀌지 않을 경우, 다시 말해 개혁이 진행형으로 이루어지지 않을 경우 로마제국처럼 번성했던 국가도 멸망의 길에 이른다는 역사적 교훈을, 기번은 자신의 저서를 통해 밝힌 것이다.

개혁은 쉽지 않다는 것 또한 역사적 교훈이다. 개혁은 혁명과는 구별된다. 시대를 바꿨다고 평가받는 프랑스혁명, 러시아혁명을 보면 혁명 과정에서 사회가 크게 변동하고 이에 따라 지배구조와 기존 제도가 해체되면서 새로운 질서를 형성한다. 대변혁을 거치며 만들어진 체제는 상당 기간 생명력을 유지한다.

그러나 기존 사회구조를 유지하면서 사회 변동에 따른 제도와 문화의 문제점을 개선하려는 개혁은 혁명과는 달리 쉽지 않다는 것이 역사적인 경험이다. 오스만 투르크의 탄지마트, 청 제국의 무술개혁 등 많은 개혁 시도가 실패했고, 멀리 갈 것도 없이 근대화를 지향한 우리나라의 갑오경장, 왕이 아닌 재상 중심의 정치를 하고자 했던 정도전의 개혁도 기존 세력의 반발 등으로 실패한 것을 우리는 알고 있다.

개혁의 수혜를 입는 집단은 불특정하고, 개혁을 통하여 사회 구성원이 얻는 이익은 명확히 검증할 수 없는 추상적인 것임에 반해, 손해를 보는 집단과 그 집단이 잃는 기득권은 명확하게 특정된다. 이것이 개혁이 성공하기 어려운 주요한 원인 중 하나다. 개혁은 공공의 이익을 증진하는 방향으로 진행되므로 사회 전체에는 이익이지만 기존 제도와 사회 시스템의 수혜를 받는 기득권층에는 손해다. 개혁은 사회 다수의 동의와 지지를 통해서만 이루어질 수 있다. 공정, 자유와 인권, 경제적 평등 등 추상적인 가치가 개혁으로 얻는 이익이다. 개혁 정책으로 대중의 지지를 얻기는 쉽지 않은 반면, 기득권을 박탈당하는 집단의 저항은 강고하다. 주류집단으로 그 사회를 지배하는 기득권자의 저항을 누르고 개혁을 달성하기는 정말 어려운 일이다.

이 이치는 권력기관개혁에 그대로 적용된다. 국민은 권력기관개혁을 통하여 자유와 인권 보장이라는 수혜를 입지만 자유, 인권이라는 개념은 구체적으로 인식하기 어려운 추상적인 형태다. 이에 반해 기득권을 잃는 권력기관과 그 구성원은 기존 권한과 지위 상실이라는 손해가 명확히 드러나니 강력하게 반발할 수밖에 없다. 다른 조직체 구성원과 비교해볼 때, 권력기관 구성원은 동질적인 사회 경험으로 인하여 집단사고에 빠지기 쉽고, 그 과정에서 내부 논리가 강하게 형성된다. 권력기관은 사회 지배적 위치에 있으므로 조직이 가진 막강한 권력을 이용하여 개혁을 방해할 수 있다. 언론을 통하여, 때로는 언론과 결합하여, 권력기관개혁의 당위성에 대중이 의문을 가지도록 하고 자신에게 유리한 여론을 형성할 수 있다. 권력기관개혁은 쉽게 달성할 수 있는 과제가 아니다.

또 권력기관개혁은 외부의 힘이 개입하지 않으면 달성하기 어렵다. 권력기관 내부에 있는 사람들은 자신의 기득권을 쉽게 내려놓지 못하고, 고유의 논리에 따라 기득권을 합리화하려는 경향이 강하기 때문이다.

권력기관을 외부에서 개혁하기도 쉽지는 않다. 그 생리나 구조를 알기 힘들기 때문이다. 외부에서 개혁을 시도하는 경우 권력기관 내부 논리를 깊이 연구하고 잘 이해하여 정밀하게 진행해야 한다. 외부에 있는 사람은 너무 몰라서, 내부에 있는 사람은 너무 많이 알아서 개혁을 하기 힘들다.

외부에서 개혁의 필요성을 이야기해도 내부에서 규정에 맞지 않는다, 현실성이 없다는 등 이런저런 이유로 불가능하다는 수많은 핑계를 댄다. 외부에 있는 사람이 파악하기 힘든 이유를 들어서 개혁을 막는 것이다. 악마는 디테일에 있다는 격언이 권력기관개혁의 경우에도 예외는 아니다.

## 2. 절대권력은 절대 부패한다

　근대국가 성립 이전에 우리나라는 물론 서구에서도 수사권과 재판권이 구분되지 않았고, 두 권한을 구분해야 한다는 인식도 없었다. 근대국가 성립 후 절대권력의 위험성에 대한 인식이 높아졌고, 권력분립 원칙에 따라 권력을 입법, 행정, 사법의 3권 또는 입법, 행정의 2권으로 분리하게 되었다. 재판기관이 수사 및 기소 기관을 담당하여 스스로 절차를 개시하여 심리하는 규문주의의 위험성 역시 부각되어 수사·기소 기관과 재판기관이 분리되었다. 절대권력은 절대 부패한다는 금언의 내용이 국가 운영과 수사, 사법 절차에 도입되었고, 이 원리를 구체적으로 현실에서 구현하고 있는지가 근대국가 여부를 구분하는 징표가 되었다. 수사와 기소, 재판의 분리는 국민 자유와 인권을 보장하기 위한 데 목적이 있다. 따라서 사법권의 독립은 사법권 독립 그 자체에 목적을 둔 원리가 아니라 국민의 자유와 인권을 보장하기 위한 수단적 원리이다.* 수사·기소와 재판이 분리된 것과 마찬가지 원리로 권력기관이 가진 권한이 특정 기관에 집중될 경우 권한을 남용하기 쉬우므로 분리되어야 한다. 즉 정보와 수사, 수사와 기소, 재판권을 행사하는 기관은 분리해야 하는 것이 권력기관 권한 배분의 기본 원칙이다.

정보와 수사가 분리되어야 한다는 점에 대한 유명한 역사적 사례가 있다. 2차대전 이후 연합국은 독일이 제국주의화하는 과정에서 나치를 지탱하는 데 가장 큰 역할을 한 기관으로 게슈타포를 꼽았다. 연합국은 게슈타포가 정보 기능만 가진 것이 아니라 집행(수사) 기능까지 가진 것을 문제로 인식하여 게슈타포를 해체하고 정보와 집행 기능을 분리하도록 했다. 유명한 '연합국의 서신'이다.** 그 원칙은 '모든 것을 아는 자는 모든 것을 행하여서는 안 되고, 모든 것을 행할 수 있는 자는 모든 것을 알아서는 안 된다'는 말로 표현되고 있다. 같은 원리로 수사와 기소도 분리되어야 한다. 수사를 직접 한 사람은 자신이 한 수사를 정당화하려는 확증편향에 빠지기 쉽고, 자기 의지로 착수한 수사를 합리화하기 위하여 반대 자료를 살피지 않고 억지로 기소할 가능성이 높다. 수사와 기소 권한을 하나의 기관이 동시에 가질 경우 그 기관에 대한 견제 장치가 없어 권한이 지나치게 비대해진다. 국민의 자유와 인권보다는 기관 자체의 이익을 더 높은 목표로 삼는 관료주의 함정에 빠지기 쉬워진다. 법원이 견제할 수는 있지만 사후에만 개입하는 것이므로 수사 과정의 인권 침해를 막기 어렵다. 수사·기소 과정이 왜곡되면 재

---

* <사법개혁을 생각한다>(김인회) 85~86쪽에서 저자는 사법부 독립이 도그마화되었다는 점을 지적하고, 그것은 국민 자유와 인권 보호를 위한 수단적 원리임을 주장하는데, 이는 적절한 지적이다
** <국가정보학>(전웅)

판에서 실체적 진실이 제대로 밝혀지기도 쉽지 않다. 게다가 법원 역시 대법원장을 정점으로 하는 관료 기구의 특성을 보여주며 사법 기득권의 한 축을 이루고 있다. 개개인이 처한 다양한 사정과 정황이 재판 과정에서 반영되기 어려운 구조인 것이다.

## 3. 우리나라 권력기관의 특수성

**역사적 특수성**

우리나라 권력기관은 설립 당시부터 한국 특유의 현실로 인하여 권력기관 구성의 기본 원칙에 어긋나는 권한을 가졌다. 국민 자유와 인권보다는 통치 효율성을 강조하고, 식민지 시대 및 해방 후 권력기관 간 힘의 불균형에 따른 상호 견제의 필요성에 의하여 검찰과 경찰의 권한도 일반 원칙과는 다르게 부여하였다. 당시 시대적 현실과 타협한 것이다.

1954년 형사소송법이 제정되는 과정에서 검사의 수사권이 인정되어야 하는지에 관하여 국회에서 열띤 토론이 벌어졌다. 검사 출신 엄상섭 의원과 한격만 검찰총장의 관련 발언이 당시 국회 속기록에 기록되어 있다. 식민지 시대부터 해방을 거쳐 형사소송법이 제정될 때까지 경찰의 횡포가 극심했고, 이를 견제할 수단이 없어서 편법으로 검사에게 수사권과 수사지휘권을 줄 수밖에 없었다는 내용이다. 당시 경찰 수가 3만 명에 달했고, 검찰조직은 천 명 남짓에 불과했다. 엄상섭 의원은 검찰에 지나치게 많은 권한을 줄 경우 검찰파쇼가 될 수밖에 없는데, 당시로서는 검찰피쇼로 경찰파쇼를 억제할 수밖에 없다고 말했다. 한격만 검찰총장은 경찰 수사권 독립은 백 년이나 지나야 가능하다는 말까지 하였다. 그러나 장기적으로는 수사와 기소의 분리가 필요하다고 언급한 사실도 기록되어 있다.

1960년대 검찰은 영장청구권까지 독점하게 되었다. 5.16 쿠데타 이후인 1961년 9월 정식 입법권이 없는 국가재건최고회의에서 형사소송법을 개정하여 검사가 영장청구권을 독점하도록 입법하였고, 1962년 제3공화국 헌법에 그 내용이 그대로 명기되었다. 이에 따라 경찰은 일반적인 외국 법제와는 달리 모든 영장 신청도 검찰을 경유하도록 하여 더욱 독자적으로 수사할 수 없게 되었다.

한편 1961년 창설한 중앙정보부의 경우 정보기관으로서의 정보 수집 기능 외에 대공수사권을 보유하였다. 중앙정보부가 가진 수사권에 대해서는 검사 지휘를 받지 않고, 오히려 중앙정보부가 검찰을 지휘, 관리하도록 하였다. 정권 보위 역할을 충실히 하기 위해 정보기관에 이례적으로 대공 관련 수사권을 부여하고, 거기에다가 우월적 지위까지 부여한 것이었다. 중앙정보부의 창시자라고 할 수 있는 김종필도 한 언론과의 인터뷰에서 중앙정보부에 대공수사권을 부여한 것은 남북 대치 상황 등을 고려한 이례적이고 한시적인 것으로, 장기적으로는 대공수사권을 중앙정보부에서 분리하여 수사기관에 이관해야 한다는 견해를 피력하였다. 이러한 문제 인식으로 문재인 정부에서 국가정보원의 대공수사권을 폐지하기에 이른 것이다.

### 한국 검찰의 특수성과 문제점

위와 같은 역사적 과정을 거쳐서 만들어진 우리나라 검찰조직은 다른 나라 검찰과는 다른 특수성이 있다.* 기본적으로 권한이 너무 크고 인력도 비대하다. 1954년 형사소송법 제정 과정에서 수사권 및 수사지휘권을 보유하게 되었고, 1961년 9월 국가재건최고회의 입법으로 영장청구권을 독점하게 되었으며, 이는 1962년 3공화국 헌법에 명기되기까지 하였다. 이로써 검찰은 수사권, 수사지휘권, 공소제기 및 유지권, 영장청구권, 형집행권 등 재판권을 제외한 형사사법상 거의 모든 권한을 독점하게 되었다. 권한은 비대하지만 인력이 그다지 많지 않았던 관계로, 1990년 이전에는 경찰이나 정보기관에 비하여 실제 권력이 우월했다고 보기는 어렵다. 최초에는 경찰권력이 가장 강하였다. 그 예로 여순사건 당시 주민을 폭행하였다는 이유로 경찰관을 수사하여 중형을 구형한 박찬길 검사가 좌익검사로 매도되어 경찰에 의해 즉결처분을

---

\* 영미법계는 수사는 경찰, 기소는 검찰이 담당하여 권한이 엄격히 분리되어 있고, 대륙법계도 실질적으로 수사와 기소가 경찰, 검찰에 분산되어 있다. 일본의 경우도 수사는 원칙적으로 경찰이, 예외적인 특수수사 일부는 도쿄, 나고야, 오사카의 특수부가 담당하는 경우가 있고, 검경이 협력 관계에 있으며 영장청구의 경우 구속영장청구에 한하여 검사가 독점하고, 압수수색영장은 경찰이 법원에 직접 청구할 수 있다. 형사소송법 교과서를 살펴보면 알 수 있는 내용이다 <일본형사소송법>(히라라기 토키오)

당한 일을 들 수 있다.* 이후로도 1990년대 이전까지 검찰은 정보기관, 군정보기관(보안사, 기무사)이나 경찰에 대하여 권력이 우위에 있지 못했고, 이런 기관이 한 행위를 사후적으로 합리화하는 등 보조하는 지위에 있었다고 평가된다. 그러나 1990년 범죄와의 전쟁을 계기로 검찰이 수사 인력을 대폭 증원하면서 물리력을 갖추고, 권력기관 중에서 최고 권력으로 부상하였다.

민주화의 역설도 작용하였다. 민주화로 인해 무력이 아닌 합법적 지배가 더욱 중요한 세상이 된 것이다. 정치권력도 단순 무력보다는 검찰에 의존하는 통치를 선호하는 경향이 생겨나며 이른바 정치검찰이 대두하였다. 정치화한 검찰은 정치권력과 결탁하여 수사해야 할 사건은 무마하고, 수사할 필요가 없거나 혐의가 없어 보이는 사건이라도 정치권력의 필요에 따라 표적수사, 별건수사, 먼지털이 수사를 해왔다. 정치검찰의 권한 남용을 통제할 방법은 제도적으로 거의 없었다. 형사사법상 권한을 독점하고 있는 검찰을 정치권력이 이용하고 싶은 유혹을 느끼는 것은 당연하고, 검찰도 정치권력과의 거래를 통해 조직 이익을 도모하는 구조적인 문제가 지속되었다.

지금의 검찰은 더 강력한 조직으로 변했다. 단순히 조직 이익을 도모하기 위해 정치권력과 거래하는 차원을 넘어서, 그 자체가 관료권력화함으로써 기득권 카르텔의 주요한 한 축을 이루고 있다. 조직의 이익을 위해 정치권력에 협조하는 수준을 넘어 이제는 조직의 필요에 따라 정치권력을 선택하는 수준에까지 이르렀다고 평가할 정도다. 윤석열

---

\* <검찰공화국, 대한민국>(김희수 외), 45~46쪽 현직 검사 총살 사건

정부는 한 단계 더 진화하여 검찰권력과 정치권력이 한 몸에 이르렀다고 할 수 있을 정도의 모습을 보였다.

검찰에 의한 권력 독점은 국민에게는 당연히 불행이고, 검찰 스스로에게도 지나친 짐이 되어 정상 기능을 발휘하지 못하도록 하는 멍에가 되어왔다. 과도한 권한을 가진 검찰권력이 정상화되도록 권한을 분산하여 견제와 균형의 원리를 다시 실현하는 것이 시대적 과제가 되었다.

## II

## 계엄과 내란 그리고 탄핵

이 책을 쓰던 와중에 윤석열 대통령이 비상계엄을 선포하였다. 그리고 탄핵까지 이어지는 과정에서 나는 탄핵소추안 작성, 국회 측 탄핵소추 대리인으로 헌법재판소에서 진행된 재판에 참석하였다. 시간 순서상 문재인 정부의 법무검찰개혁위 활동보다 나중에 일어난 일이기는 하나, 대한민국 역사에서 분수령이 된 사건이고 국민적 관심도 가장 높은 사건이라 먼저 기술한다.

# 계엄과 내란 그리고 탄핵

윤석열은 2022년 5월 대통령으로 취임한 이후 실정을 거듭했다. 평생 검찰주의자인 검사로 살다가 정치 경험 없이 바로 대통령으로 직행한 후과가 너무 컸다. 윤석열은 집권 기간 내내 권위주의에 기반한 통치를 하였다. 검찰 출신 인사를 어울리지 않는 공직에 대거 기용하여 검찰공화국이라는 비판을 받았다. 비판 언론 통제도 강화하였다. '바이든, 날리면' 사태로 시작된 특정 언론의 대통령 전용기 탑승 거부, 검찰 등 각종 권력기관을 대거 동원한 뉴스타파에 대한 수사는 빙산의 일각이다. 법률안 거부권을 남발하면서 야당과의 협치를 외면하였다. 이해관계가 있어서 법률적으로 거부권을 행사할 수 없다고 평가되는 법안에 대해서도 마구잡이로 거부권을 행사했다. 무속에 기반해 대통령실을 이전했다는 의심도 받았다. 검사 수사권 확대, 경찰국 신설 등 법률을 위반한 시행령 통치가 일상화되고 국회에 대한 경시가 도를 넘었다. 여당 당무와 공천 개입도 일상적이었다. 외교 정책도 마찬가지다. 미·일에 편중한 외교를 고집함으로써 균형 감각을 상실하였고 결과적으로 국익에 아무런 도움이 되지 못했다. 영국 순방 등에서 보인 외교 결례로 인해 국제 신뢰도 저하되었다. 사회 통합과는 반대되는 행보로 오히려 사회적 갈등을 조장하였다. 야당 대표, 시민사회, 노동단체에 대한 수사가 일상적으로 행하여졌다. 경제 정책은 부자감세 외에 특별한 정책이라고 할 만한 것이 없어 민생 문제를 외면하였다는 비판을 받았다. 의대 증원 정책도 졸속이라는 것이 확인되었다. 2000명을 증원할 필요성에 대한 근거를 지금도 전혀 밝히지 못하고 있다. 윤 대통령과 그 측근은 권력형 비리 의혹에도 휘말렸다. 김건희의 주가조작·뇌물수수 의혹 등 수많은 비리 의혹에 대한 특별검사 도입을 거부하여 사법 정의를 훼손하였다.

그 결과 윤석열 정부는 선거에서도 연전연패하였다. 2023년 10월 11일 강서구청장 보궐선거에서 유죄판결을 받은 김태우 전 구청장을 사면 후 재공천하는 무리수를 두었고, 민주당에 패배하였다. 무리한 공천이 영향을 미쳤다는 평가가 많았고, 지금도 김태우 전 구청장의 공천 과정에 당시 윤 대통령이 개입했다는 의심을 받고 있다. 2024년 4월 10일 제22대 국회의원 선거에서는 더불어민주당이 단독 과반을 달성하고, 여당은 100석을 약간 넘기는 역사적인 패배를 당했다. 겨우 개헌을 저지할 수준의 의석을 확보하며 확실하게 민심의 심판을 받았다. 이와 같은 성적표를 받아들였는데도 불구하고 윤석열 정부의 국정 운영은 전혀 변함이 없었다. 국민을 이기는 권력은 없다고 했는데, 윤석열 정부는 이러한 교훈을 무시한 것이다.

2024년 11월 1일 나는 페이스북에 도덕경을 인용하여 글을 썼다. 도덕경 17장은 '좋은 군주는 그의 존재만 안다. 그 다음은 그를 가까이 여기고 칭찬한다. 그 다음은 그를 두려워한다. 그 다음은 그를 업신여긴다. 군주가 믿음을 주지 않으면 백성이 그를 믿지 않는다. 좋은 군주는 조심하여 말을 귀히 여기지만 공은 이루어지고, 일은 완성된다. 백성은 모두 내가 스스로 했다고 말한다'太上,下知有之；其次, 亲而譽之；其次, 畏之；其次, 侮之。信不足焉,有不信焉。悠兮其貴言。功成事遂, 百姓皆谓我自然 는 내용이다. 나는 위 글을 인용한 뒤에 '이제 얼마 남지 않았다' 라는 단 한 줄을 부기하였다. 조국혁신당 대표인 조국 전 장관은 '3년도 너무 길다' 라는 말을 한 바 있는데, 나도 윤석열 정부의 명운이 다해간다고 느끼고 있었다.

2024년 12월 3일 윤석열 대통령이 비상계엄을 선포하였다. 그날 나는 안양문화예술회관에서 개최된 검찰개혁 토론회에 참가했다. '검찰개혁과 사법카르텔'이라는 주제로 내가 발제를 하고, 윤석열 대통령이 검찰총장으로 재임할 때 대검 감찰부장이던 한동수 변호사와 서울양평고속도로 노선 변경 특혜 의혹을 최초로 제기한 안진걸 민생경제연구소장, 검사를 검사하는 변호사 모임 대표 오동현 변호사가 토론을 담당하였다. 7시에 토론회가 시작되었는데 안양, 군포, 의왕 지역의 민주당 국회의원인 강득구, 민병덕, 이재정, 이학영, 이소영 의원이 참석하였다. 의원들은 토론회에 늦게까지 자리를 지켰는데, 그날 밤 국회 담장을 넘으리라고는 상상하지 못하였을 것이다. 약 120명이 참석하여 지역에서 열린 토론회치고는 큰 규모였다. 성황리에 토론회를 마치고 9시 좀 넘어 인근 식당에서 뒤풀이가 있었는데 윤석열 대통령이 비상계엄을 선포하는 것을 그 자리에서 TV중계를 통하여 들었다. 나뿐만 아니라 참석한 사람 대부분이 처음에는 가짜뉴스인 줄 알았다. 한국 역사에서 영원히 사라진 줄 알았던 비상계엄이 선포된다는 사실을 믿을 수 없었다. 같은 자리에 있던 사람 대부분이 사회운동을 하는 사람이었는데, 당시의 분노가 지금도 느껴진다.

국회에 달려간 시민들, 비상계엄에 동원된 군인과 경찰의 소극적인 임무 수행, 민주당 의원을 중심으로 한 국회의원들의 기민한 대처 덕분에 비상계엄이 해제되었다. 결국 윤석열은 새벽 4시 좀 넘어 국무회의 결의를 거쳐 비상상계엄을 해제할 수밖에 없었다. 2, 3차 계엄을 기도했으나 여의치 않아 포기한 것으로 알려지고 있다. 윤석열의 비상계엄 선포는 그 자체로 내란죄 요건을 갖추었다. 일반적으로 친위 쿠데타는 권력자가 행하는 것이므로 실패하기가 오히려 어렵다고 한다. 윤서연도 쿠데타가 실패할 것이라고는 생각하지 못한 듯하다. 한국 사회가 겪어온 역사가 친위 쿠데타도 막아낼 수 있게 한 것이다.

비상계엄 직후 국회에서 1차 탄핵소추안이 발의되었으나, 12월 7일 1차 탄핵소추안은 불성립되었다. 국민의힘이 당론을 정하고 대거 불참한 것이 이유였다. 나는 그 기간 동안 시간 날 때마다 대통령의 탄핵소추안이 통과되는 데 작은 힘이라도 더하자는 생각으로 여의도 집회에 참석했다.

12월 8일 가족, 지인과 같이 점심 모임을 하고 있는데 김용민 의원으로부터 전화가 왔다. 1차 탄핵소추가 불성립된 후, 2차 탄핵소추안을 작성하는 데 도움을 달라는 연락이었다. 1차 탄핵소추안은 사실관계는 잘 정리되어 있었으나 여러 가지 내용을 탄핵소추 사유로 정리하는 바람에 소추 사유의 명확성과 탄핵 재판 집중성에 문제가 있을 수 있다는 평가를 받았다. 김용민 의원은 문재인 정부 2기 법무검찰개혁위원회 위원으로 활동하다가 21대 국회의원 선거에 출마해서 당선되었으므로 나와 인연이 깊었다. 헌법학자인 유승익 교수와 형법학자인 이윤제 교수도 사전에 연락을 받아서 2차 탄핵소추안을 작성하기 위한 팀이 구성되었다. 4시경 국회에 도착했는데 유 교수와 이 교수는 이미 탄핵소추안을 작성하고 있었다. 대통령 탄핵소추안뿐만 아니라 법무부장관, 경찰청장 탄핵소추안도 작성했다. 밤 11시 반까지 작업을 하다가 집에 돌아왔고, 두 교수는 밤샘 작업을 하였다. 다음 날도 계속 두 교수는 작업을 하고 나는 사무실에 출근하여 수시로 연락을 하면서 수정 작업을 하였다. 우리 팀은 처음에 계엄과 내란 행위만을 탄핵소추로 삼아 소추안을 정리했는데 민주당 최고위원회에서 윤석열의 거부권 남용도 탄핵소추 사유로 넣는 것이 좋다는 의견을 전달해 와서 그 부분도 추가적인 탄핵소추 사유로 정리하였다. 그러나 우리 팀에서는 탄핵소추 사유로서는 비상계엄과 내란만으로 충분하고, 거부권 행사는 탄핵 사유의 경중에서 차이가 날 뿐만 아니라 탄핵 재판의 쟁점이 흐려져서 적절하지 않다고 평가하였다. 어느 정도 내용을 정리한 후 12월 11일 내가 근무하는 법인의 안양 사무소에 아침 일찍 출근하여 탄핵안을 정리하여 의원실로 보냈다. 그 와중에 내란과 탄핵 관련 토론회가 12일 4시에 국회에서 개최하는 것으로 급히 기획이 되어 그 발제문도 작성하였다. 탄핵안 최종 정리를 위하여 12일 12시 김용민 의원실에 갔는데 민주당 최고위원회에서 비상계엄과 내란 행위만을 탄핵 사유로 삼는 것으로 다시 정리하였다고 하여 거부권 남용 부분을 탄핵소추 사유에서 삭제하는 작업을 진행하였다. 그 과정에서 두 교수가 상당히 고생이 많았다. 오후 4시가 다 되어 겨우 탄핵안을 마무리하고 토론회에 참석하였다. 그 후 민주당 최고위원회에 탄핵안을 제출하는 과정에서도 약간의 변경 사항이 있어 김용민 의원이 최종 마무리를 하여 제출하였다고 한다. 이후 우리 팀에서 국무총리 탄핵안도 작성하였으니 결국 중요한 탄핵안을 대부분 작성한 셈이 되었다.

12월 18일 아침에 김용민 의원이 국회 탄핵소추 대리인으로 선임하고자 하는데 할 의향이 있는지 물었다. 나는 소추안을 작성하는 일을 직접 담당하였으므로 대리인으로 할 일이 있겠다는 생각으로 수락했다. 소추단 간사를 맡고 있는 최기상 의원으로부터 바로 연락이 와서 선임 절차를 진행하였다.

12월 20일 아침 8시 국회에서 소추위원과 대리인단 간담회를 진행하였다. 정청래 법제사법위원장이 소추인단 대표였고, 소추 대리인단 대표는 전직 헌법재판관인 김이수, 송두환 변호사와 내곡동 특검이던 이광범 변호사였으며, 헌법 전문가인 김진한 변호사, 장순욱 변호사 등이 실무팀을 맡아 준비가 잘 되고 있다는 느낌을 받았다. 대리인단은 최종 17인으로 구성되었다.

2024년 12월 20일 서울 여의도 국회의원회관에서 열린 윤석열 대통령에 대한 국회 탄핵소추단·대리인단 간담회 모습. 두 번째 열 오른쪽에서 세 번째가 필자.

12월 27일 오후 2시 역사적인 헌법재판소 첫 번째 준비기일이 열렸다. 재판관은 주심인 정형식, 이미선 재판관이 나왔는데 신속 진행 의지가 느껴졌다. 상대방이 변론 및 자료를 준비하는데 시간이 많이 소요된다고 다음 기일을 넉넉하게 달라고 요구했으나 헌재에서 받아들이지 않았다.

1월 3일 열린 두 번째 준비기일에서는 그 후 언론에 회자된 내란죄 철회 문제가 발생하였다. 대통령 대리인단이 소추단 측에 내란죄를 탄핵 사유에서 철회하는 것인지 확인해달라고 재판부에 요청하였는데 우리 측 대리인 실무대표가 내란죄를 철회한다고 답변하였다. 형사상 구성 요건에 해당하는 행위와 동일한 사실을 형법 위반이 아닌 헌법 위반 측면에서 다루는 것이 탄핵 재판이므로 적용 법조를 철회하는 것은 헌법 재판 측면에서는 전혀 문제가 없는 것이었다. 그러나 윤 대통령 측이 이를 정치적으로 이용할 것이 걱정되었다. 아니나 다를까 다음 날부터 언론을 이용한 정치공세가 시작되었다. 이런 정치적 성격이 강한 재판에서는 말 한마디 한마디 신중해야 한다는 것을 새삼 느꼈다. 다만 법리적으로 명백했기 때문에 대리인단 내부에서는 동요가 없었다.

대리인단은 토요일 오전 9시경마다 전체 회의를 진행하면서 추후 재판 진행에 대해 의논했다. 대부분의 대리인이 참석하였고 열띤 토론으로 재판 진행 사항을 결정했다. 실무팀에서 서면 작성 등 재판 진행과 관련한 많은 일을 담당하였다. 실무팀 소속 대리인들의 정성이 서면과 신문 사항을 보면서 깊이 느껴졌다. 이론적으로도 완벽했고 증거 자료 준비도 충실했다.

2025년 1월 14일 오후 2시 헌법재판관 8인이 참석하는 본재판이 시작되었다. 헌법재판관 임명을 거부한 한덕수 국무총리는 탄핵소추되었고, 이를 이은 최상목 대행이 정계선, 조한창을 헌법재판관으로 임명하면서 겨우 8인이 되어 탄핵 재판이 진행될 수 있었다. 한덕수 국무총리, 최상목 부총리는 법의 작은 틈새를 이용한 위헌·위법 행위를 너무 쉽게 저질렀다.

윤석열은 공수처 체포 영장 집행 거부 등으로 국민들의 속을 태웠지만, 1월 15일 2차 집행을 통한 구속으로 한 고비 넘어가는 것 같았다. 법원에서 적법하게 발부한 영장 집행을 대통령이 거부한다는 것은 상상하기 힘든 일이다. 그것도 법률가 출신 대통령이 그런 행위를 예사로 한다니 믿을 수 없었다. 윤 대통령과 그 주위 사람들은 기본적인 헌정질서와 법치주의에 대한 이해가 전혀 없는 사람들로 느껴졌다.

탄핵 재판은 속도를 더해서 처음에는 오후에만 진행하다가, 나중에는 오전, 오후로 일주일에 2회 진행하였다. 많은 증인이 나와서 증언을 하기 시작하였고, 그 과정에서 윤 대통령이 행한 행위가 구체적으로 밝혀지기 시작했다. 법정에 나온 증인들의 증언 태도가 사람에 따라 너무 달라서 인상적이었다. 명백히 알고 있어 보이는데도 모른다고 증언하는 경우가 많았다. 이상민 전 장관의 경우는 국무회의 절차가 적법하다고 적극적으로 증언하기도 하였다. 국무회의에 참석한 국무위원들은 모두 계엄에 반대했다고 증언하였고, 일부 국무위원은 대통령실에 도착하자마자 대통령이 비상상계엄을 선포하러 나가버려 무슨 일이 있었는지 모른다고 했다. 낮은 수준의 지도자는 그 이상의 사람을 수하에 둘 수 없다고 하는데, 그 말이 현실로 증명되고 있다는 느낌이었다.

반면 국정원의 홍장원 1차장, 조성현 대령, 곽종근 특전사령관은 사실에 입각한 증언을 하였다. 물적 증거, 예를 들어 계엄포고령, 계엄선포문, 최상목 대행에게 윤 대통령이 건넨 문건, 당시 영상 등을 보면 윤 대통령의 계엄이 실체적·형식적 요건을 갖추지 못하여 헌법과 계엄법 위반인 사실은 명백했다.

헌법재판소장 권한대행은 3차 기일에서 윤 대통령 측에 비상입법기구 관련 쪽지를 직접 기획재정부장관에게 건넸는지와 대통령이 국회의원의 국회 진입을 막도록 특전사령관 등에게 직접 명령하였는지를 확인하였다. 실제 윤 대통령이 한 행위를 확인하려는 의도였다. 윤 대통령은 자신의 직접 관여를 대부분 부인했고, 직접 그런 지시를 한 적이 없다고 대답하였다. 그러나 때로는 모순되는 진술로 사실상 자백하는 발언도 여러 차례 하였다. 한마디로 일관성이 없었다. 윤 대통령 측 대리인 변론도 일반적인 변론과는 거리가 멀었다. 윤석열 측은 대통령의 비상계엄 선포 행위가 요건에 부합하고, 내란 행위에 해당하지 않는다는 것을 입증하는 변론을 해야 했다. 그럼에도 부정선거, 하이브리드 전쟁 상황 등 비상계엄과 전혀 상관없는 내용의 변론을 하였고, 줄탄핵 등 야당의 국정 운영 방해를 경고하기 위한 경고성 계엄, 평화적 계엄이라는 현란한 말장난으로 일관했다. 법률 전문가로 판단할 때 전혀 효과적이지 않은 변론이었다. 법정에 한 번 출정하면 길게는 열 시간 가까이 재판이 진행되는데 그 긴 시간 동안 윤 대통령 측의 변론이라고 할 수 없는 변론을 듣는 것은 쉽지 않은 일이었다.

윤석열 탄핵 심판에서 한덕수 국무총리에게 질의하는 필자.(앞줄 오른쪽)

헌법재판소 주변은 탄핵 반대 시위를 하는 사람들로 인하여 매우 시끄러웠고, 헌법재판소에 출정하는 것도 쉽지 않았다. 나는 주로 지하철을 이용해서 출석하였는데 경찰 통제로 인하여 안국역에서 내려도 일반적인 경로를 통하여 헌법재판소에 갈 수 없는 때가 많았다. 나중에는 좀 익숙해졌지만 한두 번은 재판에 늦을 뻔 하기도 하였다.

처음에 나는 증인신문은 맡지 않기로 하고 주로 실무팀에서 서면작성과 증인신문을 담당하기로 하였다. 그런데 윤 대통령 측에서 증인 신청을 계속하였고, 헌법재판소가 그중 몇 명을 추가 채택하면서 나도 증인신문을 하기로 하여, 한덕수 총리 증인신문을 담당하게 되었다. 사실 청구인인 국회 측에서는 일정을 빨리 종결시킬 계획이었는데 대통령 측은 여러 가지 입증 방법을 신청하였고, 한 총리도 대통령 측에서 강력하게 요구하여 증인으로 채택된 것이었다. 소추단인 국회 대리인으로서는 반대신문만 하면 되는 것이었는데 2월 15일 아침 대리인단 회의를 거쳐 국회 측에서도 한 총리를 증인으로 신청하여 주신문으로 진행하기로 하였다. 헌재 측에서도 우리 신청을 받아주었다. 사실 반대신문만 하면 주신문사항과 관계되는 것으로 신문 내용이 제한되기 때문에 신문하는 데 한계가 있다. 청구인인 국회 측에서도 비상계엄 선포의 절차적 요건인 국무회의 심의를 거쳤는지 여부를 적극적으로 확인할 필요가 있기 때문에 증인으로 신청하는 것이 더 효과적이라고 판단하였다. 일요일인 16일 사무실에 출근하여 하루 종일 증인신문사항을 작성하고 검토하였다. 어머니가 고향에 있는 병원에 입원해있던 관계로 당일 밤차를 타고 고향인 진주로 가서 다음 날 어머니 병원 관련 일을 처리해야 해서 몸과 마음이 바빴다. 헌법재판소에서 국회 측 실무 담당 변호사에게 연락을 해서 18일까지 신문사항을 제출할 수 있는지 물어왔다. 국회 측 증인으로 신청했으니 상대방 반대신문 준비를 위해서 신문사항을 미리 내어달라고 요청한 것이었다. 다음 날인 18일 헌재 재판을 마치고 난 뒤 사무실에 와서 신문사항을 마무리하여 제출하였다. 미리 준비하지 않았으면 중요한 재판에 차질이 생길 뻔 하였다.

2월 20일 오후 3시에 헌재 재판이 시작되었다. 오전에 윤 대통령 내란죄 형사사건 재판 준비기일이 있어 한 시간 연기된 것이었다. 3시부터 한덕수 증인신문이 진행되었는데 국무회의의 절차적 요건은 갖추지 못했고, 자기는 비상계엄을 만류했다고 증언하였다. 자기 책임은 최소로 하고, 실제로는 내란에 공모한 것으로 보이는데도 그 사실은 철저히 부인했다. 심지어 자기 주머니에 계엄포고령이 있었는데 그것을 비상계엄 선포 다음 날 집에서 발견했고, 어떤 경위로 자기가 소지하게 되었는지조차 모르겠다고 증언하여 실소를 자아냈다. 그 후 홍장원이 2차 증언을 하고, 몸 상태가 좋지 않아 여러 차례 출석을 하지 않았던 조지호도 결국 법정에 출석하여 증언하였다. 윤 대통령 측에서 고집을 부려 한 기일 더 진행한 것인데, 윤 대통령 입장에서는 그다지 성과가 없었던 것으로 보였다.

2월 25일 헌재 마지막 변론기일이었다. 나는 헌재에 입장하기 전에 기자들 앞에서 입장문을 발표했다. 사람은 큰 거짓말에 쉽게 속고, 작은 거짓말이라도 여러 번 하면 속는다는 나치의 선전상 괴벨스의 말을 인용하여 피청구인이 거짓말을 너무 쉽게 하고 있다는 사실과, 주역의

'하늘의 그물은 성글어도 놓치는 것이 없다'는 말을 인용하여 윤 대통령의 잘못이 모두 드러나고 탄핵이 인용될 것이라는 취지의 말을 하였다.

워낙 쟁점이 단순하고 증거가 명백하여 헌재 결정이 쉽게, 빨리 나올 것으로 모두가 전망하였다. 심지어 3월 초에 선고할 것이라는 전망을 하는 전문가도 있었고, 적어도 3월 14일 정도까지는 선고가 될 것이라 대부분이 전망하였다. 그런데 모두의 기대와는 달리 3월 말이 다 되어도 선고기일이 정해지지 않았다. 너무나도 명백한 내란 사태에 대해서 헌재가 쉽게 결론을 내지 못하자 국민들의 우려가 깊어지기 시작했다. 헌재에 대한 믿음이 약해지고 대통령 탄핵 사건은 국민투표로 결론을 내어야 한다는 의견도 등장했다. 사법부가 기득권 카르텔의 한 부분으로 평가되는 상황에서 헌재도 부화뇌동하지 않을지 걱정되기 시작했다.

3월 26일 이재명 대표 선거법 사건 항소심에서 무죄가 선고되었다. 선거의 자유가 강조되는 판례에 부합하는 해석을 하였고, 이 대표의 사법 리스크가 상당 부분 해소되었다는 점에서 다행이었다. 그런 와중에도 헌재의 선고기일이 자꾸 미루어지고, 심지어 4:4, 5:3 기각설까지 나돌면서 민심이 흉흉해지고 있었다.

소추단 대리인은 인용 결정을 확신하고 있었지만 언론 등에서 계속 기각, 각하 가능성을 주장하기 시작하자 대책을 논의하는 모임을 가졌다. 선고기일 지정 신청을 하자는 의견 등 많은 의견이 대두되었지만 김진, 정규재, 조갑제 씨 등 소위 보수 언론인이 언론을 통해서 발표한 의견을 문서로 만들어 제출하는 것으로 정리되었다. 4월 1일 마침내 선고일정이 4월 4일로 고지되었다. 소장 권한대행이나 이미선 재판관 등의 성향을 고려할 때 선고기일이 위 두 재판관의 퇴임 예정일인 4월 18일 이전에 고지되었다는 것은 8:0 전원일치로 인용결정이 날 것이라는 의미로 대리인단에서는 해석하였다.

　4월 4일 아침, 선고를 듣기 위하여 헌재에 소추단 대리인 전원이 출석했다. 11시에 재판관 전원 입장 후 문형배 권한대행이 선고문을 낭독하기 시작했고, 22분 전원 일치 파면선고를 하였다. 대리인단은 재판정에서 기념 촬영을 하고 5시 서초동에 모여 자축하는 시간을 가졌다. 계엄이 시작된 날부터 넉 달 만에 역사의 한 고비를 넘었다는 느낌이었다.

　탄핵소추서 작성부터 시작하여 탄핵심판 소추 대리인직까지 수행하면서 계엄과 내란, 탄핵을 몸으로 겪었다. 민주시민의 힘과 한국 사회의 역사적 경험이 역사를 거꾸로 되돌리려는 엘리트 기득권 집단의 계획을 좌절시킨 사건으로 역사가 기록할 것이다.

　한강 작가는 노벨상 수상 당시 '과거가 현재를 도울 수 있는가' '죽은 자가 산 자를 구할 수 있는가' 라는 말을 남겼다. 지금 상황을 너무 잘 설명하는 말이다. 4.19, 5·18의 기억이 44년 만의 위헌, 위법적인 비상계엄 선포를 막을 수 있게 해 준 것이다. 어두운 과거의 기억과 경험이 현재를 돕고, 민주 열사의 영령이 지금 이 시대를 사는 사람들을 구한 것이다.

# III
## '검찰개혁'에 다가가기까지

## '검찰개혁'에 다가가기까지

1993년 3월 나는 <법무법인 시민> 안양 사무소에서 변호사로 업무를 시작했다. 법무법인 시민 소속 변호사 대부분은 <민주사회를 위한 변호사모임>(민변)에 가입하여 활동하였고 나도 민변에 가입하였다. 나는 당시 우리나라 노동 문제에 관심이 많아서 사무실 부설로 노동상담소를 만들었다. 안양과 주변 지역의 노동단체 및 개인에게 법률 상담과 교육을 하면서 노동 관계 사건을 많이 접하였다. 민주사회를 위한 변호사 모임에서도 주로 노동위원회 활동에 집중하였다. 변호사로 연차가 쌓여가면서 법원과 검찰이 관료적이라는 느낌이 점점 강해졌으나 법원과 검찰의 구조적인 문제에 대해서까지는 깊은 이해가 없었다. 변호사 업무와 지역 활동을 열심히 하다가 2000년부터 2001년까지 미국으로 유학을 다녀오기도 하였다. 미국 사회는 우리보다 선진국으로 배울 점도 많았으나 소득 격차, 인종, 총기 문제 등으로 골머리를 앓고 있는 현실도 보였다. 유학하는 동안 내가 살던 동네 쇼핑몰에서 총기사건이 발생하기도 하였다. 소년 법정을 방청한 적도 있는데 판사는 백인으로 법정을 자유롭게 운영하였고, 피고인은 모두 흑인이었다는 점이 기억에 남는다.

2003년 2월 참여정부 출범 후 사무실 대표인 고영구 변호사님이 국가정보원장으로 임명되고, 2005년 1월 같은 사무실 선배 김선수 변호사가 사법개혁위원회 산하 추진지원단 단장으로 임명되었다. 청와대 민정수석실 사법개혁비서관을 겸임하는 자리다. 추진지원단은 대통령 자문기구인 사법개혁위원회에서 결정한 사법개혁 의제를 실무적으로 추진하기 위하여 설립한 조직이었다.*

2005년 6월경 민변 선배이던 천정배 의원이 법무부장관으로 임명되었다. 7월경 천 장관이 비서관을 보내 나에게 장관 정책보좌관으로 일할 의향이 있는지 물어왔다. 법무나 검찰에 대해서는 일반적인 변호사 정도의 지식과 경험밖에 없었지만 변호사 경력이 13년째 접어들었고, 권력기관에 대한 문제 의식이 커지던 때여서 일을 해보고 싶다는 생각이 들었다. 그 후 1년가량 법무부장관 정책보좌관으로 일하면서 많은 사건을 겪었다. 강정구 교수의 국가보안법 사건을 계기로 한 법무부장관의 수사지휘권 발동, 노회찬 의원이 제기한 삼성 떡값 검사 사건이 본질은 희석되고 엉뚱하게 노회찬 의원이 피의자로 전환되어 버린 사건 등을 겪으면서 검찰의 폐쇄성과 경직성, 조직 이기주의적인 모습을 느꼈다. 무엇보다도 당초 노 의원이 제기하였던 떡값 문제에 대해서 우리 사회의 관심이 너무 쉽게 증발되어 버린 현상을 목격했다. 검찰과 언론이 결탁하면 어떤 결과를 초래할 수 있는지 확인한 사건이었다. 당

---

* 사법제도개혁추진위원회 백서 상하 '사법선진화를 위한 개혁' 참조

시는 민주정부인 노무현 정부였는데도 불구하고 검찰과 언론의 조직적 사실 은폐, 시선 돌리기 작업이 너무 쉽게 성공하는 것을 보고 놀랐다. 명백한 증거가 있음에도 검찰은 독수독과의 원칙을 적용하며 불법으로 수집한 증거에 기반해서 수사를 진행하면 안 된다고 주장하였고, 결국 당시 노회찬 의원의 떡값 리스트에 있던 검사 중 어느 누구도 처벌은 물론 수사조차 받지 않았다.

재직 기간 동안 나는 검찰 수사와 관련된 일 외에도 법무부와 검찰을 좀 더 인권 친화적 기관으로 만들기 위한 변화전략계획 작성\*, 교정국을 교정본부로 승격시키는 작업, 법무부 인권국 신설 등 여러 조직 관련 업무도 수행하였다. 개인적으로는 많은 경험을 했고 보람도 있었다고 생각한다. 그러나 지나고 나서 돌아보면 내가 한 일은 검찰조직의 구조개혁 등 본질적인 부분과는 그다지 관계없는 일이었다. 현실적으로 검찰권력을 제한하거나 조정하는 수준까지는 가지 못한 일이었다.

참여정부는 집권 초기부터 검찰개혁을 국정과제의 하나로 내세웠다. 대통령이 직접 '검사와의 대화'에 나서기도 했다. 그 과정에서 검찰조직의 경직성, 폐쇄성 등 부정적인 모습이 많이 확인되었지만 참여정부는 정치적 중립을 지켜 검찰 독립을 존중하였고, 검찰수사에 간섭하지도 않았다. 참여정부는 검찰이 부정적인 모습을 보인 이유를 정치가 검찰에 지나치게 개입한 탓으로 진단하여, 검찰을 정치적 목적으로 간섭하지 않으면 스스로 개혁할 수 있는 조직으로 생각했다. 그러나 검찰

---

\* 법무부 변화전략계획 '희망을 여는 약속'(2006.2.) 참조

조직은 아무런 변화가 없었고, 결국 참여정부의 검찰개혁은 실패하였다. 검찰은 참여정부 당시 이미 조직 이익을 지상 가치로 여기는 관료권력으로 변모해 있었던 것이다. 그런 조직을 개혁하기 위해서는 개혁 주체가 미리 준비된 검찰개혁안을 가지고 조직적, 체계적으로 수행해야 하는데 그런 인식이 없었던 탓이다. 검찰은 그 후 대선자금 수사를 통하여 국민적 지지를 얻었고, 참여정부는 검찰개혁의 동력을 완전히 상실했다. 이런 여러 이유로 내가 법무부장관 정책보좌관으로 임명된 시점에는 검찰 구조 개혁 작업은 전혀 진행되지 못했다. 천 장관 퇴임과 더불어 나도 장관 정책보좌관에서 퇴임하고 변호사 업무에 복귀하였다. 이 경험을 계기로 검찰개혁 문제에 관심을 가지게 되었고, 민변에서 사법위원회 활동을 시작하였다.

이명박 대통령 집권 후 2009년 5월 23일 노무현 대통령 서거 사태를 겪었다. 이명박 정권이 검찰을 정치적으로 이용하여 표적 수사를 하는 바람에 일어난 참사였다. 참여정부가 검찰개혁을 하지 못한 업보로 일어난 사건이라 생각하니 못내 안타까웠다. 이명박, 박근혜 정권하 검찰권 남용의 역사는 굳이 언급할 필요도 없을 것 같다.[*]

두 정권은 검찰을 통치 수단이자 파트너로 사용했고, 그 결과 수많은 권한 남용 사태가 발생하였다. 검찰이 정윤회, 최순실 국정개입 사건을 원칙대로만 처리하였더라도 국정농단 같은 사태는 일어나지 않았을 것이다.

---

[*] 참여연대 사법감시센터 <검찰보고서>에 검찰 권한 남용의 역사가 잘 정리되어 있다

2012년 대선에서 민주당 문재인 후보가 당선되면 권력기관과 검찰개혁이 가능할 것이라고 생각하였다. 그러나 기득권의 힘은 너무 강했고 박근혜 정부가 등장하면서 검찰개혁이라는 과제는 또다시 미루어졌다. 나는 박근혜 정부 시대에도 지속적으로 검찰개혁에 관심을 가져왔고, 민변 등 활동과 공부를 계속했다. 국정농단으로 2016년 촛불혁명과 박근혜 대통령 탄핵을 통하여 조기에 대통령 선거가 실시되었다. 문재인 민주당 후보가 대통령으로 당선되면서 참여정부에 이어 다시 권력기관과 검찰개혁의 호기가 다가왔다.

문재인 정부는 국정과제 첫머리에 검찰개혁을 제시하면서 검경 수사권 조정, 공수처 설치 등을 내세웠고, 제도적인 면에서 어느 정도 성과를 내었다고 할 수 있다. 그러나 민주당은 결국 재집권에 실패하고 윤석열 정부가 등장하며 문재인 정부의 검찰개혁은 성공했다는 평가를 받지 못하고 있다.

나는 문재인 정부의 여러 위원회에서 검찰개혁을 비롯한 권력기관개혁 관련 일을 하였다. 이하에서는 문재인 정부에서 진행한 검찰개혁 과정에서 내가 겪은 일을 중심으로 문 정부의 검찰개혁을 살펴보고, 이를 반면교사로 삼아 앞으로의 권력기관과 검찰개혁의 길을 모색하고자 한다.

# IV

## 문재인 정부의 등장과 정권 초기 권력기관개혁

## 1. 2016년 여름부터 겨울까지

2016년 8월 중순, 설립 시부터 관여해왔던 모 협동조합 이사회가 있던 날이다. 이사회를 마친 후 이사장을 비롯한 몇몇 사람과 같이 조합 사무실이 있는 선릉역 부근 음식점에서 저녁식사를 하고 있는데 저녁 7시쯤 연수원 동기이자 대학 선배로부터 연락이 왔다. 문재인 민주당 대통령 후보를 며칠 후 부산에서 만날 예정인데 같이 만나자고 하였다. 그 선배는 참여정부 당시 국가정보원에 입사한 후 상당 기간 근무하며 국정원 개혁에 관심을 가지고 있었다.

문재인 후보는 평소 검찰개혁에 많은 관심을 표명했고, 나도 권력기관개혁, 특히 검찰개혁이 시대적 과제라고 생각하던 터라 같이 가기로 하였다. 문재인 후보는 나와 과거 민변 노동위원회 위원으로 같이 활동한 인연이 있다. 나는 서울에서, 문재인 후보는 부산에서 활동하여 만날 기회는 거의 없었지만 1997년경 부산에서 민변 노동위원회를 개최하였을 때 만난 적이 있다. 당시 문 후보는 서울과 전국 각지에서 부산으로 모인 노동위원회 위원들의 안내를 맡아서 부산의 명소 등 이곳저

곳을 구경시켜 주었다. 법률이나 재판에 대해서 잘 모르는 노동위원회 위원 가족이 질문을 하였을 때 열심히 듣고 친절하게 대답했던 모습이 인상적인 기억으로 남아있다.

1997년 부산에서 개최된 민주사회를 위한 변호사 모임. 뒷줄 맨 왼쪽이 필자, 오른쪽으로 김우진, 이인호, 김선수, 이원재, 문병호, 문재인, 천낙붕, 이경우, 김연수 변호사.

8월 22일 KTX를 타고 오전에 부산역에 도착하여 식사를 하고, 2시경 문재인 후보를 만나기로 약속한 서면 롯데호텔 42층 라운지로 갔다. 좀 기다리니 문 후보가 왔다. 호텔에 있던 사람들이 문 후보에게 악수를 청하는 등으로 시간이 상당히 지체되었다. 당시 민주당 경선 중이었지만 문 후보는 이미 유력한 대통령 후보로 거론되고 있었으므로 사람들의 관심이 집중되던 시기다. 창가 자리를 잡고 앉자마자 우리는 검찰개혁과 관련한 여러 이야기를 나누었다. 문 후보는 참여정부가 검찰개혁에 실패한 원인은 검찰개혁을 검찰 자율에 맡긴 것 때문이라고 생각했고, 그 점은 나와 의견이 일치했다. 참여정부 당시에는 정치가 검찰을 이용하지만 않으면 검찰이 자율적으로 개혁할 수 있다고 생각했다는 것이다.(<문재인, 김인회의 검찰을 생각한다> 저서에서 같은 취지 주장을 하였다)

문 후보는 2012년 대선에서 낙선한 후 결기가 생겼고 공부도 많이 하고 있다는 이야기를 하였다. 나는 준비해간 공수처 관련 자료 등을 전달했다. 일정이 많아 30분 정도밖에 이야기를 나누지 못했지만, 문 후보의 의지가 강하여 대통령으로 당선되면 이번에는 권력기관과 검찰개혁이 제대로 이루어질 수 있겠다는 생각이 들었다.

모임을 마치고 한 달 정도 지난 2016년 9월 22일, 문재인 후보를 지지하는 모임인 '정책공간 국민성장'이라는 단체에서 나에게 연락을 해왔다. 검찰개혁추진단장을 맡아 달라는 부탁이었다. 당시 나는 박근혜 정권이 계속되는 것은 한국 사회의 불행이라고 생각하고 있었고, 정권을 바꾸기 위해서 어떤 일을 해야 할지 고민하던 참이었다. 검찰개혁

방향에 대한 여러 견해도 학자나 시민사회단체에서 백가쟁명식으로 나오고 있어,* 이를 실행 가능한 안으로 정리할 필요가 있다고 생각하던 때였으므로 별다른 망설임 없이 제의를 수락하였다.

국민성장은 7 위원회, 11 추진단, 연구위원회 등으로 구성한 조직이었다. 연락을 받고 며칠 후인 24일 점심 무렵 광흥창에 있는 화수목이라는 중국음식점에서 검찰개혁추진단을 포함하여 경제, 사회, 문화, 정치 영역 등 국민성장 각 부문의 추진단장 모임이 있었다. 처음 만나는 자리였는데도 국민성장이란 명칭이 적절한지부터 시작하여 여러 사회문제에 대한 토론이 진지하게 이루어졌다. 그때부터 나는 전반적인 권력기관개혁안의 모습, 단원 모집 등을 고민하기 시작했다. 같은 해 10월 1일 강남 조양관에서 추진단장과 문재인 후보 간 상견례를 하였다. 그 자리에서 성장이라는 이름을 모임 명칭에 넣는 것이 적절한지 토론을 한 기억이 있다.

같은 달 6일 프레스센터에서 국민성장 발대식 및 심포지엄이 개최되었다. 명칭은 '반특권 검찰개혁 추진단'으로 정했다. 10월 중에 집중적으로 단원 모집을 하였다. 많은 학자와 실무자가 참여하여 최종 16명으로 단원을 확정하였다. 검찰개혁 관련 자료뿐 아니라 공수처, 수사와 기소 분리, 국정원의 대공수사권 및 경찰청 보안국과의 통합, 정보경찰 축소 문제 등을 검토하면서 검찰개혁이라는 주제에 한정하지 않고 권력기관 전반의 개혁 문제로 접근해야 한다는 의견으로 정리하였다.

조직이 어느 정도 구성되고 11월 2일 법무법인 시민 사무실에서 첫

---

\* <국민일보> (사설) 검찰이 내놓은 검찰개혁안, 근본 처방과 거리가 멀다(2016.8.31.), <경향신문> (시론) 검찰개혁, 수사·기소권 분리부터(2016.9.5.), <세계일보> (사설) 검찰개혁 진짜 하려면 수사권 조정해야(2016.9.5.), <머니투데이> '검사장 직선제 도입할 때 됐다' 전문가들 '검찰개혁' 논의(2016.12.16.)

회의를 개최하였다. 단원을 계속 모집하는 상황에서 1차 회의를 하였는데 단원들 모두 매우 의욕적이었다. 기본적으로 일주일에 한 번 회의를 하고 필요하면 수시로 회의를 개최하기로 하였다. 단원들과 여러 차례 협의를 거쳐 전체 조직을 공수처·검찰팀, 경찰팀, 변호사팀, 국정원팀의 4팀으로 구분하고 기본적으로 수사·기소의 완전 분리 방식인 국가수사청 설치 방식을 1안으로, 부분적 분리를 2안으로 하여 정책제안서를 작성하기 시작하였다. 매주 1~2회 회의를 하면서 개혁안을 다듬었다.

광화문 촛불은 점점 더 높이 타올라 12월 초에는 참여 인원이 100만을 넘어섰고, 민주당 경선도 본격적으로 진행되었다. 탄핵 절차는 착착 진행되어 12월 9일 국회에서 탄핵소추 의결이 있었다. 당시 여당이던 새누리당 의원도 상당히 참여한 결과였다. 나는 민주당 측으로부터 국회 측 탄핵소추 대리인으로 추천을 받았으나 최종적으로는 수락하지 않기로 결정하였다. 반특권 검찰개혁 추진단장을 하면서 탄핵소추 대리인까지 하기는 불가능한 일이었다.

어느 정도 정책제안서를 작성하였을 무렵인 2017년 1월 3일, 문 후보 캠프 측 연락으로 마포 서강8경에서 문재인 후보 및 후보 정무팀 등을 만났다. 문 후보는 일본과 유사한 수사권 조정 방식의 검찰개혁 방안을 적절한 것으로 생각했고, 그것이 현실적이라 판단하는 듯했다.*
개인적으로는 수사·기소 완전 분리안을 더 개혁적으로 생각하였으나 선거 시기였으므로 캠프 측 판단에 따르기로 했다. 장기적으로는 수사·기소 분리를 지향하나 현실적인 이유로 수사권 조정을 택하고 차근차근 단계를 밟아서 수사·기소 분리로 나아가는 방안이다.

당일 적폐청산 긴급좌담회를 진행하기로 결정하여, 1월 5일 국회의원회관 제3세미나실에서 긴급좌담회를 개최하였다. 적폐청산과 권력기관개혁을 내세운 첫 좌담회여서 그런지 언론과 관련 권력기관의 관심이 컸다. 세미나실에 참석 인원이 모두 수용되지 않아 기자들이 바닥에까지 앉아서 취재를 하였다. 특히 경찰관이 다수 참석한 것이 기억난다. 당시 문 후보가 참석하고, 나와 박범계 의원, 서보학 교수, 박광온 의원, 김인회 교수, 신경민 의원 등이 패널로 참석하였다. 나는 두 번째 발제자로 검찰개혁 방안을 발표하였다. 내가 발표하던 중 문 후보가 플로어에 앉아 있던 이석범 변호사에게 국정원 개혁에 대해 의견을 말해보라고 요청하기도 하였다. 문 후보가 국정원 개혁에도 관심이 있다는 것을 그런 방법으로 표현한 듯 보였다.

1월 8일 마포에 있는 국민성장 사무실에서 국민성장위원장, 추진단장들에게 정책제안서 내용을 설명하는 자리가 있었다. 반특권검찰개혁단은 각 팀장이 맡은 분야를 나누어서 설명하였다. 실제로 검찰개혁안이 집행될 수 있다는 기대가 높아진 순간이었다.

---

* 일본 형사소송법상 검사(검찰관)는 수사, 공소 제기, 유지권, 재판의 집행권, 수사지휘권을 가지고 있다. 다만 영장청구권의 범위에 제한이 있어 구속영장만을 법원에 신청하고 압수·수색영장에 대한 청구권은 경찰이 가지고 있다. 우리 나라에 비하여 특수수사를 담당하는 인원이 많지 않아 도쿄, 오사카, 나고야 3곳에 있는 검찰청에서만 특수 수사를 담당한다. 실질적으로 수사는 거의 경찰이 담당한다(<일본형사소송법>(히라라키 토키오) 참조). 검찰 조직 인원도 우리나라에 비하여 상대적으로 적다

## 2. 박근혜 대통령 탄핵과 대선

　　추진단은 그 후에도 정책 제안 내용을 구체화하는 회의를 계속하였다. 2월 28일에는 세종홀에서 국민성장 발대식이 있었다. 문 후보가 참석하였고, 국민성장에서 완성한 정책제안서를 전달하는 행사를 하였다.

　　2017년 3월 10일 헌법재판소의 탄핵 결정이 있었다. 8 대 0 헌법재판관 전원일치였다. 헌법재판소의 탄핵 결정 당시 나는 재판이 있어서 안양지원에 있었다. 법정 밖 복도에서 대기하던 중 탄핵 방송 중계를 들었다. "대통령 박근혜를 파면한다"는 주심 재판관의 목소리가 지금도 들리는 듯하다. 탄핵 결정 후 대선 일자가 5월 9일로 확정되었고, 4월 3일 문재인 후보는 과반수 이상 득표로 결선 투표 없이 민주당 대선 후보로 확정되었다. 대선기간 중 여론조사가 여러 차례 행하여졌는데 문재인 후보가 앞서는 결과가 더 많이 나왔지만 안철수 후보와 박빙인 결과도 여러 차례 나왔다. 분위기를 보면 문재인 후보가 훨씬 앞서는 것 같은데 여론조사가 들쭉날쭉하여 믿을 수 없었다.

대통령 후보들은 당을 불문하고 모두 검찰개혁을 공약으로 내걸었다.[*] 검찰의 정치적 종속을 문제라고 보고 검찰권을 독립시키는 것이 검찰개혁이라고 주장하는 공약부터, 수사·기소 분리와 공수처 설치 등 수사구조개혁, 즉 시스템 전체를 개혁하는 것이 진정한 검찰개혁이자 권력기관개혁이라고 주장하는 공약까지 다양했다.[**]

권력기관 자체가 관료 권력화하는 현실에서 시스템개혁을 하지 않으면 진정한 개혁이 되지 않는다. 그런 점에서 권력기관을 정치로부터 독립시키기만 하면 된다는 주장은 본질을 놓치는 공약이다.[***] [****] 내용이야 어떻든 검찰개혁 공약을 내지 않는 후보는 아무도 없었다. 검찰개혁이 꼭 필요한 시대임을 모두가 인정하고 있었던 것이다.

대선 기간 동안 나는 단원들과 회의를 계속하였다. 대부분 서초동에 있는 우리 사무실 내 회의실에서 이루어졌다. 단원들의 출석률이 매우 높았고, 회의를 마치면 항상 저녁을 같이 했다. 식사 자리는 물론 저녁 식사 후에도 지속적인 토론을 위해 바로 집에 돌아가지 않는 단원이 많아 항상 2, 3차로 모임이 이어졌다. 추진단 팀장급들은 광흥창에서 열린 국민성장 전체회의에도 참석하였다. 2016년 11월 초에 시작한 반특권 검찰개혁 추진단 공식 회의가 14회까지 이어졌다. 11월 이전 회의와 비공식 회의를 포함하면 훨씬 더 많은 회의와 모임이 있었다. 단원들

---

[*] <국민일보> (사설) 검찰개혁 더 미룰 수 없다(2017.3.16.)
[**] <MBC> 대선후보들 '검찰개혁' 한 목소리 방식은 '차이'(2017.4.7.)
[***] <동아일보> (내 생각은) 검찰개혁의 핵심은 권력분산이다(2017.4.25.)
[****] <중앙일보> (키워드로 보는 사설) 정치검찰과 검찰개혁(2017.4.25.)

모두 문 후보가 대선에서 당선되면 권력기관개혁이 본격적으로 진행될 것이라 생각하였다. 추진단에서는 개혁을 담당할 조직과 기본 계획까지 작성하였다.

5월 9일 치러진 대선에서 문재인 후보가 많은 표 차이로 대통령에 당선되었다. 안철수 후보는 새누리당 홍준표 후보보다 더 적은 득표를 하였다.

## 3. 문재인 정부 출범과 권력기관개혁

문재인 정부가 출범하자 검찰을 전면적으로 개혁해야 한다는 데 여론이 모였다. 검찰개혁을 1순위 개혁과제로 꼽는 여론이 압도적이었다.* 언론도 검찰 관련 기사를 폭포수처럼 쏟아내었다. 남북문제, 경제문제 등 훨씬 더 중요한 국정과제가 있음에도 관료조직 중 하나에 불과한 검찰개혁이 국민 여론에서 압도적 1위를 차지하였다는 것은, 그동안 국민이 검찰을 어떻게 느껴왔는지 잘 보여주는 현상이었다.

<한겨레>와 한겨레경제사회연구원이 한국리서치에 맡겨 지난 12~13일 진행한 '새 정부 추진과제' 여론조사 결과를 보면 이번 정부에서 가장 시급하게 추진하여야 할 개혁과제는 무엇인가를 묻는 항목에 응답자의 31%가 검찰개혁이라고 답했다. 주요 개혁과제 가운데 전통적으로 요구가 높았던 '정치제도개혁'이 2순위(21.3%)인 점을 고려하면, 그 어느 때보다 검찰개

---

\* <매일경제> 리얼미터 여론조사 '개혁과제 순위는 검찰·정치·언론·노동'(2017.5.15.)

혁 요구가 거세다는 해석이 가능하다. 연령과 지역별로도 고른 분포를 보였다. 60대 이상을 제외한 20대부터 50대까지 모두 검찰개혁을 1순위로 꼽았고, 특히 40대 남성(42.4%)의 요구가 가장 높았다.

<한겨레> 60살 이상 뺀 모든 연령대서 "검찰개혁" 가장 높았다(2017.5.14.)

문재인 정부도 100대 국정과제를 선정하면서 권력기관개혁을 주요 개혁 과제로 선정하고, 검찰을 비롯한 경찰, 국가정보원 등 권력기관개혁을 국정과제의 가장 앞부분에 배치하였다.*

권력기관개혁은 정치권력이 다른 권력의 우위에 있는 정권 초기에 진행해야 한다는 것이 정설이다. 개혁 대상인 검찰이 스스로 개혁할 수는 없고, 개혁한다는 것은 바로 기득권을 잃는 일이므로 저항하는 것이 당연하다. 따라서 이에 대비한 준비도 하여야 한다.**

추진단에서는 정권 초기부터 청와대에 권력기관개혁 컨트롤타워를 만들고, 개혁 목표와 시기별로 달성할 주제가 담긴 로드맵을 작성, 발표해야 한다는 데 의견이 일치하였다. 그런 내용이 담긴 개혁안도 문재인 정부 측 관계자에게 전달하였다. 우리는 새 정부가 출범하자마자 권력기관개혁을 담당할 조직을 구성하고 개혁 로드맵을 발표할 것이라

---

\* 문재인 정부는 국가 비전을 '국민의 나라 정의로운 대한민국'으로 잡고, 5대 국정 목표를 국민이 주인인 정부, 더불어 잘 사는 경제, 내 삶을 책임지는 국가, 고르게 발전하는 지역, 평화와 번영의 한반도로 잡았다. 그 아래 20대 국정 전략과 100대 국정과제를 선정하였는데, 국정과제 중 국민 주권의 촛불 민주주의 실현, 권력기관의 민주적 개혁 부분이 권력기관 및 검찰개혁과 긴밀한 관계가 있다

\*\* <내일신문> '검찰개혁' 목소리에 검찰은 '반발'(2017.5.8.)

생각했다.*

그러나 문재인 정부는 권력기관개혁 속도를 높이는 데 큰 관심이 없어 보였다. 인수위 없이 출범해서 그런지 정돈된 느낌을 주지 못했다. 열정은 넘치고, 무엇이든 할 수 있다는 자신감도 있어 보였으나 구체성이나 실천력은 느껴지지 않았다. 문재인 정부는 권력기관을 직접 상대하는 민정수석에 서울대 조국 교수를 임명했다.** 오랜 기간 검찰개혁을 외쳐온 학자이기 때문에 문재인 정부의 검찰개혁에 대한 진정성이 느껴지기는 했으나, 실무 경험이 없는 학자가 어떻게 검찰개혁을 끌고 나갈 수 있을지 걱정되기도 하였다.***

임명 직후 조 수석은 2018년 6월 지방선거 이전, 즉 1년 내에 검찰개혁을 마무리해야 한다고 발표하였다.**** 권력기관개혁은 정권 초기에 해야 가능하고, 지방선거 시즌에 이르면 정치에 관심이 집중되어 버리기 때문에 검찰개혁이 힘들어진다는 판단으로 위와 같은 말을 했다고 생각되었다. 언론은 청와대가 검찰과 거리를 두는 것이 검찰개혁이라는 고전적 주장*****부터, 오히려 관료조직으로서 검찰이 정치로부터 독립하는 안이 검찰개혁이라는 주장까지 다양한 주장을 소개하였다. 인사 문제 해결로는 검찰 문제를 해결하기 힘들고 근본적, 구조적 개혁을

---

\* 참여정부는 사법개혁을 추진하기 위하여 2003년 10월 대법원 산하에 사법개혁위원회를 설치하고, 위원회 권고에 따라 대통령 자문기구로 2005년 1월 사법개혁추진위원회를 설치하여 사법개혁 작업을 진행하였다. 사법제도개혁추진위원회 백서 '사법 선진화를 위한 개혁' 참고

\*\* <서울경제> 민정수석에 조국 교수 내정 비 사법고시 출신 '검찰개혁 의지'(2017.5.10.)

\*\*\* <경향신문> (사설) 검찰개혁 의지 보인 조국 민정수석 임명(2017.5.11.)

\*\*\*\* <한겨레> 조국, 검찰개혁 속도 "내년 6월 지방선거 전까지 끝낸다"(2017.5.11.)

\*\*\*\*\* <동아일보> (사설) 청와대가 檢 길들이기' 손 떼는 게 검찰개혁이다(2017.5.12.)

해야 한다고 주장하는 언론은 많이 보이지 않았다.*

    법무부장관 인선은 상당히 늦어졌다. 정권 출범 후 한 달이 더 지난 2017년 6월 11일 서울대 안경환 교수를 임명한다는 기사가 언론에 보도되었다. 민정수석에 이어 법무부장관도 비법조인을 지명한 것이다. 검찰총장도 비검찰 출신으로 한다는 보도가 있었으나 조직 안정을 위해 검찰 출신으로 결정되는 분위기였다. 정권 초기의 검찰개혁 열기가 조금씩 식어가는 느낌이었다. 안경환 교수가 법무부장관 후보자로 지명되자 마자 언론은 안 교수 아들, 과거 개인사 문제 등을 집중 보도하기 시작했다. 어디서 그런 정보가 쏟아져 나오는지 알 수 없었다. 안 교수는 법무부장관직을 수행할 의지를 보였으나 결국 언론의 집중포화를 견디지 못하고 낙마하였다.
    7월 초 연세대 박상기 교수가 법무부장관으로 임명되었고, 7월 말에는 문무일 검사가 검찰총장으로 임명되었다. 문무일 총장은 인사청문회 과정에서부터 검찰개혁 의지가 의심되는 발언을 하기 시작하였다.

> 문무일 검찰총장 후보자가 24일 국회 인사청문회에서 검찰개혁 등에 대한 견해를 밝혔다. 국회 상임위 출석 의사를 밝히는 등 과거의 총장 후보자들과 달리 개방적인 모습을 보이기도 했으나 검찰개혁에 대해선 소극적 태도로 일관했다. 2천여 명 검사들을 지휘하는 수장으로서 검찰개혁의 당위성을 앞장서 설파해도 시원찮을 판에, "검토해보겠다"는 수준이라면 곤란하다. 취임 이후 검찰의 기득권을 내려놓자고 검사들을 설득할 수 있을

---

* <중앙일보> (사설) 인적 청산 넘어 검찰 중립성 등 근본적 개혁이 중요(2017.6.9.)

지 의문이다.

검찰개혁은 시대적 과제가 된 지 오래다. 국민의 개혁 대상 1순위가 검찰이고, 지난 대통령선거 때엔 주요 후보들이 이구동성으로 검찰개혁을 공약으로 내세웠다. 그러나 문 후보자는 문재인 대통령의 검찰개혁 공약에 동의하느냐는 노회찬 정의당 의원의 질문에도 명확한 답변을 피했다. 우려스런 대목이다.

<한겨레> [사설] 문무일 후보자, 이런 태도로 '검찰개혁' 할 수 있겠나 (2017.7.24.)

검사 출신의 한계일 수밖에 없다는 생각이 들었다. 인선이 늦어지고 적임자가 적절한 자리에 임명된 것인지 의심되면서 검찰개혁이 삐걱거리기 시작했다. 검사 출신을 법무부장관으로 임명하지 않았다는 점에서는 고무적이었으나 민정수석과 법무부장관 모두 실무 경험이 없는 교수 출신이라 권력기관개혁이 제대로 진행될지 우려하는 사람이 많았다. 검찰총장을 비검사 출신으로 하지 않을까 하는 전망이 일부 언론에 보도되었으나 이는 실현되지 못하였다. 그 후 민정수석실 비서관 등 인선이 진행되었고, 검찰개혁과는 그다지 관계없는 사람들이 임명되었다. 갓 판사직을 사직한 변호사, 검사 출신, 김앤장 출신이 비서관, 선임행정관 등으로 임명되었다. 통치의 필요성으로 그런 인선을 하였는지는 모르지만 권력기관개혁을 할 수 있는 인적 구성은 아님이 명백했다. 정치권 주변 압력이나 개인 인연에 바탕을 둔 추천 등으로 인선이 이루어지는 것은 아닌지 걱정되었다. 민정수석실에서 담당하지 않는다면 다른 조직이라도 만들어서 권력기관개혁을 준비하고 지휘해야 하는데 별도 조직도 찾아볼 수 없었다. 법무부 탈검찰화도 진행되기는 하였으나

그 속도는 기대보다 느렸다.

2017년 6월 초쯤 뉴스타파 기자들과 미팅을 하였다. 이미 그때 나는 권력기관 수장 및 실무자 인선, 권력기관개혁의 초기 진행 상황을 보고 권력기관개혁이 목표대로 진행되기 어려울 것이라고 예상했다. 기자들에게 문재인 정부 임기 내에 권력기관개혁이 순조롭게 진행되기 어려울 것 같다고 말한 것으로 기억한다. 윤석열 후보가 대통령으로 당선된 후인 2022년 4월경, 미팅을 했던 뉴스타파 기자가 다시 찾아왔다. 그때 내가 권력기관개혁을 너무 비관적으로 보아 의아했는데, 이제는 이해된다고 말하였다. 당시 내가 권력기관개혁이 힘들 것 같다고 한 이유는 두 가지다. 정권 초기 선출권력이 다른 모든 권력에 대하여 우위에 있을 때 강력한 집행력으로 실행해야 하는데 그러지 않았고, 이를 집행할 조직과 사람, 그리고 계획이 보이지 않았던 것이다.

검찰에 의한 전 정권 적폐 수사, 사법농단 수사가 근 2년간 지속되었다. 그 기간 동안 집행부의 권력기관개혁은 실질적으로 진행되는 것이 없어 보였다. 청와대가 원칙적인 권력기관개혁안을 발표하였고 청와대 주도로 행안부, 법무부 등이 권력기관개혁 기본 틀에 합의하였다. 법무부 탈검찰화는 천천히 진행되었다. 각 권력기관에 기관별로 위원회가 설치되어 권력기관개혁 관련 권고를 발표했다. 법무부 1기 법무검찰개혁위원회, 대검 검찰개혁위원회, 경찰청 경찰개혁위원회, 국정원 국정원발전위원회 등이 그것이다. 각 행정부서에는 적폐청산을 위한 위원회를 별도로 설치하였다. 위원회는 많이 설치되었지만 개혁을 위해 집행부가 직접 움직이는 모습은 보기 힘들었다. 검찰은 적폐수사, 사법농단 수사 등 중요한 수사를 전담하면서 수사는 검찰이 담당해야 한다는 인상을 계속 심어주었다. 서울중앙지검에 반부패 4부가 신설되는 등 검찰조직은 오히려 더 확대되고 있었다.* 검찰은 개혁의 대상에서 서서히 개혁의 주역으로 각인되기 시작했다. 많은 전문가가 권력기관개혁이 진행되지 않는 점을 걱정하고 신문 기고 등을 통해 우려를 표하였다. 민주사회를 위한 변호사 모임에서는 문재인 정부 100일 평가에서 검찰 등 권력기관개혁이 미흡하다는 점을 지적하였다.

> 민변은 "검·경 수사권조정이나 부패전담기구 설치 등 보다 근본적 개혁에 대해서는 검사들이 개혁과제를 받아들이지 않으려는 태도가 여전하다"며 "국정원은 국내문제 개입근절에 대한 구체적 프로그램이 제시되지 못하고 있고, 경찰은 과거와 같은 공안 일변도의 행정에서 벗어나고 있는 것 같지만 제도적 개혁의 플랜은 보이지 않는다"고 지적했다.
> 민변은 또한 "서울중앙지검이 민생검찰을 표방하고 공정거래전담부를 본격 가동시키며 미스터피자 회장 등 대표적 갑질행위와 건설사 담합 근절에 나서는 것은 새로운 모습이지만, 공안부와 특수부 중심의 검찰행정체계의 개혁은 방향을 잡지 못하고 있다"고 밝혔다.
> 민변은 민생개혁 공약의 이행에 있어서도 국회의 법개정을 거치지 않고 행정개혁 차원에서 추진될 수 있으리라 기대했던 정책들 중에는 추진계획이 명확히 드러나지 않고 있어 실망을 주는 부분도 적지 않다고 평가했다.
>
> <아시아경제> 민변, 문재인 정부 100일 평가…검찰 등 권력기관개혁 미흡 (2017.8.15.)

---

\* <월간중앙> 文정부 사정(司正)정국 주도하는 '검찰의 역설'…적폐 '끝장 수사'가 檢 개혁의 최대 적?(2017.12.25.)

정부 출범 후 1년이 될 무렵부터는 언론에서 검찰개혁이 지지부진한 부분에 우려를 표하고*, 시민단체도 검찰개혁을 촉구하는 성명을 발표하기 시작하였다.(참여연대 등 권력기관개혁에 관심을 표명한 많은 단체가 검찰개혁이 제대로 진행되지 않는 데 의견을 발표하였다.**)

나는 대통령 직속 정책기획위원회 활동을 통해서 권력기관개혁을 위한 구체적인 플랜을 발표하고, 컨트롤타워를 정해서 개혁을 진행하여야 한다고 주장하였으나 별다른 변화는 없었다. 문재인 정부가 국정과제와 관련하여 2018년, 2019년 국민 홍보용으로 발행한 책자에도 권력기관의 민주적 개혁과 관련하여 이룬 성과는 포함되지 않았다.*** 검찰개혁이 점점 힘들어질 것이라는 불안감이 들기 시작했다.

---

\*    <경향신문> (오창익의 인권수첩) 검찰개혁, 벌써부터 포기하는건가(2018.1.18.)
\*\*   <문재인정부 1년 검찰보고서: 잰걸음 적폐청산, 더딘걸음 검찰개혁>(참여연대 사법감시센터) 참조
\*\*\*  2018년 5월 정부에서 발행한 '문재인 정부 1년 국민께 보고드립니다', 2019년 5월 정부에서 발행한 '문재인 정부 2년 국민께 보고드립니다'

## 4. 1기 법무검찰개혁위원회

2017년 8월 9일 열린 1기 법무검찰개혁위원회 발족식. 뒷줄 오른쪽 다섯 번째가 필자. (출처: 법률저널)

나는 법무부에 설치한 1기 법무검찰개혁위원회에 위원으로 참여하였다. 1기 법무검찰개혁위원회는 박상기 법무부장관 당시 법무부에서 만든 조직인데, 장관 정책보좌관으로 위원회 실무를 담당하던 이종근 부부장이 연락을 해서 위원으로 위촉하고 싶다고 하였다. 2017년 7월경, 정부 출범 두 달이 넘어가던 시점이었다. 위원회가 아닌 집행조직에서 빠른 속도로 계획해서 집행해도 성공하기 쉽지 않은 법인데 이런 방법으로 하는 것은 한가하다는 생각이 들었다. 위원회 활동 결과를 토대로 개혁을 진행한다면 시기적으로 너무 지체되어 개혁이 어려워질 것이라는 판단이었다. 그래도 검찰개혁은 해야 할 일이라고 생각하여 위원직을 수락하였다.

2017년 8월 9일 1기 법무검찰개혁위원회 발대식 및 1차 회의가 열렸다. 문재인 정부가 출범한 지 3개월이 되는 날이었다. 하루 전날 문무일 검찰총장은 대검찰청에 검찰개혁위원회를 설치하겠다고 발표하였다. 진정으로 검찰개혁 의지를 가지고 있어서 그랬는지, 아니면 위원회를 통하여 검찰개혁 속도를 조절하겠다는 것인지 알 수 없었다. 언론에서도 이 점을 날카롭게 지적하였다.

문무일 검찰총장이 8일 취임 뒤 첫 기자간담회를 열어 검찰이 자체적으로 추진할 개혁안의 얼개를 내놓았다. 고위공직자비리수사처(공수처)나 검·경 수사권 조정 등 검찰개혁과 관련해 국민들의 관심이 쏠려 있는 사안은 아니지만, 검찰로서는 선제적인 대응에 나선 셈이다. 근본적인 제도 변화를 위한 입법 논의가 예고된 상황에서, 자체 개혁을 통해 향후 불어닥칠

'태풍'에 대비하겠다는 전략으로 보인다.

<한겨레> 문무일, 검찰 '자체 개혁'으로 개혁 맞설 '방파제' 만드나(2017.8.8.)

1기 법무검찰개혁위원은 모두 검찰 외부 인사로 구성되었다. 다른 위원회와 구별되는 특징이다.* 위원들은 임기 동안 열정적으로 활동하였고, 좋은 권고안도 많이 발표하였다. 그러나 법무검찰개혁위원회를 보조하는 인력은 모두 검사였고 그중에는 마지못해 일하고 있다는 느낌을 주는 사람도 있었다. 장관 정책보좌관이 검사일 뿐만 아니라 장관을 보조하는 인력도 모두 검사였다. 법무부 내에는 검사 외에 외부 전문가가 거의 보이지 않았다. 법무검찰개혁위원회에서 검찰과거사위원회 설치 관련 논의를 할 때 위원을 보조하는 검사가 회의 도중에 불편한 반응을 보인 적도 있었다. 검찰조직 내부 분위기가 어떤지 감지되었다. 검사들은 기본적으로 조직 내 검찰 선배들의 잘못을 돌아보는 것을 좋아하지 않았고, 과거에 잘못을 저질렀다는 인식도 그다지 없는 것 같았다.

한번은 법무부 내에 예정된 회의가 많아서 회의실 부족으로 연세대 법학전문대학원 광복관에서 법무검찰개혁위원회 회의를 한 적이 있다. 2018년 1월 22일 개최한 그 회의에서 검찰국장 및 검찰국 검사가 검사의 영장청구권 제도에 대하여 발제하였다. 요지는 검사의 영장청구권 독점은 4.19혁명의 소산으로 인권 보호를 위한 국가의 선택이라는 말이었다. 검사의 영장청구권은 5.16 이후인 1961년 9월 국가재건최고회

---

* 법무검찰개혁위원회 백서 579쪽, 위원장 한인섭 서울대학교 법학전문대학원 교수 외 16인의 위원으로 구성되었다

의에서 최초로 도입되었고, 이듬해 헌법에까지 규정되었다. 검사에게 영장청구권을 전속시킨 것이 국민의 자유와 인권을 더 잘 보장하기 위한 것처럼 보이기 위해서 위원들에게 잘못된 정보를 전달한 것이다. 디테일한 부분을 잘 모르는 위원들에게 일부러 잘못된 정보를 전달하여 논의 과정과 결론에 영향을 미치려는 의도가 보였다. 그 자리에서 직접 잘못된 정보라는 사실을 지적하였다. 개혁을 진행하는 과정에서 개혁 대상인 검찰 관료에게 의존하면 안된다는 것을 알게 해준 일화다.

1기 법무검찰개혁위원회는 위원들이 제기하는 주제와 법무부에서 작성한 안을 토대로 논의가 이루어졌다. 토론 후 결론이 나면 위원들이 권고안을 작성하는 경우도 있었지만 주로 지원단 검사가 초안을 작성했다. 법무부 탈검찰화, 공수처, 수사권 조정 등 주요 개혁과제에 대해서 토론하고 권고를 했다. 활동을 시작한 지 2주 정도 지난 2017년 8월 24일 1호로 법무부 탈검찰화 권고안을 발표하였다.[*]

2호 권고안은 2017년 9월 18일 발표한 고위공직자범죄수사처(공수처) 신설 권고안이다. 공수처 권고안은 보도자료는 담당 검사가 작성하였지만 실질적으로 이윤제 위원이 내용을 작성하고 법률안, 설명자료까지 첨부하였다.[**] 공수처 권고안은 위원들이 집중 회의를 해서 상당히 정밀한 내용으로 작성하였다. 정권 초기여서 그런지 법무부와 검찰은 검찰개혁 작업을 수행하는 법무검찰개혁위원회에 협조적인 모습을 보

---

[*] 법무검찰개혁위원회 백서 23~27쪽
[**] 법무검찰개혁위원회 백서 31~60쪽

였다. 위원회가 권고한 공수처안은 법무부 TF에서 재검토 후 성안되었다. 그런데 그 법안은 위원회안과 비교하여 공수처장 및 구성원 직급을 낮추고 인원을 축소하여 공수처 권한과 규모를 축소하는 내용이었다. 법무부 TF는 전원 검사로만 구성되었고, 구성원도 밝히지 않았다. 회의록도 없어서 어떤 과정을 거쳐서 법무검찰개혁위가 만든 공수처안이 법무부안처럼 축소되었는지 알 수 없었다.

심지어 법무부는 법무검찰개혁위원회 위원에게 법무부 TF의 존재도 알려주지 않아 위원회가 만든 안을 법무부가 재검토한다는 사실도 몰랐다. 법무부장관이 검사들의 조직 방어 본능을 잘 모르는 듯하였다. 검사 주장이 반영되면서 법안이 처음 의도한 것과 많이 달라지고 말았다. 법무부는 이렇게 성안한 내용을 위원들에게 다시 검토하게 하는 절차를 거치지 않고, 일방적으로 법무부안으로 발표해버렸다. 일부 위원 및 위원장이 법무부 외부에서 장관을 직접 만나 강력하게 항의하였지만 유야무야 넘어갔다.

> 법무부 산하 법무·검찰개혁위원회 위원들이 박상기 법무부 장관(65)을 만나 당초 개혁위 권고안보다 후퇴했다는 비판을 받는 법무부의 고위공직자범죄수사처(공수처) 안에 대해 강하게 항의한 것으로 확인됐다. (중략)
> 위원들은 법무부 안이 개혁위 권고안과 비교해 공수처 인원 축소(최대 120명→최대 55명), 공수처 검사 임기 제한(6년 및 연임 제한 없음→3년 및 3회 연임 가능), 타 수사기관의 고위공직자 수사 공수처 통지의무 삭제, 공수처 수사 대상 검사 범죄의 축소(검사의 모든 범죄→직무관련성이 있는 경우) 등에 문제가 있다고 지적한 것으로 알려졌다.

<경향신문> 법무·검찰개혁위원들, 법무장관에 "권고안 후퇴" 강력 항의(2017.10.25.)

    법무검찰개혁위원회는 법무부안을 두고 다시 논의한 후 요청 사항을 작성하여 법무부에 수정을 요구하였으나 이후에도 아무런 변화가 없었다.[*] 법무검찰개혁위안이 법무부에 의해 수정된 상태 그대로 청와대에 보고되었고 청와대에서는 아무런 반대가 없었다고 하였다. 결국 청와대도 수정안의 심각성을 인지하지 못한 것이었다.

    검찰과거사위원회 설치 권고안도 내었다. 검찰과거사위원회는 검찰 반대로 법무부가 아닌 대검에 설치하기로 하였다. 대검에 설치할 경우 위원회가 제대로 운영될 수 있을지 처음부터 우려가 있었다. 검찰과거사위원회가 활동을 마친 뒤 조직과 인선 문제로 그다지 성과가 없었다고 평가되어 애초의 우려에서 벗어나지 못했다.

    수사·기소 분리, 수사권 조정안에 대해서는 내가 기본적인 안을 내었다. 1기 법무검찰개혁위의 대표적인 권고안으로는 위 각 권고안 및 법무부 탈검찰화, 반인권적 국가범죄에 대한 손해배상채권의 소멸시효 관련 권고, 검사장 관련 제도 및 운용 시정, 검사의 타 기관 파견 최소화, 공안 개념 재구성, 검찰 내 성폭력 관련 권고, 법무검찰 성평등 증진, 검찰국 탈검찰화, 공안 기능 재조정, 젠더폭력 관련법 재정비 등이 있다.[**]

---

[*] 2017년 10월 23일 공수처 권고안에 대한 법무검찰개혁위원회의 요청 사항, 법무검찰개혁위원회 백서 390~393쪽 참조

[**] 법무검찰개혁위원회 백서 '활동과 성과' 참조

대검에 설치한 검찰개혁위원회는 2017년 9월 외부 위원 16명과 내부 위원 2인으로 출범하여 10월 30일 검찰 과거사와 관련해 피해자에 대한 검찰총장의 직접 사과 및 조사위원회 설치 권고를 시작으로, 검찰 수사 적정성 확보 방안 등 16차례 권고를 하였다. 권고 내용은 검찰 수사나 기소 과정 등 실무적 관점에서 인권 보장을 기하기 위해서 발표한 내용이 많이 포함된 것이 특징이다. 그러나 수사권 조정안에 대해서 검찰 입장을 대변하는 등 검찰 영향을 많이 받은 것으로 보이는 의견을 내기도 하였다.*

검찰개혁위원회는 설치 주체, 인원 구성 문제 등으로 혁신적인 권고안을 내지 못했다고 평가된다.

검찰과거사위원회는 2017년 12월 12일 9명의 위원으로 구성하였고, 대검찰청은 2018년 2월 6일 검찰과거사위원회에서 선정한 진상조사 대상 사건을 조사하기 위하여 '검찰 과거사 진상규명을 위한 대검찰청 진상 조사단'을 설치하였다. 김근태 고문 은폐 사건, 형제복지원 사건, 김학의 차관 사건 등을 조사하였다. 과거 검찰이 처리한 사건 중에서 의문이 있던 17건의 사건을 조사하여 검찰 과거사를 돌아볼 수 있었다는 점에서 성과를 보였으나 사건 조사 과정, 조사단원 간 의견 불일치, 임기 연장 등 문제로 내홍이 있다는 평가를 받았다.**

경찰개혁위원회는 다른 위원회에 앞서 2017년 6월 16일에 설립되었다. 19명의 위원으로 구성하였고, 인권 보호, 자치경찰, 수사개혁 3개

---

\* 검찰개혁위원회 1년의 기록 참조
\*\* 검찰과거사위원회 자료집 참조

분과로 나누어 경찰의 문제점을 진단하고, 향후 수사권 조정 등이 이루어진 후 경찰권 비대화를 막을 대책을 수립하였다. 30건의 권고안을 발표하며 활발히 활동하였다고 평가된다.*

경찰개혁위원회의 경찰 인권침해 사건 진상조사위원회 구성에 관한 1호 권고에 따라 별도 조직으로 인권침해진상조사위원회를 구성하여 경찰이 행한 과거 인권침해사건을 조사하였다.

국가정보원에는 2017년 6월 국정원개혁발전위원회가 위원장 외 외부 위원 10인(원부서장 출신 3인, 시민단체 3인, 감사원 출신 1인 등), 내부 위원(기조실장, 방첩차장) 등 13인으로 구성되었고, 위원회 산하에 적폐청산, 조직쇄신 TF가 구성되었다. 국내정보파트 폐지, 댓글 사건 민간인 팀장 수사 의뢰 권고 등 여러 권고 및 활동을 하였다.

이와 같이 각 권력기관에 설치한 위원회가 많은 활동을 하였지만 1기 법무검찰개혁위원회를 마칠 때인 2018년 8월경까지 국정원의 국내 정보 수집을 포기하게 한 것 이외에 검찰개혁은 물론 다른 권력기관개혁도 크게 진행되지 않았다는 것이 대체적인 평가였다.** *** 자문기관에 불과한 위원회를 통한 개혁이 어느 정도 효과가 있을까 하는 의문이 더 강해졌다.

---

\* 경찰개혁위원회 백서 참조
\*\* <한국일보> 검찰 힘 빼자던 개혁... 법조계 '우월적 권한 그대로'(2018.6.22.)
\*\*\* <한겨레> 검찰 법원 적폐 손 못 댄 채 사법개혁 1년 내내 '헛바퀴'(2018.12.25.)

## 5. 정책기획위원회

나는 문재인 정부하에 대통령 직속으로 설치한 정책기획위원회에서 국민주권분과 권력기관개혁소분과장으로 2년간 활동하였다. 주요 활동은 권력기관개혁 관련 주제로 고위공직자범죄수사처 설치, 수사권 조정, 경찰대개혁, 광역 단위 자치경찰제 설치 등을 검토하고 정책을 권고하는 것이었다. 정책기획위원회는 권력기관 외에도 노동부나 국방부 등의 부서에 대해서도 개혁 작업 정도를 평가하고 의견을 내었다. 각 기관에서는 개혁 작업이 상당히 진행되었다고 보고하였으나 위원들은 법적·제도적 개혁이라기보다는 형식적이고 겉치레에 불과한 보고용 개혁이 많았다고 평가하였다.\* 정책기획위원회 역시 자문기관에 불과해서 그런지 위원회에서 건의하는 내용이 국정에 제대로 반영되지 못한 것으로 기억한다. 권력기관개혁 관련하여 컨트롤타워 설치 필요성, 구체적인 플랜 작성, 로드맵 확정 및 정권 초기 집행 필요성에 대

---

\*   2018년도 국정과제추진실적자료(국민주권분과) 373~419쪽, '국민의, 국민을 위한 권력기관개혁' 참조

해서 두 번 정도 보고서를 작성하였고, 정책기획위원회 주최 심포지엄에서 그 필요성을 주장하기도 하였으나 별다른 반향이 없었다. 보고서가 관련 부서에 전달되었는지 여부도 알 수 없었다. 결국 위원회를 통한 개혁의 한계만 드러난 셈이다. 과거 정권부터 일해오던 관료로 구성된 조직이 정권이 바뀌어도 그대로 유지되었으므로 정권 초기가 지나면서 늘공인 행정공무원이 점점 비협조적으로 변하는 모습이 보였다. 시간이 지날수록 관료들이 위원회 활동에 협조적이지 않게 변해가는 것은 자연스러운 속성이고, 처음부터 예상할 수 있는 것이었다. 권력기관개혁은 정권 초기에 전체 권력기관개혁의 큰 그림을 가지고 핵심부에서 주도해야만 어느 정도 성과를 낼 수 있다. 여소야대의 국회 상황으로 제도적 개혁이 쉽지 않은 부분은 어느 정도 이해되었으나, 행정부 단독으로 가능한 것도 제대로 진행되지 않았다. 문재인 정부는 2018년 지방선거 전에 권력기관개혁을 해야 한다는 사실을 인식하고 있었음에도, 왜 이처럼 위원회를 통한 개혁을 주요 방식으로 채택하고 집행부 주도 없이 천천히 진행했는지 알 수 없다.

  2018년 12월 연말, 오랜만에 반특권검찰개혁단 모임을 하여 10여 명이 모였다. 자연스럽게 문재인 정부의 권력기관개혁에 대한 이야기를 나누게 되었는데 대부분 검찰개혁은 이미 끝났다는 의견이었다.

  정권이 바뀐 지 2년이 지난 2019년에도 검찰은 전 정권 적폐수사, 사법농단 수사 및 공소 유지를 계속했고, 검찰조직은 오히려 조금씩 확대되고 있었다. 검찰개혁이 지지부진해진 현상을 걱정하는 언론 논조도 강해졌다.

문재인 정부 2년 동안 검찰개혁은 지지부진했고 전방위적 적폐 수사로 검찰 권력에 날개를 달아줬다는 평가가 나왔다. 국회 패스트트랙(신속처리 안건)에 고위공직자비리수사처(공수처)와 검·경 수사권 조정 법안 논의가 시작됐지만 검찰개혁에는 '노란불'이 켜져 있다는 지적이다. (중략)

2017년 5월 출범한 문재인 정부는 대선 공약과 국정 과제로 검찰개혁을 약속한 바 있다. 국민 여론 조사에서 검찰개혁은 국민이 바라는 첫 번째 개혁 과제로 꼽히기도 했다. 그러나 지난 2년 동안 △공수처 설치 △수사권 조정 △법무부의 탈검찰화 △검사의 법무부 등 외부기관 근무 축소 △검찰총장 후보추천위원회와 검찰인사위원회의 중립성·독립성 확보 등 검찰개혁의 이행 정도는 미비한 수준이라는 평가가 나왔다. 공수처 설치와 수사권 조정 법안이 국회에서 논의가 시작되는 등의 효과가 있었지만 법안의 세부 내용을 두고 논쟁이 이어지고 있다. 검사의 외부기관 근무와 관련해서는 청와대를 제외한 다른 기관의 경우 제도 개선이 이뤄지지 않았고, 검찰총장 추천위의 독립성 확보는 논의조차 되지 않고 있다. 임지봉 참여연대 사법감시센터 소장(서강대 법학전문대학원 교수)은 "법무부에서 검찰개혁을 끌어가야 하는데 법무부의 탈검찰화가 이뤄지지 않다 보니 검사 입장이 강조되고 있다. 법무부의 탈검찰화가 검찰개혁의 출발점이 되어야 한다"고 꼬집었다.

<한겨레> 문재인 정부 검찰 2년…"검찰개혁 한다면서 검찰에 날개 달아줘"(2019.5.8.)

# 6. 윤석열과 조국, 촛불과 태극기

2019년 7월 윤석열 중앙지검장이 검찰총장에 취임하였다. 여러 총장 후보가 있었으나 적폐청산을 주도적으로 이끈 점을 고려한 인사라고 평가되었다.* 나중에 언론을 통해 알려진 바에 의하면 윤 후보가 면접에서 자신이 검찰개혁 적임자라고 주장하였고, 적폐청산을 시작한 자신이 마무리하고 싶다고 하였다는 부분에서 점수를 많이 땄다고 한다. 청문회 과정에서는 검찰 기능은 본질적으로 소추라고 대답하면서 검찰개혁안에 원칙적으로 동의한다는 의견을 표명하였다.**

그러나 검찰개혁에 오랫동안 관심을 가져온 전문가들은 특수부 출신으로 소위 검찰주의자라고 평가받는 윤석열 중앙지검장이 검찰총장으로 임명되는 데 걱정이 많았고, 대선 과정에서 법률지원단 활동을 한 법조인을 중심으로 많은 반대 의견을 전달했다고 한다. 이러한 우려에

---

\* &lt;SBS&gt; '적폐수사 선봉장' 윤석열 선택… '검찰개혁 적임자'(2019.6.17.)
\*\* &lt;한겨레&gt; 윤석열 '검찰 본질적 기능은 소추' 검찰개혁안 원칙적 동의(2019.7.8.)

도 결국 윤석열 지검장이 검찰총장으로 임명되었고, 걱정은 곧 현실이 되고 말았다.

2019년 8월 대통령은 조국 민정수석을 법무부장관으로 지명하였다. 대통령 측근을 법무부장관으로 임명하는 것은 과거부터 비판을 많이 받아온 일인데, 이번 정부에서 그런 우려를 무시한 것이었다. 정부는 조국 민정수석이 검찰개혁 적임자이므로, 법무부장관으로 검찰개혁을 완성하라는 취지로 임명했다고 설명했다. 조국 민정수석도 장관 후보로 지명되자 강한 검찰개혁 의지를 천명했다.* 그러나 정권 임기가 중반부로 넘어가면서 검찰 목소리가 커지는 마당에 법무부장관으로 검찰개혁을 원만히 수행할 수 있을지 걱정스러웠다. 게다가 법무부장관은 수장으로서 휘하 검찰조직을 이끌어야 하므로 검찰개혁을 수행하기에는 오히려 한계가 있는 자리로 여겨지기도 한다. 문재인 정부는 검찰조직을 동원하고 키워가면서까지 적폐청산, 사법농단 수사를 상당기간 지속했는데, 정권 출범 후 2년이 훨씬 넘어가는 시점에서 검찰개혁을 할 수 있을지 많은 사람이 우려를 표했다.

법무부장관 청문회를 앞두고, 장관 본인과 가족이 범했다는 위법행위를 언론이 대서특필하기 시작하였다. 일간지 지면을 도배하고 공해수준으로 많은 방송보도가 계속되었다.** 내용도 위법행위 여부를 자세히 살피지 않은 추측성 의혹 제기 수준이었다. 검찰은 수사 진행 상황

---

\* <국민일보> 이순신 인용한 조국 '서해맹산 정신으로 검찰개혁 완수'(2019.8.9.)
\** <세계일보> 각종 의혹에 발목 잡힌 조국... '검찰개혁' 동력도 사라지나(2019.8.25.)

을 언론에 계속 흘렸다. 피의사실공표가 무제한적으로 이루어졌다. 검찰이 여론 지지를 얻어 수사 동력을 얻기 위하여 과거부터 사용해온 전형적 수법이다. 언론도 검증 없이 검찰이 부르는 대로 받아쓰는 분위기였다. 검찰과 언론의 유착·공생 관계를 다시 한 번 확인하는 순간이었다. 언론과 검찰은 처음에는 권력형 사모펀드가 문제라고 하다가, 혐의가 뚜렷하지 않자 가족이 설립·운영하는 웅동학원, 자녀들의 표창장, 장학금 등 전방위적으로 수사를 확대하였다. 장관 본인의 자질 여부와는 상관없는 것들이거나 증거가 명백하지 않은데도 표적을 정해놓고 하는 수사였다. 본인이 아닌 가족 문제를 이런 방식으로 수사하는 경우는 본 적이 없었다. 조국 장관 수사는 검찰의 권한 남용이라는 목소리도 있었으나 여론은 그런 주장에 귀를 기울이지 않았다. 검찰과 유착한 언론의 힘이 막강하고, 검찰이 무소불위 권한을 가진 조직이라는 사실이 드러나는 풍경이었다. 검찰은 정권 핵심 인물이라고 할 수 있는 조국 장관에 대하여도 먼지 털듯 수사가 가능한 조직이었다. 결과가 나올 때까지 수사를 계속한다는 점에서 인디언 기우제라는 표현까지 회자되었다. 법무부장관을 임명하기도 전에 이 같은 무차별적 수사는 대통령의 인사권을 정면으로 제약하는 것임에도, 자극적인 언론 보도를 접한 여론은 그런 문제제기에 반응하지 않았다.

일본에서도 과거 다나카 가쿠에이, 오자와 이치로 등을 중심으로 새로운 정치세력이 등장하려고 하자, 검찰과 언론 및 구 정치권이 연합하여 총공세로 출현을 막은 역사가 있다. 당시 자민당 기득권 세력은 기득권을 놓지 않기 위하여 모든 역량을 동원하였고, 결국 새로운 정치세력의 등장을 막는 데 성공하였다.* 일본 연구 전문가들은 정치개혁, 사회개혁을 하지 못한 것이 지금 일본이 발전의 한계에 다다른 주요한 원인으로 평가하고 있다.

검찰이 조국 장관을 그렇듯 집요하게 수사한 목표가 검찰조직 기득권 보호에 있다는 것은 불문가지다. 언론과 기득권 정치세력, 자본이 배후에 있다는 것도 쉽게 짐작할 수 있다. 조국 장관 및 그 가족을 향한 검찰 수사는 절제된 수사와는 너무나 거리가 멀었다. 검찰은 조 장관에 대한 수사가 검찰개혁과는 무관하다고 주장하였으나 본질적으로 그 문제와 무관할 수는 없다는 점을 날카롭게 지적한 언론도 있었다.

'조국=검찰개혁'이란 열쇳말을 빼놓고는 전격적인 수사 착수의 배경을 온전히 이해하기 힘들다. 장관 '후보자'에게 검찰 수사는 결정타다. 설사 취임해도 '개혁'의 동력은 떨어질 수밖에 없다.

이 대목에서 과거 검찰개혁 실패의 기억을 되새기지 않을 수 없다. 참여정부 시절 대선자금 수사에 나선 검찰은 현직 대통령 측근들까지 줄줄이 구속하며 '국민총장' '국민검사'라는 찬사를 받았다. 그 바람에 검찰개혁은 물건너갔다. 이명박 정부 때인 2011년에도 모처럼 여야가 국회 사법개혁 특위에서 대검 중수부 폐지와 특별수사청 신설에 의견을 모았으나 대검 중수부가 부산저축은행 수사에 나서면서 개혁은 일단 좌절됐다. 검찰개혁 국면마다 여론을 뒤흔드는 대형 사건 수사가 진행되고 입법에 적극적인 의원들을 겨냥한 수사 시도가 이어졌다.

윤석열 검찰이 이런 시대착오적 시나리오를 추진 중이라고 단정하고 싶지

---

\* &lt;일본의 굴레&gt;(태가트 머피)

는 않다. 검찰 역시 이번 수사가 "검찰개혁과 무관하다"고 밝혔다. 그 약속이 지켜지기를 기대한다.

<한겨레> [김이택 칼럼] 조국, 검찰, 그리고 개혁(2019.8.28.)

문재인 정부는 이러한 기득권의 총공세에 잘 대응했어야 하는데 왜 준비가 없었는지, 왜 그렇게 무력했는지 지금도 안타깝다. 어쨌거나 검찰개혁 동력이 점점 약화되던 것이 당시 상황이었다.

9월 9일 문재인 대통령은 조국 전 민정수석을 법무부장관에 임명하였다. 조국 장관을 통하여 검찰개혁을 하겠다는 의지를 표명했다고 해석되었다. 그러나 적폐청산 과정에서 검찰이 주도적인 역할을 담당하였는데, 갑자기 검찰개혁을 하겠다고 선언한다고 해서 제대로 진행될 수 있을지 우려하는 목소리도 높았다. 조 장관은 취임하면서 본격적인 검찰개혁을 하겠다고 공언하였다. 당시는 국회에 여당이 다수당인 상황이 아니므로 법률 제정을 통한 검찰개혁이 용이하지 않은 상황이었다. 이 문제는 정권 초기부터 당정 협의 강화, 입법 연대 등 여러 가지 방안을 강구해서 해결해야 할 일이었으나 잘 되지 않은 부분이다. 조국 장관은 일단 행정부 단독으로 가능한 검찰개혁을 먼저 진행하겠다고 발표하였다. 장관 취임 직후 바로 검찰개혁추진단을 구성하였다.

검찰개혁추진단은 황희석 인권국장을 단장, 이종근 부장을 부단장으로, 일반 검사, 법무부 교정본부, 범죄예방정책국, 인권국, 출입국 외국인정책본부 직원 등 다수를 구성원으로 한 검찰개혁 실무 지원 조직이었다.* 또 2기 법무검찰개혁위원회도 출범할 계획이라고 발표했다.**
나는 위원회가 개혁 과정에 그다지 효과적이지 않다는 것을 여러 위원회 경험을 통해서 느꼈다. 따라서 2기 법무검찰개혁위원회가 만들어진다 하더라도 큰 효과를 볼 수 없다고 생각하고 있었다. 조국 장관과 가족에 대한 본격적인 수사가 시작되자 많은 시민이 서초동에서 촛불집회를 개최하였고, 날이 갈수록 숫자가 늘어났다.*** 정권의 핵심 권력자라고 볼 수 있는 사람을 검찰이 전격 수사하고 기소하는 것을 보고 국민들은 비로소 검찰의 힘을 실감하는 것 같았다. 반면 광화문에서는 태극기 집회가 시작되었다. 정의와 공정, 적폐청산을 내세우며 집권한 이 정부가 불공정하고 위선적이라는 주장을 내세웠다. 꺼져가던 검찰개혁이라는 주제가 다시 한국 사회 전면에 등장하는 순간이었다.

개인적으로는 당시에 권력기관개혁, 검찰개혁은 이루어지기 힘들다고 판단했다. 대통령 임기가 초반을 넘어 중반으로 들어서고 있어 선출권력의 힘이 관료권력 등 다른 권력에 비해 상대적으로 약화되는 시점이었고, 부동산 문제 등으로 국민 관심이 전반적인 사회개혁으로부터 멀어지고 있었기 때문이다. 특히 적폐수사, 사법농단 수사를 통하여 목소리가 커진 검찰이 저항하니 개혁은 요원해진 상황이었다.

---

\* <KBS> 조국 법무장관 '검찰개혁위 신속 발족' 지시… '비법조인 참여 확대'(2019.9.11.)
\*\* <한국일보> 검찰개혁추진단 본격 가동… 2기 개혁위 준비(2019.9.23.)
\*\*\* <YTN> 문 국정지지율 반등… '서초동 촛불' 이후엔?(2019.9.30.)

# 보충자료

<1기 법무검찰개혁위원회 백서> 중 주요 권고안
(법무부 탈검찰화, 공수처 신설, 검·경 수사권 조정)을 보충자료로 첨부한다.

# 법무·검찰개혁위원회 제1차 권고안(법무부 탈검찰화)

## 권고 배경

○ 법무·검찰개혁위원회는 법무부의 탈검찰화를 첫 번째 안건으로 선정하고 2017. 8. 9.과 8. 16. 및 8. 22. 등 3차례에 걸쳐 논의를 진행하였다.

○ 대통령의 대선공약, 법무부장관의 취임사, 국정기획자문위원회의 국정과제 등에서 여러 차례 언급되었듯이 법무부의 탈검찰화는 법무·검찰 개혁의 핵심과제 중 하나이다.

○ 검찰 중심으로 운영되어 온 법무부가 본연의 기능을 되찾고, 국민의 신뢰를 받는 전문적인 법치행정을 구현할 수 있도록 법무·검찰개혁위원회는 다음과 같이 권고한다.

## 권고 사항

**1. 기본방침**

- 법무부 탈검찰화를 확고하고 신속하게 추진한다.

**2. 추진일정 공표**

- 법무부 탈검찰화 추진일정을 조속히 확정·공표하여 불확실성을 제거한다. 추진일정에는 탈검찰화 대상 직위, 非검사 인력충원 방안 등을 명시한다.

**3. 직제 개정**

- 법무부 탈검찰화의 방침이 차질없이 실현될 수 있도록 「법무부와 그 소속기관 직제」 및 그 「시행규칙」을 신속히 개정한다.

- 직제에서 감찰관, 법무심의관 직위에 "검사로 보한다"라고 되어 있는 규정들을, "일반직공무원 또는 검사로 보한다" 또는 "일반직 공무원으로 보한다"라고 개정한다.

- 시행규칙에서 "검사로 보한다"라고 되어 있는 규정들을, "일반직 공무원 또는 검사로 보한다" 또는 "일반직 공무원으로 보한다"라고 지체 없이 개정한다.

### 4. 법무부 실·국장급 인사

- 2017. 8. 1. 직제 개정의 취지에 따라, 범죄예방정책국장, 기획조정실장 직위에 검사 아닌 일반직 공무원(외부인사 포함)을 임명하는 방안을 조속히 추진하여 2018년 인사 시기 이전까지 완료한다.

### 5. 법무부 과장급 이상 인사

- 대변인, 감찰담당관, 법무심의관 및 법무실·범죄예방정책국·인권국 소속 과장 직위에, 검사 아닌 일반직 공무원(외부인사 포함)을 임명하는 방안을 조속히 추진하여 2018년 인사 시기까지 완료한다.

### 6. 법무부 평검사 인사

- 법무실·범죄예방정책국·인권국 소속 평검사를 일반직 공무원(외부인사 포함)으로 충원하는 방안을 2018년 인사 시기부터 신속히 진행하여 2019년 인사 시기까지 완료한다.

※ 법무·검찰개혁위원회는 검찰국의 탈검찰화에 관한 논의를 계속한다.

# 법무·검찰개혁위원회 제2차 권고안(공수처 신설)

## 권고 배경

○ 법무·검찰개혁위원회는 공수처 신설을 두 번째 안건으로 선정하고 2017. 8. 28.과 9. 1., 9. 4., 9. 8. 및 9. 11. 등 5차례에 걸쳐 논의를 진행하였다.

○ 공수처는 법무·검찰 개혁의 핵심과제 중 하나로서 고위공직자의 권력형 비리와 검찰 비리를 효과적으로 방지할 수 있는 정치적 중립성이 높은 독립적 수사기구이다.

○ 법무·검찰개혁위원회는 공수처 설치의 필요성 및 공수처 법안에 포함되어야 할 주요내용에 관하여 다음과 같이 권고한다.

## 공수처 설치의 필요성

○ **권력형 비리 등의 방지를 위해 반드시 필요하다.**
  - 특별감찰관 제도 등 기존 제도가 고위공직자의 권력형 비리를 제대로 방지하지 못한 사실은 국정농단 사건, 검찰간부 비리사건등에서 입증되었기에 권력으로부터 독립된 공수처 설치는 반드시 필요하다.

○ **검찰비리를 방지할 수 있는 가장 효과적인 방법이다.**
  - 검찰비리는 경찰이 수사하기 어렵고 검찰의 경우 제 식구 감싸기라는 비판이 있어 공수처가 검찰비리를 방지할 수 있는 가장 효과적인 대안이다.

○ **공수처 설치 필요성에 대하여 국민 대다수가 공감한다.**
  - 검찰은 기소독점권을 가지고 있으나 검찰비리와 권력형 비리로 인해 국민들의 신뢰를 받지 못하였으며 국민의 80% 이상이 공수처 설치에 대해 찬성한다.

※ 공수처 신설 여론조사 결과, 국민의 87% 찬성(한국리서치, 2017. 2.), 국민의 86% 찬성(조원씨엔아이, 2017. 5.)

○ **정치적 중립성 높은 독립적 수사기구이다.**
- 중립적 성격의 추천위원회가 공수처장을 추천하고 공수처 검사는 인사위원회를 통해 임명되므로 높은 정치적 중립성 및 독립성을 가질 수 있다.

## 공수처 권고법안의 주요내용

| 구 분 | 주 요 내 용 |
|---|---|
| <제1조> 목적 | ▸ 공수처가 고위공직자 범죄의 수사 및 공소를 담당하는 기관임을 명백히 하기 위해 '비리'라는 용어 대신 '범죄'라는 용어를 사용하여「고위공직자'범죄'수사처」로 함 |
| <제2조> 정의 | ▸ 고위공직자의 범위를 국가공무원법상 정무직 공무원, 고위공무원단에 속하는 공무원 이상의 고위직 공무원으로 규정하되, 대통령비서실, 국가정보원의 경우에는 3급 공무원까지 확대<br>▸ 고위공직자의 직에서 퇴임 후 3년이 지나지 않은 자도 포함<br>▸ 고위공직자의 가족 범위를 배우자, 직계존비속, 형제자매로 함<br>▸ 공수처의 수사대상 범죄에 공무원의 직무유기, 직권남용, 뇌물범죄 외에도 공용서류등무효, 허위공문서작성, 강요, 공갈, 국가정보원법상 정치관여, 공직선거법상 공무원의 선거운동, 국회에서의 위증 범죄도 포함<br>▸ 고위공직자의 직무상 범죄와 구분하여, 검사 또는 경무관급 이상 경찰공무원이 범한 모든 범죄를 '수사기관공직자범죄'로 규정, 공수처가 수사할 수 있도록 함<br>▸ 고위공직자범죄 수사시 수반되는'관련범죄'에 형법상 공범 외에 필요적 공범(뇌물공여 등), 공수처의 수사 중에 인지된 범죄도 포함시켜 수사대상으로 규정 |

| 구 분 | 주 요 내 용 |
|---|---|
| <제3조><br>공수처의<br>독립성 | ▸ 공수처를 독립기구로 설치<br>▸ 공수처 소속 공무원의 임면, 조직 등에 있어 독립성 규정 |
| <제4조><br>공수처의<br>구성 | ▸ 공수처장 1인, 차장 1인, 공수처 검사와 공수처 수사관으로 구성<br>▸ 공수처장을 특정직 공무원으로 규정 |
| <제5조><br>공수처장 | ▸ 처장의 자격은 변호사 자격자 중 15년 이상 법조, 학계 등 경력 필요<br>▸ 공수처장 추천위원회가 2인을 추천하여 대통령이 1인을 지명하고, 국회의 인사청문을 거쳐 대통령이 임명<br>▸ 공수처장의 임기는 3년으로 중임 불가 |
| <제6조><br>공수처장<br>추천위원회 | ▸ 공수처장 추천위원회는 국회에 7인의 위원으로 구성<br>▸ 법무부장관, 법원행정처장, 대한변협회장은 당연직 위원<br>▸ 나머지 4인은 국회에서 추천 |
| <제7조><br>공수처<br>차장 | ▸ 공수처장의 제청으로 대통령이 임명<br>▸ 공수처장과 동일하게 임기 3년으로 중임 불가 |
| <제8조><br>공수처<br>검사 | ▸ 공수처 검사는 변호사 중에서 인사위원회의 추천을 거쳐 공수처장의 제청으로 대통령이 임명<br>▸ 공수처 검사 인원은 30인 이상 50인 이내로 규정<br>▸ 공수처 검사의 임기는 6년으로 연임 가능 |
| <제9조><br>인사위원회 | ▸ 공수처장, 차장을 제외한 공수처 검사의 임용과 인사에 관한 중요사항의 심의를 위해 공수처에 9명의 위원으로 인사위원회 설치(위원장은 공수처 차장)<br>▸ ① 공수처 차장, 공수처 검사 2인, ② 변호사 자격이 없는 사람 중 국회의장 추천 3인, ③ 법무부장관 추천 검사, 법원행정처장 추천 판사, 대한변협회장 추천 변호사 각 1인<br>- 특정 성별이 위원 수의 2/3 초과할 수 없도록 제한 |

| 구분 | 주요내용 |
|---|---|
| <제10조><br>공수처<br>수사관 | ▸ 수사관 인원은 50인 이상 70인 이내로 규정 |
| <제11조><br>결격사유 | ▸ 공수처장은 검사의 직에서 퇴직 후 3년, 차장은 검사의 직에서 퇴직 후 1년이 지나야 임명 가능<br>▸ 공수처 검사는 검사 사직 후 바로 임명 가능하나, 검사 출신은 공수처 검사 정원의 1/2을 초과할 수 없음 |
| <제13조><br>공직임용<br>제한 등 | ▸ 공수처장, 차장은 퇴직 후 2년 이내 대통령비서실, 대통령경호처, 국가안보실, 국가정보원의 정무직 공무원 임용될 수 없음<br>▸ 공수처장, 차장, 공수처 검사는 퇴직 후 3년간 검사로 임용될 수 없음<br>▸ 공수처 검사는 퇴직 후 1년 이내 대통령비서실 공무원이 될 수 없음<br>▸ 공수처 근무자는 퇴직 후 1년간 변호사로서 공수처 사건의 수임을 금지 |
| <제14조><br>공수처장의<br>직무 | ▸ 공수처장은 공수처 사무를 통할하고 소속 직원을 지휘·감독<br>▸ 공수처장은 수사나 재판에 영향을 미치지 않는 한 국회에 출석하여 답변하여야 함<br>▸ 공수처장은 국무회의에 출석하여 발언할 수 있고, 소관 사무에 관하여 의안 제출을 건의할 수 있음<br>▸ 대검, 경찰청 등 관계기관의 장에게 고위공직자범죄와 관련된 수사기록과 증거 등 자료의 제출과 수사 활동의 지원을 요청할 수 있음<br>▸ 대검, 경찰청 등 관계기관의 장에게 소속 공무원의 파견 및 수사지원을 요청할 수 있음 |
| <제16조><br>공수처<br>검사의 직무 | ▸ 형사소송법, 검찰청법, 군사법원법 그 밖의 법령 중 검사와 군검사의 직무와 권한에 관한 규정을 공수처 검사에게 준용 |
| <제19조><br>수사 | ▸ 공수처 검사는 범죄혐의가 있다고 사료되는 때에는 범인, 범죄사실과 증거를 수사하여야 함<br>▸ 감사원, 국가인권위, 국민권익위, 국세청, 금융위, 금감원, 공정위, 특별감찰관의 고위공직자 범죄에 대한 수사의뢰 및 고발의무 규정 |

| 구 분 | 주 요 내 용 |
|---|---|
| <제20조><br>다른<br>수사기관과<br>관계 | ▶ 다른 수사기관이 고위공직자범죄의 수사에 착수한 경우 지체없이 그 요지를 공수처장에게 통지해야 함<br>▶ 공수처장은 공수처에서 수사하는 것이 적절하다고 판단할 경우 사건 이첩을 요구할 수 있음<br>▶ 다른 수사기관은 강제처분을 행하거나 그 밖의 특별한 사정이 없는 한 공수처장의 이첩 요구에 응하여야 함<br>▶ 공수처 검사가 수사 중인 사건과 동일한 사건을 수사하는 기관은 그 사건을 공수처로 이첩하여야 함 |
| <제21조><br>공수처<br>검사의<br>범죄 이첩 | ▶ 공수처장이 공수처 검사의 범죄를 발견한 경우 대검찰청 이첩<br>▶ 검사 및 경무관급 이상 경찰공무원의 범죄는 공수처에서 수사하도록 이첩 |
| <제22조><br>기관이첩 | ▶ 공수처장은 다른 기관에서 수사를 담당하는 것이 적절하다고 판단될 때 공수처 사건을 다른 기관에 이첩할 수 있음 |
| <제23조><br>재정신청<br>특례 | ▶ 불기소 처분시 곧바로 서울고등법원에 재정신청 가능 |
| <제24조><br>재판관할 | ▶ 원칙 : 서울중앙지방법원<br>▶ 예외 : 범죄지, 증거의 소재지, 피고인의 특별한 사정 등을 고려하여 공수처 검사는 형사소송법에 따른 관할 법원에 공소제기 가능 |
| <제25조><br>예산독립 | ▶ 국가재정법 제40조에 따른 독립기관으로 함 |
| <제28조><br>공수처<br>검사의 징계 | ▶ 공수처 검사에 대한 징계사건을 심의·의결하기 위해 징계위원회를 설치함 |
| <제31조><br>비밀누설죄 | ▶ 공수처 직원, 파견기관 직원 등은 업무상 비밀준수 의무 있음 |

# 법무·검찰개혁위원회 제8차 권고안
## - 검·경 수사권 조정 -

### <검·경 수사권 조정의 기본방향과 특징>

☐ 기본방향

검·경 수사권 조정은 단순히 수사기관 사이의 권한 배분의 문제가 아니라, 국민을 위한 수사구조 개혁이라는 차원에서 결정되어야 한다. 수사기관 사이의 상호협력관계를 기초로 하고, 실체적 진실의 발견을 위한 효율적 수사체계의 구성, 인권옹호와 적법절차의 실현, 권한의 집중과 남용을 막기 위한 기관간 견제와 균형 등이 고루 조화되어야 할 것이다.

☐ 본 수사권 조정안의 특징

Ⅰ. 검사와 사법경찰관은 상호 협력하는 관계로 한다.

Ⅱ. 사법경찰관이 수사하는 개별 사건에 대한 검사의 '송치 전 지휘'는 원칙적으로 폐지한다. 검사가 일반적으로 수사를 지휘할 필요가 있는 경우에는 준칙이나 지침 등에 의함을 원칙으로 하며, 일정한 경우 검사는 사법경찰관에게 수사를 요구할 수 있다.

Ⅲ. 검사는 사법경찰관이 신청한 영장에 대하여 실질적으로 심사한다. 다만, 사법경찰관은 검사의 영장기각이 부당하다고 여길 경우에 영장심의위원회에 이의를 제기할 수 있다.

Ⅳ. 사법경찰관이 1차적 수사권을 갖고, 검사는 2차적·보충적 수사권을 가진다. 다만, 부패범죄, 경제·금융범죄 등 일부 분야에 대하여는 검사도 1차적 수사권을 직접 행사할 수 있다.

Ⅴ. 검사는 적법절차 보장과 인권옹호를 위하여 경찰 수사권 남용에 대한 견제자로서의 역할을 수행한다.

## 권고 사항

법무·검찰개혁위원회는 2017. 10. 30.부터 2018. 2. 5.까지 10차례에 걸친 논의를 거쳐, 검·경 수사권 조정의 방향과 중요 쟁점에 관하여 다음과 같이 권고한다.

### 검사와 사법경찰관의 협력 관계

○ 수사에 관하여 '검사의 지휘'를 받도록 한 형사소송법 규정을 삭제하고, 검사와 사법경찰관은 수사를 위하여 상호 협력하는 관계로 규정한다.

○ 경찰이 수사 중인 개별 사건에 대한 검사의 '사건 송치 전 수사지휘'를 원칙적으로 폐지한다.

 - 검사와 사법경찰관리의 기본적 관계가 적정한 형사사법을 위한 상호협력관계임을 명시하는 규정을 둠으로써 두 기관 모두 국민 전체에 대한 봉사자로서 상호 협력하여야 할 의무를 진다는 점을 명백히 한다.

○ 적법절차를 보장하고 관련자들의 인권을 보호하기 위해서 검사의 사법경찰관리에 대한 적절한 견제·감독기능은 계속 유지할 필요가 있다. 이러한 견제·감독기능은 형사소송법, 형법 등의 개별 규정들에 의해 인정될 것이다.

### 검사의 일반적 지시 및 수사요구권

○ **검사의 일반적 지시**

 - 검찰총장, 고등검찰청 검사장, 지방검찰청 검사장은 수사의 효율성과 적정성 및 사건관계인의 인권보장을 위해 일반적 수사준칙 또는 지침 등을 마련하여 사법경찰관에게 시행할 수 있다.

○ **검사의 수사요구**

- 검사는 다음과 같은 경우 사법경찰관에게 구체적으로 수사를 요구할 수 있다. 이러한 권한 행사는 원칙적으로 문서로 하되, 신속을 요하는 경우에는 전화 등 구두에 의하고, 추후 문서로 보완한다.

  ① 검찰에 접수된 고소·고발·진정 사건에 대한 수사요구
  ② 경찰의 송치사건(재기사건 포함)에 대한 보완수사요구
  ③ 변사사건에 대한 수사요구
  ④ 경찰의 영장 신청시 보완수사요구

○ 사법경찰관리는 검사의 준칙, 지침 등과 수사 요구가 있는 경우, 그에 따라 성실히 응해야 한다.

## 경찰의 수사종결권 인정 여부

○ 경찰수사 과정에서의 권한남용 혹은 인권침해를 방지하고 공정한 사건처리를 위하여 경찰은 수사한 모든 사건을 검찰에 송치하고, 검사가 사건 종결 및 기소 여부를 결정함이 상당하다.

- 경찰 수사에 대한 외부적 견제를 가능케 함으로써 경찰수사결과에 대한 신뢰를 확보하고 수사의 공정성을 담보할 수 있다.

## 경찰의 영장 신청에 대한 검사의 심사 및 통제

○ **경찰의 영장신청에 대한 검사의 심사**

- 체포, 구속, 압수수색 등 강제수사는 국민의 인권과 직결되는 문제이다. 따라서 경찰의 영장신청에 대하여 검사가 이를 다시 검토하여 법원에 청구 여부를 결정하는 절차는 국민의 인권을 두텁게 보호하는 기능을 한다.

- 경찰 수사과정에서 국민의 인권보호를 위한 검사의 영장심사, 긴급체포 승인절차는 현행 규정대로 유지한다.

○ **검사의 영장심사에 대한 이의신청 및 영장심의위원회**
- 검사의 영장기각에 부당한 사유가 있는 경우에는 사법경찰관이 이의를 제기할 수 있는 절차를 마련함으로써, 검사의 권한 남용을 견제할 필요가 있다.
- 사법경찰관의 이의제기가 있는 경우 각급 검찰청에 설치되는 영장심의위원회에서 심의하도록 하고 검사는 심의결과를 최대한 존중하여야 한다.

○ 영장심의위원회는 검사가 아닌 위원을 다수로 하여 구성하고, 사법경찰관은 위원회에서 의견을 개진할 수 있도록 한다.

## 검사의 1차적 수사가 인정되는 범위

○ 검사의 준사법기관 및 인권옹호기관으로서의 지위를 강화하기 위하여 검사의 1차적 직접수사는 반드시 필요한 분야로 한정하고, 검찰 수사력은 일반 송치사건 수사 및 공소유지 등에 집중하도록 함이 필요하다.

○ 현 상황에서, 검사의 1차적 수사가 인정될 수 있는 분야는 부패범죄, 경제·금융범죄, 공직자범죄, 선거범죄 등이다.

○ 경찰공무원이 관련되어 경찰이 수사하기 곤란한 사건, 경찰이 송치한 사건, 위 사건들의 관련 인지사건(무고, 위증 등) 등에 대하여는 검사가 직접 수사할 수 있다.

○ 수사권 조정 관련법령의 개정 이전이라도, 검사의 직접수사 범위를 단계적으로 줄이는 방향으로 정책을 수립·실행해야 할 것이다.

※ 이러한 검사의 직접수사범위는 고위공직자범죄수사처의 설치 및 그 수사범위에 의해 영향받을 수 있으며, 일련의 경찰개혁(실질적 자치경찰제로의 전환, 사법경찰의 전문화와 행정경찰로부터의 자율성 확보 등)의 진행상황과도 긴밀한 연계를 맺고 있음을 확인한다.

## 검사의 인권옹호기관으로서의 역할 강화

○ 검찰의 1차적 수사권과 수사지휘권이 제한되고, 국정원의 대공수사권이 경찰에 이관되면, 경찰의 권한 집중과 남용에 대한 우려가 제기될 수 있다. 그에 따라 경찰 수사과정에서 적법절차 준수 및 인권침해 방지를 위한 외부적 견제와 감독 절차를 유지할 필요가 있다.

○ 다음 경우에는 검사는 사건기록 등본 등의 송부 요구, 시정조치 요구 등을 할 수 있고, 그럼에도 불구하고 시정이 되지 아니할 경우 사건의 송치 요구를 할 수 있다.

① 경찰 수사과정에서 사건 관련자의 인권이 침해되었거나 침해될 우려가 현저하다고 인정되는 경우

② 사건 관련자가 경찰의 편파수사, 과잉수사, 장기·지연수사 등에 대하여 이의를 제기하는 등으로, 수사의 공정성이 훼손되거나 경찰 수사권이 남용될 우려가 현저하다고 인정되는 경우

※ 인권침해가 자주 문제시되어 온 안보(대공, 테러) 수사, 정치적 중립성이 논란되는 선거 수사 등에 대하여는, 경찰의 권한 집중과 남용 가능성을 적절하게 견제할 수 있는 추가적 방안에 관하여 별도의 검토가 필요하다.

## 검·경 수사권의 경합

○ 검사가 1차적 수사권을 행사할 수 있는 분야에서, 동일 사건을 경찰과 검찰이 중복수사하게 되는 경우에는 경찰은 사건을 검사에게 송치하고, 검사는 송치 요구를 할 수 있도록 한다.

○ 위 송치 요구가 현저히 부당하다고 할 때 경찰은 이의신청을 할 수 있다.

○ 검·경 수사권의 경합을 조정하기 위한 기구와 절차를 둔다.

### 유의 사항

○ 특별사법경찰관은 일반 행정부처의 직원들이 소관 업무에 관하여 사법경찰권을 부여받은 경우이므로 본 권고안 취지의 적용 여부에 대하여 별도의 검토를 요한다.

○ 검사 작성 피의자신문조서 등 각종 수사서류의 증거능력은 검찰과 경찰의 수사권 조정 차원이 아니라, 전체 형사법 체계를 고려하여 신중하게 결정되어야 할 증거법 차원의 문제이다.

# V

## 2기 법무검찰개혁위원회

## 1. 준비와 시작

2019년 9월 17일 저녁 무렵 법무부 인권국장이자 검찰개혁 추진 지원단장인 황희석 변호사로부터 전화가 왔다. 황 변호사는 나의 민변 후배다. 조국 장관이 법무검찰개혁위원회를 만든다는 사실을 언론을 통해서 보았는데 직감적으로 2기 법무검찰개혁위원회 구성과 관계된 것이라는 생각이 들었다. 전화를 받으니 아니나 다를까 황 단장은 바로 나에게 2기 법무검찰개혁위원회 위원장을 맡아달라고 부탁하였다. 그 자리에서 거절 의사를 표명하였다. 여러 위원회 경험을 하면서 위원회를 통한 개혁은 불가능하다는 판단을 이미 하고 있었기 때문이었다. 시기적으로도 정권 중반을 넘어가는 마당에 검찰개혁은 실기했다고 판단한다는 점도 이야기했다. 황 단장은 힘든 일인 줄 알지만 맡아달라고 거듭 부탁하였다. 주변과 의논 후 연락을 다시 주겠다고 할 수밖에 없었다. 다음 날인 9월 18일 법무검찰개혁위원회의 필요성과 위원장을 맡을 것인지에 대해 법무검찰개혁 연구 및 활동을 같이 해온 교수, 변호사, 사무실 구성원 등 여러 사람과 의논하였다. 대부분 지금은 어려운 시기지만 그래도 해야 할 일이고, 내가 맡아야 한다는 의견이었다. 사무실 식구들도 사무실에 부담이 되는 일이지만 그래도 해야 할 일이라고 하였다. 혹시 어떤 위험성이 있을지 알 수 없어 처와도 의논했는데 처도 내가 해야 할 일이라고 동의해주었다. 그날 오후 늦게 황 단장에게 전화를 걸어 수락하겠다고 하였다. 바로 만나자고 하여 당일 과천 음식점에서 만났다. 저녁식사를 하면서 왜 이 정부에서 검찰개혁이 제대로 진행되지 않았는지, 어떻게 준비를 해야 하는지 등에 대한 의견을 나누었다.

법무검찰개혁위원 모집, 개략적인 위원회 진행 계획 구상, 조직 구성, 개혁 주제 선정 등 할 일이 너무 많았다. 그것도 9월 말 출범을 목표로 잡았으니 열흘 정도 안에 모든 것을 다 해내야 했다. 일정이 너무 촉박했다.

9월 20일 민주사회를 위한 변호사 모임 김호철 회장과 송상교 사무총장이 찾아와서 민변 신설 조직인 사법센터 센터장을 맡아달라고 부탁하였다. 불과 이틀 전 법무검찰개혁위원장직을 수락하여 곤란하다는 사정을 밝혔다. 두 직책을 동시에 수행하는 것이 힘들 뿐 아니라 역할상 충돌하는 부분도 있을 수 있어 양해를 부탁했다. 법무검찰개혁위원장직을 수락하지 않았으면 민변 사법센터장을 맡아야 했으니 이래저래 바쁠 팔자였다는 생각이 들었다.

9월 21일은 토요일이었다. 시간이 촉박하였으므로 토요일에도 위원 선정 작업을 했다. 3시경 사무실에 출근하여 인선 작업과 검찰개혁 기본 계획을 작성하였다. 과거 반특권검찰개혁단 활동을 같이 했던 학자 및 변호사 등과 위원회 운영 방안, 인선 등을 사전에 논의하였다. 저녁 늦게까지 기본 계획을 논의하였는데 회의를 거듭할수록 골격이 잡혔다. 여러 사람이 의견을 모으니 빠르게 기본적인 틀이 잡혀갔다.

9월 23일 월요일, 위원 인선이 어느 정도 마무리되었다. 내가 직접 아는 사람, 추천을 받은 사람을 대상으로 하였다. 사정상 위원직을 수락하지 못한 사람도 있었지만 대부분 위원 위촉 요청을 선선히 수락하였다. 위원직을 거절하는 사람도 위원회 활동이 의미 없어서 그런 것은 아니라는 말을 꼭 덧붙였다. 아직도 많은 사람이 검찰개혁 의지가 있고, 가능성도 있다고 생각하는 것 같았다. 다른 직책을 맡을 예정이라 위원직을 수락하기 힘든 사정이었다가 그 직책을 포기하고 위원직을 수락한 사람도 있었고, 처음에 위원으로 추천되었다가 전공이나 직역이 중복돼 추천이 취소된 경우도 있었다. 내가 추천을 하였다가 사정상 취소한 사람도 있었는데 지금도 미안한 마음이다. 위원으로 추천된 사람 중 일부에 대해 법무부에서 반대 의사를 표시하였다. 누가 반대 의견을 내었는지는 지금도 잘 모르지만 법무부 내부 토의를 거쳐서 의사를 전달한 것으로 보였다. 법부부는 검찰개혁에 적극적 역할을 할 수 있는 사람을 지목해서 위원 선정에 반대하는 느낌이었다. 그러나 법무검찰개혁위원회가 정상 작동하기 위해서는 위원 구성이 중요하기 때문에 꼭 필요하다고 주장하여 나의 의견을 관철시켰다. 인원 구성이 변경되면 전체적인 구상이 깨지므로 위원회 활동을 원활히 하기 힘들다고 판단하였다. 내 의지가 강하니 법무부에서도 결국 물러서고 내가 추천한 일부 위원에 대한 반대 의사를 접고 위촉하기로 최종 결정하였다. 2기 위원회는 1기 위원회와는 달리 현직 검사와 검찰공무원 등 내부 사람도 위원으로 참여하였다. 국회 입법을 거치지 않고 행정부 내부에서 할 수 있는 개혁안 구상을 위해서 필요하다는 취지였다. 여러 위원 후보도 구체적인 안을 작성하는 과정에서 내부 위원이 필요하다는 점에 인식을 같이 하였다. 일부 외부 위원과 현직 검사 등 일부 내부 위원은 법무부에서 선정하였다. 이석범 변호사, 권영빈 변호사, 정영훈 변호사, 황문규 교수, 장여경 정보인권연구소장, 오선희 변호사, 유승익 교수, 이현경 한국여성단체연합 사무처장, 천관율 시사인 기자, 이탄희 변호사, 김용민 변호사와 검사 2인, 검찰직 공무원 1인, 법무부 서기관 1인이 위원으로 참여하였다.

위원회를 시작할 무렵 법무부 실무진 및 법무부 검찰국은 자신들이 주도하여 안건을 정하고, 위원회 권고안도 만든다고 생각하는 것 같았다. 심지어 자기들이 다 할 것이니 아무 걱정 말라는 말까지 하였다. 법무부 검사들은 위원회를 겉치레나 형식으로 여기는 듯하였다. 그러나 위원들의 생각은 달랐다. 처음부터 위원이 실질적으로 참여하여 안건을 정하고, 권고안도 직접 작성한다고 생각했다.

2기 법무검찰개혁위원회 출범을 이틀 정도 앞둔 날 나는 미리 예정된 강원도 여행을 하였다. 위원장 임기인 1년 동안은 어떤 모임도 하기 어려울 것 같아 바쁜 와중에도 여행을 갔다. 여행 중 법무검찰개혁위원회 활동을 지원하는 조직인 지원단 검사가 전화하여 출범식 인사말을 어떻게 해야 되느냐고 물어보았다. 통상 실무진에서 연설문을 작성하는 경우가 많으므로 혹시 자기가 작성해야 하는지 걱정하는 것 같았다. 내가 작성한다고 했고, 즉시 동생이 운전하는 차 안에서 원고를 작성해서 보냈다.

결국 인선, 기본 계획, 운영 방향을 거의 10일 만에 정리하여 9월 30일 법무검찰개혁위원회가 출범할 수 있었다. 과거 반특권검찰개혁추진단, 1기 법무검찰개혁위원회, 정책기획위원회 등에서의 경험과 준비 때문에 가능한 일이라고 생각한다.

## 2. 본격적인 활동

2019년 9월 30일 오후 정부과천청사에서 열린 제2기 법무·검찰 개혁위원회 발족식에서 조국 법무부장관이 위원장인 필자에게 위촉장을 수여하고 있다. (출처: 연합뉴스)

## 1) 검찰 본연의 역할에 대한 기준을 세우다

2019년 9월 30일, 법무검찰개혁위원회 출범식과 1차 회의가 예정된 과천정부종합청사로 갔다. 위촉 예정인 위원이 청사 안내동에 모여있었다. 예전부터 알던 사람도 있었지만 처음 보는 위원도 많았다. 위원들끼리 간단한 인사를 나누고 법무부 직원이 위원 확인 및 이름표 교부를 끝낸 후 법무부 건물 8층 대회의실로 이동하였다. 사정이 되지 않는 일부 위원을 제외하고는 모두 참석하였다. 2시에 출범식이 시작되었다.

많은 기자가 대회의실로 들어왔고, 조국 장관 및 법무부 실무진과 위원이 착석한 후 정시에 출범식을 진행하였다. 장관 인사말에 이어 내가 인사말로 검찰개혁이 필요한 이유, 개혁에 임하는 각오 등을 밝혔다. 조 장관과 발표 내용을 사전에 조율한 적이 없는데도 장관 인사말과 나의 인사말은 전체적으로 조응하는 내용이었다.

> 조국 법무부장관이 지난 토요일 열린 서초동 촛불집회와 관련해 "국민들의 검찰개혁에 관한 열망이 헌정 역사상 가장 뜨겁다"고 말했습니다.
> 조 장관은 오늘(30일) 오후 과천 법무부 청사에서 열린 제2기 법무·검찰개혁위원회 발족식에 참석해 이같이 밝히며 "법무·검찰 개혁에 대한 국민 제안은 사흘 만에 1300건을 넘어섰다"고 말했습니다.
> 이어 "국민들은 검찰개혁을 요구하면서 이 나라의 주인이 누구인지 다시 묻고 있으며, 선출되지 않은 권력에 대한 견제를 요구하고 있다"고 덧붙였습니다.
>
> <연합뉴스> 조국 "검찰개혁 열망 헌정사상 가장 뜨거워"(2019.9.30.)

2기 법무·검찰개혁위원회 위원장에 임명된 민주사회를 위한 변호사모임 사법위원장 출신 김남준(56·사법연수원 22기) 변호사가 지난 28일 서울 서초동 일원에서 열린 '촛불집회'를 언급하면서 검찰 개혁의 필요성을 강조했다. (중략)

이어 "이제는 정치권력이 자신의 필요에 의해 검찰 권력을 이용하는 시대가 더 이상 아니다"라며 "검찰의 문제는 조직과 권한 자체의 문제, 여기에서 비롯된 문화라는 사실을 다시 한 번 인식할 필요가 있다"고 역설했다.

아울러 "검사 본연의 임무에 충실하도록 검찰조직과 문화가 개혁돼야만 소기의 성과를 거둘 수 있다"며 "현장에서 실제 효과를 거둘 수 있도록 조직과 문화 부문에 더욱 유의해 개혁안을 구상하도록 할 것"이라고 포부를 밝혔다.

<세계일보> '개혁위 수장' 김남준 "지난 주말 촛불집회는 검찰개혁 촉구하는 국민의 채찍질"(2019.9.30.)

2019년 9월 30일 오후 정부과천청사에서 열린 제2기 법무·검찰 개혁위원회 발족식에서 조국 법무부장관과 위원장인 필자(앞줄 왼쪽 네 번째)를 비롯한 위원들이 기념촬영을 하고 있다. (출처: 연합뉴스)

기자가 모두 철수하고 2시 반부터 회의를 시작하였다. 회의를 주재하면서 인사, 자기소개를 거쳐 법무검찰개혁 방향에 대한 위원 각자의 의견을 피력하도록 하면서 회의를 진행하였다. 매주 전체 회의를 하기로 하고, 분과위원회도 구성하기로 하였다. 필요한 경우 금요일에 임시 회의를 하기로 의결하였다. 그 후 바로 주제 토론으로 들어갔다. 1차 회의에서 상견례 수준을 넘어 바로 주제 토론에 들어가는 것은 나의 여러 차례에 걸친 위원회 경험상 이례적인 일이었다. 위원 모두 검찰개혁의 시급성을 느끼고 있다는 반증이었다.

토의는 처음부터 활발하게 진행되었다. 검찰개혁의 기본 방향으로 검사 본연의 권한을 공정하게 행사하기 위한 조직체계, 인사제도, 조직문화, 민주적 통제 방안을 갖추어야 한다는 의견을 일부 위원이 내었고, 위원들은 모두 공감하였다. 위원들이 각자 의견을 말하는 과정에서 쉽게 공통분모가 도출되지 않았으나 결국 검찰조직 운영의 중심을 특수부에서 검사 본연의 역할인 형사공판부로 이동해야 한다는 점, 검찰의 직접수사를 축소해야 한다는 점에서 의견이 일치되었다. 그 외 법무부 감찰권 실질화, 수사권 조정, 검찰 직제 및 인사와 관련한 다양한 의견이 분출되었다. 주제가 많아 추후 회의에서 계속 논의하기로 하고, 위원들 간에 합의가 이루어지는 부분을 정리하기로 하였다. 위원들은 1차 회의부터 위원회의 의지를 보여주기 위하여 권고를 해야 한다는 방향으로 의견을 모았다. 난상 토론 끝에 1차 권고를 할 수 있을 정도로 정리가 되었다. 권고 내용은 검찰개혁의 기본 방향을 밝히고, 우선 착수 사항으로 검찰조직 운영의 중심을 형사공판부로 이동하기 위한 실무 작업을 시작하면서 관련 자료를 위원회에 제출하도록 하고, 추가적으로 직접수사 축소, 형사공판부로의 중심 이동에 관하여 위원회에서 계속 논의하는 것으로 정리하였다. 1차 권고안도 발표하기로 결의하였다. 권고안을 다듬는 데 시간이 걸려 7시가 넘어 발표하였는데도 언론에서는 당일 그 내용을 방송하기도 하였고* 적어도 다음 날에 방송하거나 기사로 실었다. 위원회 활동을 많이 해보았으나 1차 회의에서 권고안 발표까지 결의한 것은 처음 있는 일이었다. 권고안 작성은 이탄희 위원이 담당하였다. 권고안 내용을 정리한 후 논의를 계속하여 대변인을 선임하기로 결의하였다. 대언론 활동이 중요하다는 위원 결의에 따른 것이었다. 대한변협 인권이사로서 대언론 경험이 많은 정영훈 변호사가 대변인으로 선임되었다. 당일 기자 브리핑을 하기로 결정하여 권고안 내용을 법무부 브리핑룸에서 발표하였다. 회의와 브리핑을 마친 후 저녁에 과천에 있는 식당에 모여 만찬을 하였다. 예정에 없던 모임이지만 위원 대부분이 참석하였다. 법무부 추진단 단원 및 김오수 법무부차관도 참석하였다. 출범식 후 처음 하는 1차 회의에서 의견을 수렴하여 권고안까지 발표한 사실에 보람을 느끼는 위원이 많았다. 우리 위원회가 제 역할을 할 수 있으리라는 기대가 생기는 순간이었다.

1차 권고는 검찰개혁의 방향을 표명한 것으로서 '검찰 직접수사 축소'와 '형사·공판부로의 중심 이동'이 내용이었다. 공식적으로 백서에 기재한 권고사항은 다음과 같다.

---

* <YTN> 2기 법무검찰개혁위 출범 '직접수사 축소' 1호 권고, <조선일보> 대통령 지시에 조국 자문기구 즉시 화답 '직접수사 축소 권고, <경향신문> 제2기 법무검찰개혁위 출범 특수부 축소 권고, <중앙일보> 법무검찰개혁위, 조국 수사 겨냥한 듯 첫날부터 특수부 축소 권고, 등 언론 성향에 따라서 보도 방향이 다르다

① **검찰개혁의 기본 방향** 검찰개혁은 검사 본연의 권한을 공정하게 행사하기 위한 조직체계, 인사, 제도, 문화, 민주적 통제 방안 등을 갖추는 것을 지향해야 한다.
② **우선 착수 사항** 검찰의 직접수사 축소, 형사·공판부로의 중심 이동 등을 위하여 검찰청 사무기구에 관한 규정, 검사인사규정, 검사전보 및 보직 관리 등에 관한 규칙 등의 개정을 위한 실무 작업에 즉시 착수하고, 관련 자료를 신속하게 제출할 것을 권고한다.
③ **향후 논의 사항** 검찰권의 공정한 행사를 위한 감찰제도 실질화 방안을 우선적으로 논의하기로 한다.

그리고 향후 1차 권고의 부족한 부분을 보완하기 위하여 '추가적인 직접 수사 축소, 형사·공판부로의 중심 이동 방안에 관한 논의는 추후 계속하기로 한다' 라는 내용을 부가적으로 기재하였다.[*]

과천에서 모임을 마치고 다른 위원들과 같이 추가 논의를 위해 서초동으로 이동하는데, 권고안 작성 담당자인 이탄희 위원이 전화를 걸어와 나에게 권고안 내용을 수정해야 하는지 확인 요청을 했다. 무슨 말인지 들어보니 검찰 측에서 권고안의 표현을 완화하자는 의사를 전해 왔다는 것이었다. 압력을 느껴서 전화를 한 것이었다. 위원회에서 이미 결의한 내용을 고치자는 것은 있을 수 없는 일이어서 결의한 내용 그대로 권고안을 작성하라고 하였다. 대검찰청이 지원단을 통하여 권고안에 간섭한다는 느낌이었다. 지원단이 대검찰청으로부터 상당한 압력을

---

[*] 2기 법무검찰개혁위원회 백서 27~28쪽

받고 있다는 것을 알 수 있었다. 대검찰청은 처음부터 위원회 활동을 노골적으로 견제했다. 윤석열 검찰총장이 청와대 면접에서 검찰개혁을 본인이 마무리하겠다고 한 말은 총장 자리가 탐나서 한 마음에도 없는 거짓말이라는 것은 이것만 보아도 알 수 있다.

다음 날인 10월 1일 대검찰청은 자체 개혁안을 발표하였는데 내용을 보니 법무검찰개혁위원회의 1차 권고안 내용을 희석시키기 위한 의도가 엿보였다.* 1차 회의 후 언론 인터뷰 요청이 여러 차례 있었다. 10월 3일 서울신문과 대담하면서 과거 검찰개혁 실패 원인, 향후 개혁 방향, 개혁해야 하는 이유 등을 자세히 설명했다.**

윤석열 정부로 바뀐 후 검찰의 중심은 본연의 기능인 형사·공판이 아니라 특수수사가 되었다. 국회 입법을 무시하고 시행령을 통하여 검찰권력을 오히려 더 강화한 것이다. 세계적으로 검찰이 이렇게 직접 수사에 매진하는 경우는 없다. 법무검찰개혁위원회 1차 권고안은 앞으로 검찰이 본연의 기능을 행사할 때 중요한 기준이 될 것이다.

### 2) 대검 개혁안과 긴급 2차 회의

---

\* <경향신문> (사설) 국민 기대에 크게 못미치는 윤석열 검찰개혁안(2019.10.1.), <부산일보> 개혁 큰 틀 공감했지만 검찰 - 법무부, 특수부 폐지 두고 '삐걱'(2019.10.2.)

\*\* <서울신문> (롱터뷰) '참여정부 땐 檢 스스로 개혁할 수 있는 조직으로 착각' 김남준 법무검찰개혁위원장 (2019.10.3.)

10월 4일 금요일 2차 회의가 과천정부종합청사 안내동에서 개최되었다. 권영빈 위원 등 여러 위원이 검찰의 개혁안 발표를 접한 후 회의 소집 필요성을 이야기하여 예정에 없던 2차 회의가 열렸다. 갑자기 소집한 회의라 법무부에 회의실을 구할 수 없어 법무부 건물이 아닌 청사 안내동 국무위원 회의실에서 개최된 것이다. 위원회의 1차 권고가 발표된 직후 10월 초 대검찰청에서 검찰개혁안 발표를 하였는데 이와 관련하여 위원들이 빠른 시일 내에 의견을 표명해야 한다고 하여 개최된 회의다. 위원들은 대검의 개혁안 발표가 법무검찰개혁위 활동을 무력화하기 위한 조치라고 인식하고 있었다. 대검찰청이 특수부 일부 폐지안 등 몇 가지 개혁안을 발표하였는데, 발표 방식 및 내용 등의 적절성 여부에 대하여 토론하였다. 대검찰청은 서울중앙지검 등 3개 검찰청을 제외한 전국의 특수부를 폐지한다고 발표하였는데, 위원들은 서울중앙지검 특수부가 지나치게 비대하여 이를 축소하여야 하고, 단순한 부서 폐지보다는 직접수사하는 검사 수를 통제하는 것이 직접수사를 제한하는 본질적 조치라는 의견을 밝혔다.* 또 대검의 자체 개혁은 중이 제 머리를 깎을 수 없듯이 한계가 있을 수밖에 없으므로, 법무검찰개혁위원회와 무관하게 대검이 독자적으로 검찰개혁안을 발표하는 것은 부적절하다는 의견 등이 제기되었다. 보도자료를 통해 이러한 내용을 밝히기로 의결하였다. 이어서 향후 다루어야 할 안건도 논의하였다. 1차 권고안은 원론적인 방침을 밝힌 것이므로 이와 관련한 추가 권고, 사건 배당, 대검찰청 권한 축소, 외부 기관에 의한 검찰의 민주적 통제

---

\* <서울신문> '서울중앙지검 특수부도 축소'... 검찰개혁위 윤석열 개혁안 저격?(2019.10.4.), <YTN> '서울 중앙지검 특수부 축소해야'... 법무부 검찰 힘 빼기 본격화(2019.10.5.)

방안, 검사 인사제도 개선, 법무부 탈검찰화 등을 논의하였다. 이어서 감찰제도를 실질화하기 위한 방안에 대한 사전 논의도 진행되었다. 감찰제도 실질화의 핵심 내용은 법무부가 검찰청에 대한 1차적 감찰권을 실시할 수 있게 하는 것이었다. 서울중앙지검 직접수사 부서의 규모가 방대하므로 축소하여야 한다는 의견, 파견·직무대리 최소화, 대검찰청의 권한 축소와 기능 전환이 필요하다는 보도자료를 배포하였다.(권고안을 발표하지 않고 보도자료 형태로 배포하였다)

그로부터 일주일도 되지 않는 짧은 기간 동안 나는 라디오 방송국인 교통방송에 출연하고, YTN 요청으로 변상욱 앵커의 대담 프로에 출연하는 등 언론 접촉이 많았다. 검찰개혁 의의를 국민에게 알릴 수 있는 자리라 생각하여 출연 요청을 받아들였다. 조국 장관을 비롯한 법무부 관계자들은 자신이 직접 출연할 경우 객관성에 문제가 생긴다는 인식이 있어 효과가 없을 것이라며 나에게 언론 출연을 부탁하였다. 검찰개혁 의의, 과정, 필요성 등에 대하여 나름대로 의견을 피력하였다. 방송 경험은 일천하였지만 권력기관개혁과 검찰개혁을 주제로 오랫동안 천착해온 탓인지 인터뷰나 대담에 별다른 어려움은 없었다.


### 3) 감찰권 실질화 권고

2기 법무검찰개혁위는 출범 초기라 그런지 상당한 국민적 관심을 받았다. 서초동 촛불의 영향이 큰 것으로 보였다. 언론에서도 관심이 높아져 개혁 과제 정리, 회의 준비 외에 언론 인터뷰, 방송 출연까지 해야 해서 매일매일 숨 돌릴 틈 없이 바빴다. 언론 대응과 방송 출연은 1기 법무검찰개혁위원회에서는 거의 없던 일이었다. 10월 5일 토요일 오후 집에서 그리 멀지 않은 곤지암 화담숲에서 산책을 하고 있는데 JTBC 손석희 사장으로부터 내 휴대폰으로 전화가 왔다. 과거 반특권 검찰개혁 일부 단원과 JTBC기자들과 함께 모임을 한 적이 있었는데 당시 만난 선임 기자로부터 내 연락처를 받았다고 했다. 다음 주 월요일 뉴스룸에 출연해달라는 요청이었다. 긴 시간 동안 방영되므로 검찰개혁 내용을 제대로 알릴 기회라고 판단하여 출연을 수락했다.

10월 7일 월요일 오후에 3차 회의가 개최되었다. 휴일을 제외하면 매일 연속으로 회의가 열린 셈이다. 3차 회의의 중심 주제는 감찰권 실질화 방안이었다. 대검찰청의 자체 감찰은 모두 폐지하고, 법무부의 2차적 감찰권을 규정한 법무부 감찰 규정을 삭제하여 법무부가 직접 검찰을 감찰할 수 있도록 하는 것이 주요 내용이었다. 그리고 감찰관, 감찰 담당관 등의 직위에 검사를 임명할 수 있도록 한 규정을 삭제하고, 법무부 감찰의 독립성 및 중립성 확보를 위하여 감찰위원회 독립성을 강화하는 등의 방안을 마련해야 한다는 내용이었다. 대검은 물론 법무부로부터도 독립성을 기하기 위한 제도 설계였다. 그간 법무부가 감찰권을 제대로 행사한 적이 없었고*, 대검이 1차 감찰권을 행사하는 과정에서도 검사들의 불법행위와 비리가 은폐된 역사가 많았으므로 위원 대부분의 찬성으로 통과되었다. 감찰권 실질화 방안을 정리하고 난 후 검찰개혁 기조와 우선 처리해야 할 신속 과제에 대해서도 의논하였다.

---

\* <한국일보> 검찰개혁위 대변인 '법무부, 3년간 검찰 감찰 한 건도 없어' (2019.10.8.)

몇몇 위원이 미리 검찰개혁 기조에 대해서 정리를 해 왔다. 논의 끝에 검찰개혁 4대 기조를 정하고 우선적으로 6가지 신속 과제를 논의하기로 의결하였다. 회의가 끝나고 당일 법무부 브리핑룸에서 권고안을 발표하고 주무위원인 김용민 위원이 브리핑을 하였다.* ** 검찰개혁에 관심이 높을 때여서 서초동에 상주하는 법조기자들이 과천까지 찾아와 많이 참석하였다.

검찰개혁 4대 기조는 1. 비대해진 검찰조직의 정상화 및 기능 전환 2. 검찰조직의 민주적 통제와 내부 투명성 확보(검찰조직 운영의 정상화) 3. 검찰권 행사의 공정성, 적정성 확보 4. 수사과정에서의 국민 인권보장 강화로 정했다. 1차 회의에서 이미 공감대를 형성한 내용이어서 의견이 비교적 빨리 수렴되었다. 6가지 신속 과제로는 4대 기조 1과 관련하여 ① 법무부 탈검찰화의 신속한 완성 방안 검토, 4대 기조 2와 관련해서는 ② 검찰국 탈검찰화, 기능 조정 ③ 투명하고 공정한 사건 배당 및 사무 분담 시스템 확립, 4대기조 3에 대해서는 ④ 표적수사(선별수사, 별건수사)에 대한 실효성 있는 통제 방안 검토 ⑤ 수사 단계에서의 전관예우 근절 방안 검토, 4대기조 4와 관련해서는 ⑥ 수사과정에서 당사자의 인권 보장 강화를 선정하였다.*** ****

같은 날 대검찰청은 9시 이후 심야조사를 폐지하는 내용의 개혁안

---

\* 2기 법무검찰개혁위원회 백서 29~38쪽

\*\* <경향신문> 법무검찰개혁위 '검찰 셀프감찰 폐지해야'... 검 통제권 강화 발표(2019.10.7.)

\*\*\* 2기 법무검찰개혁위원회 백서 369~375쪽

\*\*\*\* <머니투데이> 법무검찰개혁위 4대 검찰개혁 6개 신속과제 선정(2019.10.7.)

을 내놓았다. 회의가 끝나고 위원들은 저녁식사를 하였고 나는 예정대로 JTBC 뉴스룸에 출연하였다. 8시 반경 시작하여 20분 가까이 대담을 진행하였다. 손석희 사장은 검찰개혁 진행 상황, 필요성 등에 대해서 전방위적인 질문을 하였다. 아는 대로 대답을 하고 검찰조직의 문제, 전체 권력기관개혁과의 관계, 법무검찰개혁의 의미, 방법 등에 대해서 성의껏 설명하였다. 몇몇 방송국에서도 출연 요청을 해왔는데 시간을 맞추기 힘들어 고사한 경우가 많았다. 출연을 하지 못한 일부 방송국으로부터는 원망을 듣기도 하였다. 방송국 사이에서도 경쟁이 있는 것 같은데 다 들어주지 못해서 미안한 마음이 든 기억이 있다.

법무부는 1, 2차 권고안을 발표하였을 때 다음 날 즉각 수용한다고 발표하였다. 그러나 사후에 내부 조율 과정을 거치면서 흐지부지되거나 그대로 수용되지 않은 경우가 많았다. 1차 권고의 경우 법무부는 대검 입장을 받아들여 서울 중앙지검 특수부를 반부패부로 명칭만 바뀌어 유지하는 정도로 정리하였고,* 2차 권고의 경우에도 결국 법무부가 1차 감찰권을 행사하여야 한다는 부분은 받아들이지 않고, 2차 감찰권을 적극 행사하는 정도로 마무리되었다. 적극적으로 나가야 될 상황에서도 법무부 내부 조율을 거치면 내용이 달라졌다. 법무부가 1차 감찰권만 제대로 행사해도 검찰 권한 남용을 상당히 막을 수 있는데 실제 개혁이 왜 그렇게 소심하게 왜곡되었는지 알 수 없었다. 그때까지도 검찰조직을 어느 정도 신뢰하였는지 알 수 없지만 법무부가 1차 감찰권을 행사하는 정도의 개혁을 하지 못하는 것은 이해하기 힘들었다. 검

---

* <조선일보> 조국, 개혁위 권고보다 윤석열 개혁안 받았다...'3곳 빼고 전국 특수부 이달 중 폐지'(2019.10.8.)

찰조직 내의 크고 작은 디테일한 반대를 이겨내지 못하는 것이 현실이었다.(조국 장관은 법무검찰개혁위원회가 출범한 지 2주 후인 10월 14일 사퇴하였는데 그 이후 법무부가 검찰 중심으로 운영되면서 법무검찰개혁위원회 권고가 더욱 집행되기 어려운 상황이 되었다) 1기 법무검찰개혁위원회의 공수처 안과 마찬가지 경로를 거치는 것 같았다.

### 4) 조국 장관의 검찰개혁추진계획

10월 8일 조국 법무부장관은 위원회와 별도로 '검찰개혁추진계획'을 발표하였다. 직접수사 축소, 인권 존중, 검찰 견제 등을 기본으로 하는 개혁안이다.* 10월 10일 목요일 오전 장관, 장관 보좌진과 면담을 하였다. 법무검찰개혁위원회 출범 후 10일이 지난 후 만남이다. 일부 언론에서는 나와 조 장관이 사전에 긴밀히 협의해 법무검찰개혁위원회를 구성했다고 추측하였는데 전혀 사실이 아니다. 조국 장관에 대한 수사를 막고, 조 장관을 돕기 위해서 법무검찰개혁위원회가 구성됐다고 억측을 부리는 언론도 있었다. 이를 정확히 밝히고 구조적인 검찰개혁 필요성을 설명하기 위해 대변인, 위원 등이 방송 출연을 여러 차례 하기도 하였다.**

면담은 장관실 옆 접견실에서 이루어졌다. 장관 정책보좌관, 인권국장 겸 지원단장이 배석했다. 검찰의 전격적인 장관 부인 기소, 장관 본

---

\* <경향신문> 조국 '윤석열안' 사실상 수용... 중앙지검 특수부 '반부패부'로 유지(2019.10.8.)

\** <YTN> 법무검찰개혁위원회 왜 꼭 조국 수사중인 지금이냐고 물으신다면...(2019.10.10.)

인에 대한 수사, 무차별적으로 의혹을 제기하는 언론 공세 등으로 조 장관이 시달릴 때였다. 그 와중에 법무부 수장으로 직무도 수행해야 하니 인간적으로 매우 힘들 것이라는 생각이 들었다. 면담을 하면서 위원회와 법무부의 관계가 상호 독립성을 지키면서도 협조적이어야 한다는 점, 위원회 권고에 대하여 법무부가 수용적 자세를 가져야 한다는 점 등을 이야기했다. 조 장관이 법무부장관이 되면서 검찰개혁을 강조하니, 개혁에 저항하는 검찰의 주요 공격 대상이 되어버린 것 같았다. 정권 초기부터 권력기관개혁 작업을 신속하게 진행하였다면 많은 것이 달라지지 않았을까 생각했다.

장관 면담 직후 청사 안내동 국무위원 식당에서 국민제안 관련 간담회를 진행하였다.* 나도 초청을 받아 간담회 장소에 갔다. 다양한 연령대의 사람 15명 정도가 대기하고 있었다. 법무부가 검찰개혁을 주제로 국민제안 공모를 하였는데 제안을 한 사람 중에서 선발된 사람들이었다. 발표 내용을 듣고, 대화를 나누어 보니 제안자 모두 검찰개혁과 관련하여 상당한 관심과 지식을 가진 사람들이었다. 여러 의견이 오가는 중에 장관 부탁으로 나도 검찰개혁 구상 등을 이야기하였다. 회의를 진행하던 중 갑자기 코피가 터졌다. 다행히 조 장관이 한창 이야기 중이라 참석자 대부분은 알아채지 못했다. 지난 한 달 가까이 거의 쉬지 못하고 검찰개혁안 구상, 위원 구성, 회의 주재, 방송 출연, 인터뷰 등으로 과로한 탓이리라. 간담회를 마치고 사진 촬영을 하는데 몸 상태로 인하여 제시간에 맞추어 가지도 못했다. 촬영이 마무리될 무렵 단체 사진을

---

* <매일신문> 법무부 검찰개혁 국민제안 간담회 개최(2019.10.10.)

찍었는데 그때 겨우 가서 사진을 찍을 수 있었다.


### 5) 이행점검 TF 결성

    4차 회의는 10월 11일 금요일 청사 안내동 국무위원 식당 회의실에서 개최되었다. 전체 회의를 먼저 진행한 후 분과회의를 개최하였다. 전체 회의에서는 분과위원회를 구성하고, 과거 1기 법무검찰개혁위 권고안과 대검 검찰개혁위 권고안 이행을 점검하는 이행점검 TF를 만들기로 의결하였다.* 전체 회의 인원이 너무 많아 각자 의견을 말하다 보면 집중 토의가 이루어지지 못하는 단점이 있었다. 아마존의 제프 베조스가 주창한 피자 한 판의 법칙에 따라 8명 정도로 분과위원회를 구성하였다. 구체적인 안 논의에 들어가서 사무 분담, 사건 배당 체계에 대해서 논의하였다. 위원들은 사무 분담 및 사건 배당 체계화는 검사의 직접수사 축소, 전관예우, 복무 평정 및 인사와 연관될 수 있으므로 필요하다는 의견을 피력하였다. 기관장의 직접배당을 폐지하자는 의견, 전자배당이 필요하다는 의견, 사무 분담 및 사건 배당 위원회 구성이 필요하다는 의견 등도 제시되었다.

    분과위원회가 개최되었는데 1분과위에서는 진술자의 검찰 진술 실시간 확인 시스템, 당사자와 변호인의 메모권 관련 내용을 논의하였고, 2분과위에서는 사무 분담 및 사건 배당에 관해서 추가 논의를 하였다. 4차 회의 후 추가 논의가 필요하다는 위원들의 의견에 따라 권고안을

---

\* <세계일보> 법무검찰개혁위원회 TF 꾸리기로 ... 이행과정 점검 필요(2019.10.11.)

작성하지 않았다.* 보통은 회의를 마치고 여러 위원과 저녁식사를 같이 했는데 4차 회의 후에는 하지 않았다. 일요일인 13일에는 KBS 일요진단 라이브라는 아침 프로에 출연해서 법무검찰개혁 의의 등에 대해서 앵커와 대담하였다. 20분 가까운 시간이 금방 흘러간 느낌이었다. 방송에서 자주 부르는 것을 보면 검찰개혁이 국민적 관심이 높은 사안임에 틀림없는 것 같다.

### 6) 장관 사퇴와 법무부 탈검찰화

5차 회의는 10월 14일 월요일에 개최되었다. 월요일에 바로 회의를 하니 주말이 거의 없다시피 했다. 주말에도 위원들과 의견을 교환해 가며 회의 준비를 하였다. 주제가 많고 쟁점도 많아 미리 검토해 두지 않으면 회의를 효율적으로 진행하지 못할 것이 우려되어 계속 자료 검토를 할 수밖에 없었다. 회의가 두 시에 시작되므로 평상시와 같이 두 시 약간 못 미쳐 과천정부종합청사 안내동으로 갔다. 위원 대부분이 그곳에 모여있었다. 사정상 불참하는 일부 위원을 제외한 참석 예정 위원이 모두 모여서 법무부 회의실로 막 이동하려고 하는데, 법무부장관이 사퇴하였다는 메시지가 스마트폰에 떴다. 기자들이 보낸 것이었다. 다른 위원들도 같은 메시지가 떠서 법무부에 확인해보니 사실이었다. 한 달 이상 검찰 수사를 받고 장관 임명 당일 부인이 기소를 당하면서도 장관직을 수행하겠다고 했는데 취임한 지 한 달 약간 넘어, 2기

---

\* 2기 법무검찰개혁위원회 백서 376~383쪽

법무검찰개혁위원회가 출범한 지 2주 만에 사퇴하였다.* 얼마나 급하게 결정하였는지 위원장인 나에게도 사전에 알리지 않았다. 황 단장에게 확인하니 자기도 사퇴가 결정될 때까지 몰랐다고 하였다. 장관이 없는 위원회가 과연 유지될 수 있을지 위원회 존폐가 우려되는 상황이었다. 법무부 회의실에 들어가서 회의 시작 전에 이석범, 권영빈 분과위원장 및 여러 위원과 장관 퇴진에 위원회가 어떻게 대응하면 좋을지 의견을 물었다. 여러 위원이 위원회의 존속 여부 결정이 필요하며 먼저 회의를 해서 의논하고 결정해야 한다는 것으로 의견을 모았다. 조직 운영 경험이 많은 위원의 조언이 도움이 되었다. 회의 서두에 장관이 퇴진한 상황에서 우리 위원회를 존속하는 것이 적절한지 여부와 그 경우 각 위원들이 위원으로 활동할 의향이 있는지 한명 한명에게 차례대로 물어보고 의견을 밝히도록 하였다. 그날 회의에는 대부분의 위원이 참석하였는데 참석 위원 전원이 장관 퇴진과는 상관없이 위원회는 그대로 운영하여야 한다는 의견을 밝혔다. 내부 위원도 모두 위원회가 계속되어야 한다는데 의견이 일치하였고 계속 활동할 것임을 밝혔다. 2주라는 짧은 시간이었지만 집중적으로 4차에 걸쳐 위원회 회의를 개최하였고, 위원들의 의사를 결집하여 신속하게 권고안을 발표하는 것을 경험하면서 우리 위원회가 검찰개혁에 충분히 기여할 수 있다는 생각을 가지게 되었다는 것이 위원들의 의견이었다. 수렴한 의견에 따라 기자들에게 발표할 브리핑 문안을 준비하여 3시경 기자실에서 위원회 의견

---

* <한국일보> (일지) 조국 법무부장관 지명부터 전격 사퇴까지(2019.10.14.)

을 발표하였다.* 장관은 퇴진하였지만 위원회는 흔들림 없이 계속 간다는 내용이었다. 불과 2주간의 활동이었지만 위원들이 우리 위원회에서 법무검찰개혁의 희망을 본 것 같았다. 시간이 흐르면 이 순간이 위원회가 독자적인 생명력을 얻게 된 시점으로 평가될 것이다.

2019년 10월 14일 오후 정부과천청사 법무부에서 법무·검찰 개혁위원회 위원장인 필자가 조국 법무부 장관 사퇴와 관련된 입장을 밝히기 위해 브리핑장으로 들어서고 있다. (출처: 연합뉴스)

---

\* <아시아경제> 검찰개혁위 "장관 사퇴했지만 법무·검찰 개혁 흔들림 없이 추진"(2019.10.14.), <동아일보> 법무검찰개혁위 "조국 사퇴, 안타까워... 개혁, 흔들림 없어"(2019.10.14.) 등 대부분의 언론이 유사한 내용으로 보도하였다

대한변협에서도 성명서를 발표*하여 검찰개혁이 계속되어야 한다고 강조했다.

언론 브리핑 이후 회의를 계속하여 다음에 논의할 주제에 대한 위원회 회의와 분과위원회 회의를 진행하였다.** 법무부 탈검찰화 관련하여 1분과위에서, 사무 분담 및 사건 배당 관련하여 2분과위에서 논의했다. 전체 회의에서는 사무 분담 및 사건 배당 위원회 구성원으로 외부 위원이 참가해야 한다는 데 의견을 모았다. 1분과위에서 논의한 탈검찰화 수준은 일반적인 예상을 넘어야 한다는 의견이 강했다. 5차 회의가 끝난 다음 날 언론과의 인터뷰에서도 법무검찰개혁위원회가 독자적으로 운영될 것이라는 점과 검찰 자체 개혁으로는 불충분하다는 의견을 밝혔다.***

논의할 내용이 많고, 검찰개혁에 대한 국민적 관심이 많은 관계로 일주일에 두 번씩 회의를 진행하였다. 위원들도 장관 퇴진으로 위기감을 느낀 탓인지 위원회 활동에 더 열정적인 것 같았다. 월요일에 이어 18일 금요일에도 회의가 개최되었다. 13명의 위원이 참석하여 법무부 탈검찰화 관련 논의를 진행하였다. 법무부 탈검찰화는 1기 법무검찰개혁위원회에서도 권고를 하였는데, 어느 정도 성과가 있었지만 권고 내용대로 진행되지는 않았다. 권고 초안은 법무부의 전면적 탈검찰화였다. 위원 간 격론이 벌어졌다. 권고 초안을 유지해야 한다는 의견과, 이

---

\* <대한변협 성명서> 조국 법무부장관 사퇴에도 불구하고 검찰개혁은 계속되어야 한다(2019.10.14.)
\*\* 2기 법무검찰개혁위원회 백서 384~390쪽
\*\*\* <중앙일보> "조국 떠나도 檢에 개혁 못 맡겨… 노무현 실패 반복 안 된다"(2019.10.15.)

를 변경하여 검찰국 등 일부 부서는 검사를 임명해야 한다는 의견, 차관까지 탈검찰화해야 한다는 의견, 추진 일정을 명시하고 기간도 단기간으로 해야 한다는 의견, 상당한 준비 기간을 두어야 한다는 의견이 나왔다. 법무부 탈검찰화는 모든 위원이 동의할 수 있는 주제는 아니었다. 회의 진행 도중 전면적 탈검찰화에 부담을 느낀 검사인 부단장이 현실적인 안이 될 수 없다는 의견을 표명하였다. 이에 대해 위원들이 이견을 보이면서 의견 충돌이 있었다. 부단장은 지원 조직 소속이므로 의견을 말할 수 없고, 위원장 허락을 받아야 발언할 수 있는데 위원회 회의 중 발언을 계속하는 바람에 위원들이 질책을 하기도 하였다. 다수 의견을 모아 권고안을 정리하고 당일 발표하기로 하였다. 그 후 검찰 진술 내용 실시간 확인 시스템 구축과 사무 분담 및 사건 배당 위원회 관련 논의도 진행되었다. 법무부 탈검찰화 권고안은 검찰이나 법무부의 반대가 예상되는 전면적인 탈검찰화를 내용으로 했다. 셀프 인사를 방지하기 위하여 법무부 검찰국을 포함한 전면적인 탈검찰화를 추진하고, 실국장급, 과장급, 평검사 인사를 구분하여 추진 일정을 공표할 것, 이와 관련된 직제를 개정할 것이 주요 내용이었다.[*] 그 외에도 1기 법무검찰개혁위원회 권고가 제대로 이행되지 않은 점, 법무 연수원 등에 검사가 보임되는 부분도 잘못이라는 사실을 지적하였다.

    브리핑을 하는데 금요일이라 그런지 기자가 많지 않았다. 기자들은 주로 서초동 검찰청에 상주하는데 권고안을 발표할 때는 과천까지 와야 하니 권고안 발표를 직접 듣고 취재하러 오기가 쉽지 않다고 하였다. 금요일에는 기사 마감이 빨리 되고 국민들의 관심을 받기 어렵다는

---

[*] 2기 법무검찰개혁위원회 백서 39~50쪽, 391~398쪽

천관율 위원(시사인 기자) 의견도 있었으나 작성한 권고안 발표를 미룰수 없어 당일 발표하였다. 브리핑을 하고 나니 장관 직무대행을 맡고 있던 김오수 법무부차관이 나에게 전화를 하여 전면적인 탈검찰화는 현실성이 없다는 우려를 전달하였다. 검찰국 등은 현재 형태보다 기능을 축소하여 존치시키는 수준의 탈검찰화가 더 나을 것이라고 주장하는 위원도 상당수 있었다. 그러나 장기적으로 법무부 인사나 재정 등도 검찰조직과 분리해 전문가가 독자적으로 운영하는 것이 더 낫다는 다수 의견이 채택되었다. 법무부를 전면적으로 탈검찰화할 경우 법무부장관이 검찰을 지휘, 감독하기 위한 정보 파악, 업무 연락 방법 등은 별도 연구 주제가 될 것이다. 어느 정도 수준에서 어떤 과정 및 단계를 거쳐 개혁하느냐 하는 문제는 위원회 운영 과정에서도 여러 번 경험하였고, 또 실제 현장에서 지속적으로 부딪힐 난관이다. 권고안을 발표하자 대부분의 언론은 신속히 보도하였고, 검찰 입장을 대변하여 민변이 법무부를 장악할 것이라고 우려하는 기사를 내는 등으로 정치적 경향성을 드러내는 언론도 있었다.

법무·검찰개혁위원회(개혁위·위원장 김남준)가 18일 "탈검찰화가 이행되지 않은 기획조정실장 직위에 즉시 검사가 아닌 일반직 공무원이나 외부인사를 임명하라"고 권고했다. 또 검찰국장 역시 내년 인사까지 비(非) 검사로 바꿀 것을 권고했다. 기획조정실장과 검찰국장은 각각 법무부와 검찰의 인사·예산을 총괄하는 요직이다. (중략)
민주사회를 위한 변호사 모임(민변)이 법무부를 장악하는 것 아니냐는 우려도 커지고 있다. 문재인 정부 출범 이후 박상기 전 장관 때부터 추진된 탈검찰화 기조에 맞춰 임명된 이용구 법무실장과 황희석 인권국장, 차규근 출입국·외국인정책본부장은 모두 민변 출신이다. 이번 개혁위의 권고로 이 같은 흐름이 가속화되는 것 아니냐는 것이다.

<조선일보> "법무부 내 檢事 모두 빼라"는 법무·검찰개혁위..."검찰, 민변 마음대로 하겠다는 것"(2019.10.18.)

### 7) 사무 분담과 사건 배당의 투명한 기준 마련

10월 21일 월요일, 7차 회의를 개최하였다. 기존에 논의해온 검찰 진술 내용 실시간 확인 관련 부분과 사무 분담 및 사건 배당 관련 권고안 초안, 대검찰청 권한 분산을 중심으로 논의를 진행하였다. 그 외에 검찰 직접수사 부서 검사 인원 및 내부 파견 제한 논의도 진행하였다. 이 논의는 첫 번째 권고안인 검찰 직접수사 축소, 형사·공판부로의 중심 이동 권고의 연장선으로 주로 법무부 측에서 준비하였다. 대검의 권한 분산 논의 과정에서 고등검찰청 기능을 실질화할 필요가 있다는 의견도 개진되었다. 시민사회단체에서는 그간 고등검찰청을 폐지해야 한다는 의견이 주류를 이룬 관계로 대검 권한 분산과 연계하여 고등검찰청 존속 여부, 존속한다면 권한을 어떻게 분장해야 할지에 대하여 심층 논의와 방향 정립이 필요하다고 느꼈다. 수사상 인권 보호 조치, 검찰 내 수평적 조직문화 구현과 관련하여 직급별 회의가 필요하다는 의견도 나와 관련 주제에 대하여 위원들의 지원에 따라 발제하기로 하였다. 회의를 마칠 무렵 지원단에 감찰, 수사 지휘, 정보 수집, 타국의 검찰조직 관련 자료 제출을 요청하였다. 7차 회의 이전에도 위원들이 자료 요청을 했는데 제대로 제출하지 않고 있었다. 대부분의 요청 자료는 대검찰청에서 보관하고 있어 검찰개혁안을 검토하기 위해서는 대검찰청 협조가 필요한데, 대검찰청에서 법무검찰개혁위원회 활동을 탐탁지 않아 하는 분위기를 느낄 수 있었다. 윤석열이 검찰총장으로 임명되기 전에는 검찰개혁에 협조할 뿐만 아니라 주체적으로 하겠다고 공언하였는데, 그 약속을 이행할 생각이 전혀 없어 보였다. 장관이 퇴진하면서 더욱 비협조적으로 변해갔고, 내부자가 스스로 조직을 혁신하는 것은 불가능하다는 사실만 다시 확인했다.

회의를 마치고 브리핑룸에서 '사무 분담 및 사건 배당 기준 위원회 설치 권고'\*와 '검찰 직접수사 부서 검사 인원 및 내부 파견 제한 권고'\*\* 브리핑을 하였다.\*\*\* 4차 권고안은 각 검찰청에 민주적으로 선출된 직급별 검사 대표, 일반직 검찰 공무원 대표, 외부 위원 등이 참여하는 '사무 분담 및 사건 배당 기준 위원회'를 설치하고 해당 위원회를 통해 투명하고 공정한 기준을 마련하라는 내용으로 규칙안까지 만들어 첨부하였다. 배당 절차의 투명화로 전관예우 차단, 검찰 내부의 '과도한 상명하복 문화' 불식, 직제에 드러나지 않는 은밀한 직접수사 부서 운용 방지, 인사 평가의 공정성, 객관성 증대 등을 이루는 데 설치 목적이 있다. 언론에서는 특혜 배당, 폭탄 배당이라는 용어를 사용하면서 검찰

---

\*   2기 법무검찰개혁위원회 백서 51~64쪽
\*\*  2기 법무검찰개혁위원회 백서 64~68쪽
\*\*\* 2기 법무검찰개혁위원회 백서 399~405쪽

사건 배당의 문제점을 지적하기도 하였다.* 조직에서 상위에 있는 검사가 임의대로 사건 배당을 하는 것은 있을 수 없는 일인데도 공공연히 시행되고 있었다. 공정한 사건 배당은 검찰 조직문화 개선에 상당한 도움이 될 것이다. 검찰은 배당 기준을 만드는 것 자체가 검찰에서 다루는 사건 성격상 불가능하고 실효성도 없다고 주장하였다. 사석에서 어떤 검사는 '재판은 수학인데 수사는 예술'이라는 말로 재판과 수사의 차이점을 부각하면서 권고안의 실효성에 의문을 제기하였다. 이탄희 위원은 법원에서도 처음 사건배당제도를 실시할 때 상당한 반발이 있었다고 하였다.** 그러나 지금은 법원의 사건 배당 체계가 비효율적이라는 비판은 전혀 들리지 않고 있다. 예상대로 검찰 내부에서 반발의 목소리가 나왔다.

> 대검찰청이 법무부 산하 법무·검찰개혁위원회 위원인 이탄희 변호사의 검찰 내 전관예우가 심각하다는 인터뷰 발언에 대해 "근거를 제시해달라"고 반발했다. (중략)
> 대검은 "검찰개혁과 관련한 공적인 역할을 담당하고 있는 위원회 위원의 근거 없는 주장이나 일방적인 발언으로 검찰구성원의 명예를 훼손하고 검찰에 대한 신뢰를 저해하는 일이 재발하지 않기를 바란다"고 강조했다.
> <동아일보> 검찰 "'특정검사 배당 수천만원' 이탄희 발언, 근거 제시하라"(2019.10.22.)

---

\* <한겨레> "사건 특혜배당·폭탄배당 안돼" 검찰개혁위, 기준위 설치 권고(2019.10.21.), <중앙일보> 개혁위 "검찰 특혜배당·폭탄배당 막아야... 위원회 설치 권고"(2019.10.21.)

\*\* <한겨레> 이탄희 "'검찰 사건 배당 기준 만들라'는 권고 평검사는 좋아한다더라"(2019.10.22.)

5차 권고안은 형사부 강화 방안의 일환으로서 직접수사 부서 문제, 내부 파견 제한 문제를 다루었다. 외부에서는 잘 인식하지 못하지만 검찰 내부에서는 중요하게 생각하는 주제다. 4차 권고안에 대해서는 내용을 정확히 분석하고 사례를 심층 보도한 언론도 있었는데,* 5차 권고안은 간략히 내용을 소개하는 정도의 보도만 있었다.** 1차 권고안과 연속되는 측면이 있어 세간의 관심이 덜했다고 본다. 배당 권고안에도 검찰이 반대하는 것을 보면서 제도 개혁에는 언제나 기존 관성과 기득권을 누리는 조직과 사람의 반발이 있기 마련이라는 것을 다시 느꼈다.

### 8) 대검 정보 수집 기능 폐지 권고

10월 25일 금요일 8차 회의***는 분과회의 중심으로 진행하였다. 1분과위는 대검 등의 정보 수집 기능 폐지 권고 초안 논의를 계속하고, 2분과위는 인사제도에 대해 논의하였다. 전체회의를 소집하여 개혁 관련 안건 논의 전에 언론 대응 관련 논의를 하였다. 위원회가 권고안 언론 브리핑을 하면 대검찰청이 이를 반박하는 내용을 연일 언론에 발표하였다. 대검찰청은 검찰개혁에 전혀 협조적이지 않았다. 우리나라 법조 언론 환경이 검찰 친화적이라는 것을 위원회 활동을 하면서 절감하게 되었다.

---

\* <경향신문> 검찰 전관예우·상명하복 원인된 '사건배당지침' 보니… 지휘부 입맛대로 검사 배당(2019.10.24.), <한국일보> (지평선) 검찰 임의 배당과 전관예우(2019.10.25.)

\*\* <경향신문> "직접수사부서 검사 인원 5명 이내로 제한을" 법무검찰개혁위 권고(2019.10.21.)

\*\*\* 2기 법무검찰개혁위원회 백서 406~412쪽

위원회의 권고안 내용을 국민들에게 정확히 알리고 검찰의 의견 표명에 대응하기 위하여 위원 중 몇 사람이 방송 등 언론에 출연하고 있어, 방송 출연 등에 대한 근거 규정을 만들고 체계적으로 위원회의 의견을 표명하는 방법을 논의하였다. 분과위원회에서 논의를 마치고 전체회의에서 대검 정보 수집 기능 폐지 및 검찰 인사 제도 관련 논의를 계속했다. 대검 정보 수집 기능 폐지 권고안을 발표하기로 의결하고 시기는 다음 주 월요일인 28일로 하였다. 권고안 작성 담당은 유승익 위원이었다. 월요일 발표를 위하여 주말에도 권고안 작성 작업을 계속 해야 하니 위원들의 고충이 컸다.

주말에 몇몇 위원으로부터 연락이 왔다. 대검에서 대검 등의 정보 수집 기능 폐지 권고를 탐탁지 않아 하고, 심지어 추진 지원단 측에서 대검 의견을 유승익 담당 위원에게 전하면서 권고 내용에 일일이 간섭한다는 것이었다. 위원들이 결의한 내용을 법무부가 간섭해서 변경하려고 하는 이상한 일이 일어난 것이다. 검찰조직에 속한 사람은 조직 이익을 수호하기 위해서는 비슷한 생각을 하는 경우가 많은 것 같다. 집단사고를 벗어나기는 어려운 법이다.

2019년 10월 28일 월요일 9차 회의가 개최되었다. 대검찰청 등의 정보 수집 기능 폐지 권고안 초안을 논의 후 확정하고 브리핑이 예정되어 있었다. 초안 논의를 마친 후 검찰총장의 수사지휘권 폐지 또는 축소 논의를 하였다. 검찰총장의 수사지휘권 폐지 등에 대해서는 법적 체계뿐 아니라 타당성 여부에 대해서도 위원들 의견이 엇갈렸다. 4시 반경 정보 수집 기능 폐지 권고안을 발표하고 담당인 유승익 위원이 백브리핑을 하였다.*

　대검과 서울중앙지검 등에 정보 기능을 담당하는 부서를 폐지하고, 각급 검찰청장이 사회적 불안을 조성할 우려가 있는 경우, 정당·사회단체의 동향이 사회 질서에 중대한 영향을 미칠 우려가 있는 경우 등에 정보 보고를 하도록 되어있는 검찰보고사무규칙 8조 내지 10조를 개정하라는 내용이다. 대검 등에 집중된 정보 수집 기능을 전면 폐지하고, 특정 목적을 위한 표적 정보 수집을 방지하여 직접수사 부서 권한을 축소하고, 유휴 인력을 형사부와 공판부에 투입하는 등으로 검찰 본연의 임무에 충실하도록 한 것이다. 정보, 수사, 기소는 기관을 달리하여 권한을 분배해야 하는데 우리나라 권력기관은 이 권한을 중첩해서 가지고 있어 권한을 남용할 우려가 높다. 위원들은 그런 기본 인식 하에 이 같은 권고를 하기로 하였다. 권력기관의 권한을 분산해야 한다는 원칙은 기관 간 권한 분배의 문제이기는 하나 이념적으로는 권력분립 원칙과 맞닿아있다.

　우리나라 검찰은 수사와 기소 권한을 동시에 가지고 있어 권한 남용이 우려되는데, 정보 기능까지 가지고 있어 더욱 통제하기 힘든 것이다. 검찰의 정보 기능은 문재인 정부 초기 상당히 축소되었다가 이 권고안을 발표할 당시에는 다시 확대되고 있었다. 문무일 총장은 2018년 2월 범죄정보기획관실을 수사정보정책관실로 개편하고 인원을 15명 정도로 축소하였는데 이 권고를 발표할 당시인 2019년 10월에는 다시 30명이 넘는 조직으로 팽창했다. 대검이 행사하는 정보 기능이 어떤 의미를

---

\* 　2기 법무검찰개혁위원회 백서 69~79쪽, 413~417쪽

가지는지 언론은 잘 모르는 것 같았다. 이에 대해서 상당히 많은 언론이 권고안 발표 당일과 다음 날 보도를 했다.* 대검은 반발하면서 수사정보정책관실은 수사정보 이외 다른 정보는 수집하지 않는다고 발표하였고,** 언론은 그 내용을 그대로 받아썼다.***

수사 관련 정보는 수사를 담당하는 곳에서만 수집하면 되는 것이지 별도 조직을 둘 필요는 없다. 검찰 정보 조직이 다시 커지면 일반적인 수사 외에 다른 정보까지 수집할 수밖에 없는 것이 조직 속성이다. 언론 기사도 권고 취지를 제대로 이해하고 쓴 기사는 별로 보이지 않았다. 권고안 취지를 이해하고 쓴 사설을 보니 반가운 마음이 들 정도였다.

법무부 산하 법무·검찰개혁위원회가 28일 검찰의 정보 수집 기능을 사실상 전면 폐지하라고 권고했다. 대검과 서울중앙지검 등 3개 지검에 설치된 정보 수집 부서를 없애고 정당·사회단체 동향 파악 목적의 정보 보고도 금지토록 하는 게 핵심 내용이다. 이에 대해 검찰은 "정보 수집을 금지할 경우 최소한의 인지 수사도 못하게 된다"며 반발하고 있다. 하지만 검찰의 정보 수집이 정치적 목적에 활용돼 온 점에 비춰 볼 때 이번 권고는 타당하다고 본다.

개혁위의 조치는 검찰의 정보 수집이 범죄 혐의 수사와 무관하게 정치적

---

\* <한국일보> 법무검찰개혁위 "검찰 정보수집 조직 모두 없애라"(2019.10.28.)' 등 거의 대부분의 언론이 보도했다

\*\* <동아일보> 개혁위 "檢 정보수집 기능 없애라"...검찰 "황당한 개혁 방안"(2019.10.28.),
< 중앙일보> 개혁위 "檢 정보수집 폐지"...檢 "팔다리 묶고 눈까지 가리나"(2019.10.28.)

\*\*\* <문화일보> (사설) 수사정보 수집까지 막겠다니...검찰 **無力化**로 뭘 노리나(2019.10.29.)

으로 악용될 소지를 원천적으로 차단하자는 취지에서 나왔다. 대검 등의 정보 수집 부서에서 각 분야 동향을 수집해 특수수사 등 검찰의 권한 확대에 활용해 왔기 때문이다.

<한국일보> [사설] 檢 정보 수집 부서 폐지, 과도한 검찰권 견제 위해 필요하다(2019.10.30.)

권고안 발표 이후에 발생한 손준성 검사 사건을 보면, 수사정보정책관실에서 당시 재판 관련 판사에 대한 정보까지 취합했다는 사실이 확인되었다. 대검 발표와는 달리 수사정보정책관실에서 수사 정보와 아무 상관 없는 정보를 수집하고 있던 것이다.(윤석열 정부는 대검에 다시 범죄정보기획관실을 신설하였다)

다음 주부터는 특별한 일이 없는 한 회의를 일주일에 한 번씩 하기로 의견을 모았다. 한 달 가까운 기간 동안 위원들이 너무 고생하였다.

### 9) 법무부와의 관계 설정

11월 4일 오후에 10차 회의가 열렸다. 회의를 시작하자마자 위원회가 법무부와 관계를 어떻게 설정해야 하는지 논의하였다. 장관이 공석인 상태에서 대검과 법무부가 위원회에 제대로 협조하지 않고, 적대적인 언론도 점점 많아지는 상황이었다.[***] 위원들은 위원회가 권고한 사

---

[*] <내일신문> 조국 사퇴 후 검찰개혁 추진 주춤?(2019.11.5.)

[**] <서울신문> 장관 공석 20일 넘은 법무부, 檢 개혁 마찰음 커졌다(2019.11.4.)

항을 법무부가 수용하는지가 불분명하므로 김오수 장관 직무대행*에게 권고안을 전달하는 절차 및 법무부 수용 여부 결정 절차 정립과 법무부의 위원회에 대한 보고가 필요하다는 의견을 개진하였다. 장관 공백 상태에서 우리 위원회의 권고가 수용되는지 아닌지 알 수 없는 상황이고, 법무부도 이를 명백히 밝히지 않아 당연히 문제제기할 수 있는 사안이었다. 대검은 물론 법무부도 권고안을 홈페이지에 올리지 않고 있어 이에 대한 문제제기도 나왔다. 법무무가 권고안을 홈페이지에 올리지 않는 이유를 알아보니 검사인 법무부 대변인이 권고안을 올리지 말라고 하였다는 것이다. 장관이 공석이니 법무부 검사들이 대검 눈치를 보느라 기본적으로 해야할 일도 하지 않고 위원회의 일을 방해하고 있던 것이다. 이런 상황이 지속되면 위원회의 존속 필요성도 문제가 될 수 있어 장관 직무대행과 면담을 결정하고 면담 시 요구할 문안을 작성하였다. 그 후 분과회의를 진행하였는데 1분과회의에서는 검찰청에 대한 감사원 감사 실시, 수사상 인권 보호 조치, 공익소송 관련 논의를 진행하였고, 2분과위원회에서는 계속 검사 인사제도를 논의하였다. 분과회의를 마친 후 다시 전체 회의를 진행하는데 장관 직무대행이 외부 행사 후 법무부로 복귀하였다는 전갈이 왔다. 장관 직무대행을 직접 찾아가 면담하였다. 장관 식무대행은 정기적 위원 면담, 홈페이지에 권고안을 올리는 것, 가능한 경우 수용 여부에 대한 의견을 밝히는 것을 수락하였다.** 장관이 그만 둘 당시 만큼의 위기는 아니었지만 위원회의 존속 필요성에 대한 회의가 위원들에게 생겨난 만큼 조금만 주의

---

\* 당시 조국 장관이 사퇴한 후 차관으로서 장관 직무대행을 하고 있었다
\*\* 《서울신문》 검찰개혁위 "권고안 장관대행에 직접 전달" 고삐 죄기(2019.11.4.)

를 기울이지 않으면 위원회가 존폐의 기로에 서겠다는 느낌이 들었다. 장관 직무대행과의 면담이 신속히 이루어지고 법무부가 위원회 요구를 대부분 수용하면서 논란은 마무리되었다. 대검 측에서 일부 위원 의견에 대한 개인적인 공격, 수사를 진행한다는 압박까지 있어 위기감이 들었는데 그래도 많은 장애물을 넘어 잘 극복해가는 중이라고 평가할 수 있었다. 장관 직무대행 면담이 이루어지고 위원들의 요구가 수락되자, 동요도 마무리되었다. 회의를 계속하여 검사 이의제기권 실질화에 대한 논의를 하였다.*

11차 회의는 11월 11일에 개최하였다. 회의 시간인 2시 이전에 이성윤 검찰국장을 만나 검찰개혁 관련하여 면담을 하였다. 검찰국에서도 검찰개혁 관련 일을 하고 있었고, 업무를 원활히 하기 위해서는 협조가 필요한 관계였다. 이성윤 검찰국장은 대검찰청이 법무검찰개혁위의 여러 권고안에 대해서 다른 의견을 가지고 있다는 이야기를 전해주었다. 대검의 정보 수집 기능이 어느 정도 필요하다는 의견, 수사 특성상 사건 배당을 법원처럼 할 수 없다는 의견 등이었다. 수사·기소 기능을 모두 가진 검찰이 정보 기능까지 가질 때 발생할 권력 집중의 위험성에 대해서 이야기하였다. 법원에서는 전자배당까지 하는데 배당 기준을 세우는 위원회를 구성하는 정도도 할 수 없다는 말은 이해하기 어려웠다.

회의에서는 먼저 1기 법무검찰개혁위원회 및 대검 검찰개혁위원회

---

\* 2기 법무검찰개혁위원회 백서 418~424쪽

의 각 권고사항 이행을 점검하는 TF 발표가 있었다. 1기 법무검찰개혁위원회에서 권고한 내용을 법무부가 제대로 이행하지 않았다는 점을 지적하였다. 권고사항 점검을 위하여 법무부에 자료 요청을 하였다. 위원들은 대검에 설치·운영하던 검찰개혁위원회 권고사항도 검토하겠다는 의견을 밝혔는데, 대검찰청에서는 대검찰청 소속인 검찰개혁위 권고사항에 대한 이행점검을 법무부 소속 법무검찰개혁위원회가 하는 것은 적절하지 않다는 의견을 밝혀왔다. 법무부가 검찰청 지휘감독 기관임에도 불구하고 많은 검사가 검찰은 법무부와 별도 조직이라고 인식하고 있다는 것을 느꼈다. 위원들은 당연히 검찰개혁위원회의 권고사항도 검토해야 한다고 재차 주장하여 자료 요청을 하였다.

그 후 황문규 위원이 발제한 검사 이의제기권의 실질적 보장 방안을 논의하였다. 과거 검찰청법 개정으로 검사의 이의제기권을 실질화하는 조치를 취했다. 그러나 이의제기 전에 상급자와 숙의를 거치게 하는 등 현실성 없는 절차와 상명하복식 검찰조직 특성으로 인하여 실제로 이의제기권은 단 한 번도 행사되지 않았다고 한다. 권고안은 별다른 반대 없이 통과되었다. 주요 내용은 이의제기 전 숙의 조항을 삭제하고 이의제기서 제출 대상을 관할 고등검찰청장으로 변경하며, 별도로 위원회 등의 심의 의결을 거치고, 수명의무와 불이익금지조치 및 이의제기 담당자에게 면책을 하는 내용 등이었다. 지침 개정안까지 작성하여 첨부하였다. 회의 후에는 당일 권고안 발표와 브리핑을 하지 않고 다음 날 서면으로 발표했다.* 몇몇 언론에서 권고 내용을 보도했다.** 법무검찰 개혁위 활동 및 권고안에 대한 언론 관심도가 조금씩 낮아지는 분위기였다.

회의를 마친 후 나와 이석범 분과위원장, 권영빈 분과위원장, 정영훈 대변인이 검찰국 과장들과 면담 시간을 가졌다. 검찰국 과장은 모두 검사인데 우리를 대할 때 약간 경직된 분위기였다. 장관 없이 직무대행 체제로 운영하는 상태에서 대검으로부터 유무형의 압박을 많이 받는 것 같았다. 위원회가 일을 제대로 하기 위해서는 검찰국 협조가 필수적인데 이제까지 회의에 필요한 자료 제공이 제대로 되지 않는 부분을 타개할 필요도 있었다. 만나서 이야기를 나누면 좀 나아질 것 같아서 면담을 하였는데 실제로 얼굴을 마주 보고 대화를 나누니 한결 분위기가 부드러워지는 듯했다.

### 10) 대검찰청 등의 감사원 정례감사 제외 관행 폐지 권고

월, 금요일로 급박하게 개최하던 회의를 월요일만 하기로 하면서 조금은 여유가 생겼다. 하지만 일요일에도 분과회의를 하는 등 위원들은 계속 열정적으로 활동하였다. 11월 18일 월요일 12차 회의가 열렸다. 대검찰청 등의 감사원 정례감사 관행에 관한 논의였다. 지원단 부단

---

\* 2기 법무검찰개혁위원회 백서 80~96쪽, 425~433쪽
\*\* <경향신문> 개혁위, '검찰 이의제기 제도' 실질화 권고..."일선 검사 의지 꺾지 마라"(2019.11.12.)

장인 검사가 위원들에게 개별적으로 전화하여 권고안 내용 수정 요구를 한다는 말을 위원회 회의 전 주말에 위원들로부터 전해들었다. 담당 위원인 유승익 위원에게 전화를 해보니 사실이었다. 지원단 측에서 자꾸 전화를 하여 이 권고안은 굳이 권고할 필요가 없는 것이고, 그래도 권고하려면 내용을 수정해달라고 요구한다는 것이었다. 위원회를 지원하는 조직의 일원으로서는 할 수 없는 행동이었다. 유 위원에게 일단 소신대로 작성해서 월요일 회의에서 토의하자고 했다. 주로 대검찰청의 감사원 정례감사가 제외되어온 관행을 폐지하여야 한다는 권고안에 대한 토의가 이루어졌다. 토의 중 간사를 맡은 부단장이 검찰에 대한 감사원 감사가 이미 시행되고 있다는 등의 이유로 권고하기 적절하지 않다는 의견을 표명하였다. 대검찰청 의사를 전달하는 것처럼 보였다. 발언권이 없는 지원단 측에서 의견을 표명한 뒤 내가 제재 요청을 했다. 그럼에도 계속 발언하자 일부 위원이 부단장에게 발언을 중단하라고 직접 요구하는 사태가 벌어져서 지원단 배석 없이 회의가 진행되었다. 위원들에게 의견을 물어본 결과 모두 권고안을 발표하여야 한다는 의견이었다. 위원회만 외롭게 투쟁하고, 법무부로부터의 지원은 점점 없어지는 상황이 되어갔다.

이어서 검사회의 및 수사관회의 관련 발제안에 대해 토론하였다. 이 주제와 관련하여 법무부에 많은 자료를 요청하였으나 잘 제출하지 않아 요청을 계속하였다. 위원들은 권고안을 이프로스에 게재하여야 한다는 의견을 내었으나 대검찰청은 전례가 없어 반대한다는 의견을 보내왔다. 대검찰청에 이프로스 게재를 계속해서 요구하기로 했다. 위원

회 권고안은 검찰개혁과 관련된 것이 대부분인데 전례가 없다고 반대
한다는 것이 이해되지 않았다. 사실 대검찰청이 감독 기관인 법무부로
부터 전혀 감독을 받지 않아온 전례가 더 문제인데 검찰조직에 그런 인
식은 없는 것 같았다.

    언론 대응을 위한 원칙도 세웠다. 상세한 백브리핑을 위해 주무 위
원 외에도 관련 위원이 위원장의 결정으로 백브리핑 현장에 참석하여
답변할 수 있도록 결의했다. 원래부터 담당 위원이 백브리핑을 계속해
왔으므로 전면에 나서기 어려운 법무부 소속 내부 위원을 위한 배려
차원의 조치였다. 위원회의 공식 입장은 원칙적으로 대변인이 위원장
승인하에 언론 대응을 하고, 주무위원도 위원장 승인이나 위원회 결의
로 언론 대응을 할 수 있도록 하였다. 또 검찰개혁 논의 확산을 위하여
개별적으로 언론 인터뷰, 학술 활동, 토론회 참여 등을 자유롭게 하기
로 결의하였다. 위원들의 열정이 느껴지는 대목이었다.

    회의를 마친 직후 권고안 브리핑을 하였다. 검사 정원법 시행령에 규
정한 정원 외 인원을 축소하고, 존속기간이 지난 비직제 기구를 폐지하
거나 기존 정규 조직으로 이관하도록 하며, 대검찰청 등에 대한 감사원
감사 정례화를 위한 협력과 이행점검이 이루어지도록 지휘감독할 것을
법무부에 권고하는 내용이다.* 언론도 8차 권고에 대해서는 7차 권고
보다 더 관심을 가지는 분위기였다.** 일반 국민은 그동안 다른 기관과

---

\* 2기 법무검찰개혁위원회 백서 97~104쪽, 434~439쪽

\*\* <조선일보> 개혁위 "검찰도 감사원 정기 감사 받으라" 권고 (2019.11.18.), <내일신문> "검찰, 사실상 특권적 기관... 감사원 감사 정례화해야"(2019.11.19.)

달리 검찰이 감사원 감사를 받아오지 않았고, 문재인 정부 들어서야 처음으로 한 번, 그것도 지방 검찰청 단위에서 받았다는 사실은 잘 몰랐을 것이다.

## 11) 일반검사회의, 수사관회의 구성 권고

2019년 11월 25일 월요일 13차 회의를 개최하였다. 회의 전 주말에 담당 위원들과 권고안 내용을 미리 토의하면서 정리하였다. 13차 회의에는 업무로 바빠 참석이 어렵던 황희석 단장이 참석하였다. 법무부 지원과 대검의 협조가 제대로 되지 않는 상황에서 실무진과 협력하고 소통하는 일이 중요한데, 단장이 참석하니 위원들이 법무부의 지원 부족, 대검의 협조 관계 증진과 관련한 의견을 많이 내었다.

일반검사회의와 수사관회의 구성 권고 초안은 별다른 반대 의견 없이 통과되었다. 익명게시판에 대해서는 검찰 내부에서 반대가 있다고 하였으나 그 필요성을 공감하는 위원이 많아 권고안에 포함하여 발표하기로 의결하였다. 권고안 초안을 정리한 후 오랫동안 논의해온 검찰 인사제도 관련 토론을 하였다. 인사제도 전반의 문제점을 검토하고 개선 방안 권고를 목표로 하고 있어 내용이 방대하고, 논점도 많아 이른 시간 내에 발표하기는 힘들어 보였다. 검찰 인사를 위한 설문조사 실시, 각 검찰청 방문조사 등이 필요하다는 의견도 나왔으나 설문조사와 방문조사는 실시하지 못했다. 경직된 검찰 문화로 인해 설문조사를 해도 검사가 솔직하게 의견을 밝히는 경우가 거의 없어 효과적으로 이루어지기 어렵다는 내부 위원의 지적이 있었다. 방문조사는 대검이 비협조적이었다. 위원들은 법무부와 대검에 인사제도 개혁을 위한 기초자료 요구를 했는데 이 역시 제대로 받지 못했다. 법무검찰개혁위 활동에 대검이 제대로 협조한 적이 한 번도 없었다고 해도 과언이 아니다.

형사판결문 공개와 관련한 의견도 나왔는데 이 부분은 법원 소관으로 판단하여 법원에 대한 의견조회를 하기로 의결하였다. 회의가 끝난 후 브리핑을 하였다. 일반검사회의, 수사관회의 등의 민주적 구성과 자발적 활동 보장을 위한 법 제도 개선 작업 착수, 익명게시판 운영 권고였다. 이와 관련된 규칙(안)까지 작성하여 발표하였다.[*] 브리핑에 참석하는 기자 숫자가 갈수록 줄어들어 관심이 식어가는 것을 느꼈다. 몇몇 언론에서 보도[**]를 하기는 하였으나 보도량도 상당히 줄었다.

### 12) 불기소 결정문 공개 권고

14차 회의는 2019년 12월 2일 월요일이었다. 전체 회의 시작 전인 12시부터 미리 분과회의를 하였다. 1분과위에서는 불기소 결정문 공개를 주제로 토의를 하였다. 그 필요성과 인권침해 가능성을 두고 위원 간에 의견을 나누었다. 2분과위에서는 인사제도 관련 권고안과 발표 시

---

[*] 2기 법무검찰개혁위원회 백서 105~121쪽, 440~450쪽
[**] 〈국민일보〉 "복종과 희생, 검찰 미덕 아냐... 일반검사회의체, 익명게시판 만들어라"(2019.11.25.), 〈한겨레〉 "윤석열 총장님께 수사관 회의체를 제안드립니다"... 수사관 글에 열띤 호응(2019.11.25.)

기 논의 및 시민사회에서 많이 주장하는 공익소송 패소 비용에 대한 논의가 이루어졌다. 검찰과 관계 없는 일반적인 법무 관련 내용도 논의할 필요가 있다는 의견이 제기되어 공익소송 패소 비용 문제도 논의를 시작한 것이다. 2시부터 시작된 전체회의에서는 검찰에서 위원들의 설문조사 실시 및 각 검찰청 방문에 대하여 대검찰청에 협조 요청을 하기로 의결하였다. 또한 검찰국 인사 담당자에게 검찰 인사 관련 질문을 한 데 답변을 재요청하였다. 결국 법무부와 검찰로부터 아무런 협조를 받지 못했다. 인사 관련 사항은 대검찰청과 법무부가 제대로 대응하지 않아 토의가 진척되지 못하였다. 불기소 결정문과 관련해서는 찬성, 반대 논거가 모두 만만치 않아서 토론을 거듭하였다. 배석하였던 추진 지원단 검사가 고위직 등을 중심으로 범위를 정하여 공개하는 것이 좋겠다는 의견을 피력하였다. 모든 위원이 좋은 방향이라고 동의하여 다시 권고안을 작성하여 토의하기로 정했다. 검찰뿐 아니라 법무 행정과 관련된 권고안도 준비하기로 하여 법무부 각 실국본부에서 법무검찰개혁위원회에서 논의를 원하는 사항을 지원단에 제출하도록 하였다. 14차 회의는 별도 브리핑 없이 종료하였다.* 12월 5일경 언론에서 전 민주당 대표인 추미애 의원이 법무부장관으로 내정되었다는 소식이 들려왔다.

12월 9일 월요일 15차 회의가 개최되었다. 장관 내정과는 관계없이 위원회 회의는 계속 진행되었다. 본회의 전에 개최한 1분과위에서는 발표 예정인 불기소 결정문 공개 권고안 관련 논의를 하였다. 국회의원, 판검사, 장차관 등 관련 중요 사건 및 4급 이상 공무원 관련 중요 사건

---

\* 2기 법무검찰개혁위원회 백서 451~459쪽

의 불기소 결정문을 공개하기로 결정하고 본회의에서도 같은 내용으로 의결할 경우, 발표하기로 하였다. 본회의에서는 불기소 결정문 공개 등 권고안부터 논의를 시작하였다. 별다른 반대가 없었으나 변호사도 공개 대상에 포함하여야 한다는 의견이 개진되었다. 그러나 지금은 과거와 달리 변호사 수가 많아졌고 일반 변호사의 경우 공개 실익이 있다고 보이지 않는다는 의견이 다수였다. 따라서 변호사 중에서 판·검사 퇴직 변호사 관련 사건 불기소 결정문만 공개 대상에 포함하기로 결정하였다. 그 후 법무행정 관련하여 법무부 탈검찰화 합리화 방안, 형사사건 공개 금지 등 관련 논의가 이루어졌다. 검사 인사제도 관련 논의도 계속되었다. 검사 인사제도와 관련해서는 검찰 인사위원회 실질화를 주요 논의 주제에 포함하였다. 위원회 권고안을 이프로스에 게재하라는 위원들의 요구도 계속되었다. 나중에 확인해보니 위원회 권고안은 그 이후에 권고한 검사 인사제도 권고안을 제외하고는 모두 이프로스에 게재되지 못했다. 검찰 감독권을 가지고 있는 법무부 측에 이야기해도 검찰국 검사 및 대검 반대로 이프로스에 게재하지 않은 것이다. 검사들의 인식이 어떤지 알 수 있었다. 인사제도개혁 권고와 관련하여 검찰국 인사 담당자가 위원회에 출석해 설명할 것을 요청하고, 불출석 시 사유를 서면으로 답변할 것을 요구하였다. 역시 거부되었다. 검찰국에 대한 검사 인사와 관련한 추가 질문사항에 대한 답변도 재차 요구하였다. 계속 답이 없었다. 대검의 감찰자료도 제공해달라고 요청하였으나 역시 답이 없었다. 대검 협조는 물론 법무부 내부에서도 전혀 협조를 받지 못했다.

회의를 마친 후 불기소 결정문 공개 등 권고 브리핑을 하였다.* 국회의원, 판검사, 장차관 등 관련 중요 사건의 불기소 결정문 공개를 권고하고, 공개 대상 피의자 변호인 소속, 성명도 공개할 것을 권고하였다. 검찰의 자의적인 불기소 결정을 막아 검찰 외부로부터의 민주적 통제를 가능하게 하고, 전관특혜를 불식시키는 데 큰 도움이 될 것들이다. 그리고 수사기록 등의 전자문서화, 열람, 등사 범위 확대를 권고하였다. 이는 피의자 등의 방어권 보장, 신속한 권리 구제에 도움이 될 수 있는 내용이다. 내용이 신선해서 그런지 언론에서도 제법 보도를 하였다.

> 검찰이 국회의원과 장·차관, 판·검사를 불기소 처분할 경우 그 이유를 공개하라고 법무부의 검찰개혁 자문기구인 법무·검찰개혁위원회(위원장 김남준)가 권고했다.
> 개혁위는 9일 정부과천청사에서 회의를 연 뒤 "국민의 알권리 보장, 검찰에 대한 민주적 통제, 전관예우 방지 등 형사사법에 대한 국민 신뢰를 높이기 위해 필요하다"며 이같이 권고했다.
> 개혁위는 고위 공무원의 불기소결정문을 검찰청 인터넷 홈페이지에 올려 국민이 열람·검색할 수 있도록 관련 법령을 제·개정하라고 요구했다.
> <조선일보> 개혁위 "檢, 고위공직자 불기소 땐 이유 공개하라" 권고(2019.12.9.)

법무부 산하 제2기 법무·검찰개혁위원회(개혁위)가 대통령, 국회의원, 판검사 등이 연루된 중요 사건의 불기소 결정문을 공개하라고 권고했다. 불

---

\* 2기 법무검찰개혁위원회 백서 122~134쪽, 460~468쪽

기소 결정문에는 검사가 사건을 수사하고 기소하지 않은 이유가 담겨 있다. 검찰은 지금까지 수사기밀 유출 우려, 사생활 보호 등을 앞세워 이의 공개를 거부해왔다. 그로 인해 봐주기 수사 의혹이 제기돼도 국민은 물론 사건 관계인조차 '왜 죄가 안되는지'를 알 수 없는 일이 반복됐다. 검찰이 공소권을 독점하고 있어 따로 범죄 혐의자의 죄를 물을 방법도 없는 것이 우리의 사법체계다. 개혁위의 권고는 이런 불합리한 관행을 바로잡겠다는 것이다.

<경향신문> [사설] 검찰 불기소 결정문 공개, 봐주기 수사 근절 계기로(2019.12.10.)

## 13) 수사 과정 인권 보호 조치

12월 16일 16차 회의가 개최되었는데 분과위는 하지 않고 본회의만 진행하였다. 2시부터 시작한 본회의에서 검찰 인사제도 관련 논의부터 시작하였다. 위원회 설립 초기에 비하면 급박한 느낌은 줄어들어 위원들이 다양한 주제를 제시하고 의견도 편하게 개진하는 분위기였다. 검찰 인사제도는 내용이 방대해서 여러 차례 의논해도 쉽게 결론이 나지 않았다. 인사 시기와 맞물리면 오해의 여지가 있을 수 있으므로 권고안 발표 시기를 조정해야 한다는 의견이 많아 천천히 논의를 진행하는 중이었다. 그 후 수사 과정 인권 보호 조치 관련 발제가 있었다. 전자 감시 보석, 피의자 진술거부권의 실질적 보장 장치, 자기변호노트 등 피의자와 변호인 입장에서 주장하는 내용에 대한 발제 및 토론이 이루어졌다.\* 좀 더 실질적이고 구체적인 주제와 관련한 발제가 이루어졌다. 토론하는 내용 모두를 권고안으로 발표하지는 않는다는 전제하에서 위원들이 제기하는 주제에 대해 토론을 하고, 권고 여부를 결정하는 형태로 회의를 운영하기 시작하였다.

17일 오전에는 나와 권영빈 분과위원장, 검사위원 1인이 창덕궁 인근에 있는 콘라드 아데나워재단 한국지부에서 독일 검찰제도와 한국 검찰개혁 상황에 대해 발제하고, 재단 측에서 독일 검사가 독일 상황을 소개하는 시간을 가졌다. 독일 검사와 이야기를 나누어보니 독일에서는 우리나라 검찰의 현실이나 문제점을 잘 이해하지 못하고 있는 것 같았다. 독일 검찰제도만 알고 있는 사람으로서는 검찰 권력이 너무 강해서 인권 침해가 일어날 수 있는 한국 상황을 이해하기 힘들 것이다. 독일 검찰은 수사권은 있으나 실제로 수사할 인력이 없어서 수사를 하지 않고 있다는 사실을 다시 확인했다. 전문적인 내용이라 통역이 회의 내용을 정확히 전달하지 못한 것이 아쉬웠다.

12월 20일 내 생일을 맞아 제주도로 가족여행을 갔다. 망중한을 즐기기 위함이었는데 오름을 오르다가 왼쪽 종아리 근육이 파열되는 부상을 당했다. 몸이 아픈 것도 걱정이지만 회의를 어떻게 진행할지 걱정이었다. 다행히 왼쪽 다리만 다쳐서 운전은 할 수 있었다. 집으로는 돌아올 수 있었지만 거동이 어려웠다. 아픈 다리를 이끌고 22일 일요일 위원들과 사전 의논 모임을 가졌다.

---

\* 2기 법무검찰개혁위원회 백서 469~474쪽

다음 날인 12월 23일 월요일 17차 회의를 개최하였다. 본회의 전에 1분과위원회의를 먼저 열었다. 양면 모니터를 통한 검찰조서 실시간 확인 시스템 관련 부분은 검찰 직원들 반대가 상당하다고 하였다. 먼저 검찰 직원인 위원의 의견을 들었다. 피조사자의 이의 제기로 인하여 조사 시간이 길어지고, 열람 시간을 충분히 제공하면 조서 내용이 진술 내용과 상이할 위험은 줄어들 것이므로, 실시간 확인까지는 필요 없고 꼭 필요할 경우 영상녹화를 하면 된다고 주장했다. 장시간 검찰 조사 후 별도 열람 시간에 조서가 진술한 대로 기재되었는지 피조사자가 확인하기는 현실적으로 어렵고, 수사기관에 의한 유도신문을 방지하여야 하며, 진술 내용의 실시간 확인은 피조사자의 정확한 진술을 보장하는 것이므로 꼭 필요하다는 다른 위원들의 의견과 대립하였다. 수사 과정에서 수사기관 편의만을 강조하면 곤란한데, 그 업무에 익숙한 사람은 항상 같은 방식으로 업무를 수행해왔으니 그것이 정당하다고 생각하는 것 같았다. 본회의에서 토론한 후 결정하기로 했다. 검찰 옴부즈맨 관련 논의도 진행하였다.

본회의에서는 영상녹화와 관련하여 피조사자가 요청할 경우 검사가 원칙적으로 진술녹음, 영상녹화 조사를 실시하도록 관련 규정을 개정해야 한다는 의견이 나왔다. 자기변호노트, 노트북 등에 의한 기록권 보장, 검찰 옴부즈맨 및 양면 모니터에 의한 검찰 조서 실시간 확인 시스템 관련 논의, 검찰 조사 종료 후 본인 진술 서류 즉시 제공 관련 논의를 하였다. 대검찰청의 사무 분담 및 사건 배당 기준 위원회 설치 관련 검토보고서에 재반론을 할 것인지 여부도 논의하였다. 우선 검찰 옴부즈맨, 양면 모니터에 의한 조서 작성 실시간 확인 시스템 구축 및 진술 녹음, 영상녹화 조사 실시, 자기변호노트, 노트북 등에 의한 기록권 보장을 권고하기로 의결하였다.

위원 구성이 다양하여 의견이 통일되지 않는 경우가 많은데 본 주제가 그런 예에 속한다. 양면 모니터에 의한 조서 작성 실시간 확인 시스템 구축은 피조사자 입장에서 당연한 요구인데도, 검찰 수사관은 반대를 많이 한다고 하니 작은 개혁 하나도 쉽지 않다는 생각이 들었다. 실제로 수사를 받아본 지인은 자기 경험에 비추어 보면 양면 모니터 설치는 반드시 필요하다고 역설하기도 하였다.

이번 권고도 브리핑을 하였는데 다친 다리로 인해 브리핑을 하러 연단에 올라가는 것이 힘들었다. 내색을 하지 않고 발표하기 위해 애쓴 기억이 생생하다. 권고안 내용 중 조서 작성 실시간 확인 시스템 구축에 우호적인 의견이 많았다.[*] 위원들도 실제 수사를 받아본 사람들로부터 공통적으로 필요한 시스템이라는 말을 많이 들었다고 하였다. 검찰개혁과 법무검찰개혁위원회를 향한 관심이 식어가는 중에도 언론에서는 수사 과정 관련 권고로 참신하다고 생각했는지 제법 보도를 하였다.[**] 회의를 일주일 쉬고 2020년 1월 6일 개최하기로 하였다. 연말에는 그래도 한 번 쉬자는 의견이 많아 처음으로 일주일을 쉬기로 한 것이다. 그동안 장관도 공석인 상태에서 위원들이 몸을 바쳐 열심히 일했다.

---

[*] 2기 법무검찰개혁위원회 백서 135~152쪽, 475~483쪽

[**] <중앙일보> 영화서 보던 검찰 조사 장면 확 바뀐다... 양면 모니터로 실시간 확인 가능(2019.12.23.), <서울경제> "검찰 옴부즈만·조사녹화 시행하라"...개혁위 11차 권고(2019.12.23.)

### 14) 추미애 장관 취임과 법무부 탈검찰화 실질화 방안

2019년 연말에 정치개혁법과 공수처법이 통과되었고, 2020년 1월 3일에는 추미애 의원이 법무부장관에 취임하였다. 추 장관의 검찰개혁 의지와 윤 총장과 공식 회동 등을 다룬 언론 보도가 많이 나왔다. 처음부터 상호 간에 지나치게 적대적인 인상이었다.

2020년 1월 1일 토요일 몇몇 위원을 만나 의견을 나누었다. 개혁위 활동 방향, 추 장관과 개혁위의 관계 설정 등이 주요한 주제였다. 인사제도 발표는 장관에게 부담을 주지 않기 위해 연기하는 것이 좋다는 의견이 많았다.

1월 6일 월요일 18차 회의가 진행되었다. 18차 회의는 법무부 소속 위원이 발제한 내용으로 법무부 탈검찰화 정착을 위해 공무원 채용 방식을 개선해야 한다는 논의가 주된 것이었다. 그 후 미결수용자 수사, 재판 참석 시 사복 착용 제한 관련 발제 및 논의를 진행하였고, 4차 권고인 사무 분담 및 사건 배당 기준 위원회 설치 권고와 관련하여 대검의 검토보고서에 대한 재반론을 위한 반박 서면을 작성하기로 결의하였다.* 하나하나가 중요한 주제지만 초기의 긴박하던 때와 비교하면 내용이 좀 가벼워진 듯하였다. 인사제도 관련 논의는 곧 시행할 인사를 고려하여 미루기로 결정했다.

1월 13일 법무검찰개혁위원회는 1분과위회의만 진행하였다. 위원들의 사정으로 본회의 정족수가 미달되었기 때문이다. 장관이 새로 부임

---

* 2기 법무검찰혁위원회 백서 484~489쪽

하면서 위원회와 관계 설정이 아직 제대로 되지 않았고, 위원 중 일부는 다른 회의 일정과 중복되거나 건강상 이유로 활동이 힘들었다. 또 위원 2인은 정계 진출을 준비 중이라 참석할 수 없었다. 위원회 활동이 소강 상태로 접어든 듯한 분위기였다. 1분과위에서는 법무부 탈검찰화의 정착을 위한 직제, 인사 관리 방식 개선 논의를 하였고, 검찰뿐 아니라 법무행정 관련 주제 발굴을 위한 논의도 하였다. 법무부 실국본부의 현안 사항을 위원회에 문서로 보고하도록 하고, 필요시 대면 보고를 하도록 하자는 의견이 나왔다. 법무부도 검찰개혁 이슈 외에 법무행정과 관련된 폭넓은 개혁안을 내줄 것을 요청해왔다. 분과위만 진행되었으므로 본회의 의결을 할 수 없었고, 권고안도 의결하지 않았다.*

19차 회의는 2020년 1월 20일에 개최되었다. 국회의원으로 출마하는 위원이 참석하지 못하는 등의 문제로 참석 인원이 점점 줄어들었다. 본회의 성립 요건을 충족하기가 쉽지 않은 상황이었다. 장관으로서는 본인 구상대로 새로운 개혁위원회를 출범시킬 생각을 할 수도 있겠다는 위원 의견도 있었다. 법무부 실무자에게 물어보니 아직 장관 취임 초기라 법무부에서도 정확한 방향을 설정하지 않고 있다고 하였다.

먼저 분과회의부터 개최하여 법무부 탈검찰화 실질화 방안 관련 논의를 하였다. 법무부에 임용되는 외부 공무원의 전문화 등에 대한 논의였다. 본회의에서도 논의를 계속하여 이 주제에 대해 권고안을 발표하기로 의결하였다. 다음 주제로 시민사회단체에서 요구하는 공익소송 패소 비용 회수 관련 논의를 하였다. 좋은 주제이나 토의를 해보니 난

---

\* 2기 법무검찰개혁위원회 백서 490~495쪽

점도 제법 있었다. 이 주제는 토의를 더 해보고 결정하기로 하였다. 오랜만에 권고안 브리핑을 하였다.* 법무부 탈검찰 실질화 방안의 주요 내용은 단기적으로 외부 인력을 임기제 공무원이 아닌 일반 경력직 공무원으로 임용하는 방안을, 중장기적으로는 정부 변호사 제도 도입 방안을 권고하였다.**

초기 권고와는 달리 실무적 권고였으므로 외부 반향은 크지 않았으나 법무무 탈검찰화를 안착시키는 데에 중요한 주제라고 평가할 수 있다. 법무부에 우수한 법률 전문가를 영입하여 장기적 전망하에 경험과 역량을 비축하고, 지속적으로 근무할 수 있도록 하는 조치이다. 법무행정의 전문성과 지속성이 향상되고, 이를 통하여 법무부 탈검찰화가 이루어질 수 있는 것이다. 언론사에 따라서 자극적으로 표현하는 보도도 있었다.***

### 15) 공익소송 패소 비용의 필요적 감면

신임 장관이 위원회와 접촉이 별로 없자 언론에서는 장관과 위원회 간 이상기류가 있다는 등의 보도를 했다.**** 나는 위원회를 대표하여 장

---

\* 2기 법무검찰개혁위원회 백서 153~165쪽, 496~504쪽
\*\* <머니투데이> 법무검찰개혁위 "법무부에 변호사 영입해 탈검찰화 해라"(2020.1.20.), <YTN> 법무검찰개혁위, 외부법률전문가 영입방안 권고(2020.1.20.)
\*\*\* <조선일보> 검찰개혁위 "법무부서 검사들 빼고 정부변호사 육성하라"(2020.1.20.)
\*\*\*\* <세계일보> 정필재 조국 '1호 지시' 檢개혁추진단 4개월 만에 해체되나(2020.1.28.), <중앙일보> 추미애 얼굴 한번 못 본 檢개혁위…"조국에 묻히기 싫다는 것"(2020.1.28.)

관 실무진에게 위원회를 계속할 수 있다는 의사를 전달하였다. 2월 3일 월요일 20차 회의가 예정되어 있었다. 오전에 법무부에서 전화가 왔다. 장관이 오후 회의 시간에 상견례를 하자는 내용이었다. 개인적으로 휴가 일정이 있었는데 상견례가 예상되어 일행보다 하루 먼저 일정을 마치고 복귀해있던 상태였다. 예상한 대로 상견례가 있어 하루 먼저 복귀한 의미가 있었다. 상견례 자리이므로 인사말이 필요할 것 같아 미리 준비하였다.

2시에 회의를 시작하였다. 19차 회의록을 검토하는 과정에서 기 요청한 자료의 조속한 제출을 요청하였으나 계속 잘 되지 않고 있었다. 그 후 공익소송제도 관련 논의를 계속하였다. 대상 범위 등 특정과 관련하여 의견이 잘 모이지 않아 논의가 이어졌다.

추 장관과 위원회 위원 간 상견례 및 간담회가 위원회 회의 중간인 15시 30분부터 40분간 진행되었다. 상견례 후 앞으로 위원회를 그대로 유지하면서 예정된 1년 임기를 채우는 것으로 정리되었다.[*] 장관 인사말, 위원장의 답사, 위원들의 개별 질문과 답변이 있었다.[**]

공식 회의 후 일부 위원과 저녁식사를 하였는데 그 자리에서 위원들은 장관이 2기 법무검찰개혁위원회에 신임을 표시했으므로 앞으로 위원 보강, 남은 시간 동안의 운영 계획 검토, 워크숍 등을 진행하자는 의견을 내었다.

다음 날인 2월 4일 화요일에는 1기 법무검찰개혁위원 모임이 있었

---

[*] <경향신문> 추미애 장관, 법무검찰개혁위 격려(2020.2.3.)
[**] 2기 법무검찰개혁위원회 백서 505~509쪽

다. 1기 위원장님인 한인섭 교수님은 조국 전 법무부장관 관련 수사를 받고 있었다. 그 과정에서 겪은 어려움과 문제 등에 대해서 이야기하였다. 1기 위원들은 2기 법무검찰개혁위원회가 어려운 과정에서도 열심히 하고 있다고 격려해주었고, 남은 기간 동안 힘들지만 소임을 다해야 한다고 당부하였다.

2월 10일 개최한 21차 회의에서는 공익소송 패소 비용의 필요적 감면 규정 마련 권고 논의를 계속했다. 장여경 위원과 정영훈 위원이 권고안 작성 및 의견 취합 과정에서 고생을 많이 하였다. 피조사자의 변호인 조력권 강화와 관련한 논의도 계속하였다.

위원 추가 선임도 진행하였다. 국회의원 출마로 2명(김용민 위원과 이탄희 위원이 민주당 후보로 출마하기 위하여 입당하였다)이 위원에서 사임하였고, 위원회에서 한 권고와 자신의 의견이 다르다는 이유로 1명의 내부 위원(검찰 직원)이 사임하여 총 3명 결원이 되었다. 위원회 구성 요건의 최소 인원인 13명이 되어 추가 위촉이 필요하였다. 위원회에서 추가 위촉이 필요하다는 의견을 모아 법무부에 전달하였다. 국회의원 출마 때문에 위원직을 사임하는 것은 이유가 있지만, 권고안으로 발표한 내용과 의견이 다르다는 이유로 사퇴하는 것은 바람직하지 않다는 의견을 몇몇 위원이 언급하였다. 성원 부족으로 분과위원회, 이행점검 TF 재편도 필요하다는 의견이 개진되었다.

회의를 마치고 오랜만에 브리핑을 하였다.* 공익소송 패소 비용의

---

\* 2기 법무검찰개혁위원회 백서 166~176쪽, 510~518쪽

필요적 감면을 위하여 국가를 당사자로 하는 소송에 관한 법률과 시행령 개정을 권고하였고, 사인 간 소송에서 공익성이 인정되는 경우를 대비하여 국민 공감대가 형성되는 범위에서 패소 당사자의 소송 비용을 필요적으로 감면하도록 민사소송법 제 98조, 109조 개정 추진을 권고하였다. 약자 및 소수자 권익을 보호하고 국가 권력 남용을 억제하여 공익과 인권을 우선하는 방향으로 국가송무제도를 개선하는 데 목적이 있는 권고다. 검찰과 관련되지 않은 권고지만 시민사회단체가 관심있는 주제여서 그런지 언론에서도 상당량 보도가 되었다.[*] 위 주제는 이후에도 논의가 지속되어 같은 내용을 가진 법안이 발의되기도 하였다.

### 16) 피의자 방어권 보장 강화

2월 17일 월요일 회의가 개최되었다. 급박한 주제가 별로 없어 회의가 평온하게 진행되던 시기다. 다만 위원 숫자가 부족하여 빨리 인원 보강을 해야 하는 것이 숙제였다. 피의자 신문 중 변호인 상담을 받을 수 있도록 하는 권고안이 논의되었다. 변호인의 변론권을 강화하는 것이 핵심인 사항이다. 그 외에 출국금지·정지제도 개선에 대한 논의가 있었다. 법무부 출입국정책본부 출입국심사과 담당 공무원이 출석하여 출국금지, 정지의 의의, 대상 및 기간, 절차 등에 대한 보고를 하였다. 위원들이 전반적인 자료 검토 후 개선 방안 등을 계속 논의하기로 의견

---

[*] <경향신문> "약자 위한 공익소송 위축 우려, 패소비용 감면 규정 마련해야"(2020.2.10.)

을 모았다. 성평등 인사제도 확립 방안 권고와 관련하여 유승익 위원이 발제하였다.* 법무, 검찰은 특히 남성 중심적이고 권위적인 문화가 있어 이를 타파하기가 쉽지 않다. 이를 개선하기 위한 것이어서 의미 있는 발제로 평가되었다. 다만 위원 중 일부는 성평등이 지나치게 강조되어 기계적인 제도 적용이 될 경우 불합리한 결과가 발생할 수 있다는 의견을 내기도 하였다.

이날 위원회 전반기 활동 성과를 평가하고 후반기 활동 계획을 수립하기 위하여 워크숍을 개최하는 것이 좋겠다는 의견이 공식적으로 나와 적극 진행하기로 결의도 하였다.

2월 24일 월요일 23차 회의가 진행되었다. 코로나로 회의를 연기하자는 의견도 있었지만 브리핑 예정임을 이미 공지한 터라 그대로 진행하기로 하였다. 분과회의를 거쳐 본회의를 하였는데 특히 브리핑을 할 때는 분과회의를 거쳐 미리 쟁점을 정리하는 것이 효율적임을 경험으로 확인했다. 본회의에서 피의자 신문 중 변호인의 조언, 상담권, 의견 진술권 보장 권고안을 토의하였다. 의견이 최종 정리되어 브리핑 준비를 하고, 남는 시간 동안 미결수용자의 사복 착용권 보장 및 검사실 소환조사 남용 방지에 대하여 논의하였다. 검사실 소환조사 남용 방지 논의 건은 교정본부 측에서 환영하는 내용이다. 별다른 반대가 없어 결론이 빠르게 정리되었다. 다만 소환 방식을 기존 관행과 달리 갑자기 변경할 경우 검찰의 업무 부담이 가중되므로 어느 선에서 권고할지는 추후 논의하기로 하였다. 회의를 마친 후 피의자 신문 중 변호인의 조

---

\* 2기 법무검찰개혁위원회 백서 519쪽 - 527쪽

언, 상담권 및 의견진술권 보장 권고안을 발표하였다. 몇몇 언론에서 권고안 내용을 보도하였다.[*]

관련 조항인 형사소송법 제243조 2항 개정 권고를 하면서 기존과 달리 신문에 참여한 변호인이 신문 중에도 의견을 진술할 수 있도록 하여 피의자 방어권 보장을 강화하도록 권고하였다.[**] 코로나19 확산으로 2주 후에 회의를 하기로 의결하였다. 일부 언론에서 휴회 사실을 보도하기도 하였다.[***]

### 17) 미결수용자 등의 사복 착용권 보장

3월 23일 월요일 24차 회의를 개최하였다. 2주를 휴회하려고 하였으나 코로나가 더 심해져서 다른 회의도 대부분 연기되는 상황이었고, 그 기간 중에 추가 위원 위촉도 진행되어 한 달이 연기되었다. 그 한 달 동안 총 5명의 위원이 새로 위촉되었다. 추가 위촉한 위원은 한영선 교수, 김강산 변호사, 김지미 변호사, 김대근 한국형사정책연구원 연구위원, 그리고 내부 직원인 검사 1인이었다. 위촉식이 진행되지 않아 24차 회의에는 참석하지 못하여 위원 7명만으로 회의를 진행하였다. 몇 차례 논의한 미결수용자와 수형자의 수사, 재판 시 사복 착용권의 실질적 보장에 대하여 논의하였다. 별다른 추가 논의가 없을 정도로 미리 정리한

---

[*] <세계일보> 檢 개혁위, '피의자 신문 도중 변호인 조언 상담 허용' 권고(2020.2.24.)
[**] 2기 법무검찰개혁위원회 백서 177~185쪽, 528~540쪽
[***] <머니투데이> '코로나19'가 삼킨 검찰개혁...검찰개혁위도 사실상 '잠정 연기'(2020.3.2.)

사안이지만 민사사건에 출석할 경우에는 사복 착용권이 인정되지 않는다는 오해가 생길 수 있어 명시적으로 이를 표시하기로 하였다. 오래간만에 브리핑을 하였다.* 헌법상 무죄추정의 원칙, 인격권 보호, 공정한 재판을 받을 권리, 형사절차상 방어권 보장 등을 위한 조치다. 몇몇 언론에서 보도를 하였다.**


### 18) 검사실 출석조사 남용 개선

  3월 30일 25차 회의가 개최되었다. 회의 시작 전인 1시 40분경 추가위원 위촉식이 있어 위원장 자격으로 참석했다. 2시에 회의를 시작할 예정이었는데 추가 위원들이 법무부에서 진행한 방송 촬영을 하면서 늦어지는 바람에 3시에 시작하였다. 추가 위촉 위원이 출석하면서 위원장인 나를 포함하여 총 16명의 위원이 회의에 참석하였다.***

  인사를 끝내고 교정시설 수용자에 대한 검사실 소환조사 남용 방지와 관련하여 법무부 교정본부에서 3명의 공무원이 와서 보고를 하였다. 직접 교정시설에 방문하여 피의자를 조사하는 경찰과 검사실로 피의자를 소환하는 검찰의 차이, 교도관이 검사실에 피의자를 출석시키는 점에 대한 법적 근거가 없다는 내용 등이었다.**** 현실적인 사정을

---

\*  2기 법무검찰개혁위원회 백서 186~196쪽, 541~550쪽

\*\*  <국민일보> 방어권 위해서라도 미결수 사복착용 권리 보장 필요(2020.3.23.)

\*\*\*  <서울경제> 법무부, 법무검찰개혁위원 5명 새로 위촉(2020.3.23.)

\*\*\*\*  2024년 6월에는 국회에서 검사실에 피의자를 호송하지 못하게 하는 법률안이 발의되었다

고려하여 당해 사건의 구속 기간 내에 검사실 출석 조사를 허용하는 것으로 한정하고, 별건·당해 사건이 기소되는 경우, 기타 사건의 경우에는 교정시설을 방문하여 조사하도록 형의 집행 및 수용자의 처우에 관한 법률 등 관련 법령을 개정하여야 한다는 것이었다. 수용자의 인권 침해 관점으로 접근하는 위원들과 교정공무원의 업무 분장 문제로 보는 교정 당국의 시각 차이가 보였다. 교정 행정의 합리화 차원에서라도 조정해야 할 필요를 느꼈다. 차기 회의에서 계속 논의하기로 결정하였다.* 사실 이 문제는 검찰과 교정 당국 문제가 아니라 검사가 수용자를 활용하여 하는 불법수사가 사회적으로 이슈가 된 것이었다.** 검사의 불법수사 문제에 대해서는 깊은 논의를 하지 않고, 원칙적인 입장에서 권고하는 것이 좋다는 의견이 다수였다. 권고가 현실화되면 검사가 수용자를 함부로 불러낼 수 없게 되어 사회적으로 이슈가 된 죄수와 검사와의 관계에서 발생하는 문제도 해결할 수 있을 것이다. 처음 참석한 위원들도 상당히 열정적이라는 느낌을 받았다. 추가 위촉 위원 중심으로 서초동에 모여 저녁 식사를 같이 하였다.

4월 6일 26차 회의가 개최되었다. 위원장을 포함하여 15명이 회의에 참석하였다. 추가 위원 위촉 후 정족수를 채우지 못하는 문제는 사라졌다. 교정시설 수용자의 검사실 출석조사 관행 개선과 관련하여 12시에 분과위원회 회의를 개최하였다. 다양한 의견이 나와 본회의에서 의견을 추가로 듣고 의논하기로 하였다. 명확한 기준이 있는 사안이 아니

---

\* 2기 법무검찰개혁위원회 백서 551~557쪽
\*\* <죄수와 검사, 죄수들이 쓴 공소장>(심인보 김경래) 참고

라서 본회의에서도 어느 정도 범위에서 검사실 출석조사 관행을 제한할지 의견이 분분하였다.

그 후 강력 소년범죄 사건 처리 관행 및 범죄 피해자 구조 제도 개선에 관하여 법무부가 현황 보고를 하였다. 법무부 인권국 여성아동인권과, 인권구조과, 범죄예방정책국 범죄예방기획과에서 발표하였다. 소년 피해자와 관련하여서는 제도의 흠결이 많다는 것이 주요 내용이었다. 범죄 피해자, 소년 등으로 영역을 구분하여 논의를 하고 필요하면 권고를 하기로 의견을 모았다.[*]

4월 13일 월요일 27차 회의가 진행되었다. 브리핑이 예정되어 있어 12시에 분과위원회 회의를 하였다. 검토할 부분이 많아 분과위 회의를 평소보다 일찍 소집하였다. 교정시설 수용자의 검사실 출석조사 관행 및 남용 개선 권고안에 관한 논의를 계속하였다. 본회의에서 이 주제 관련 논의를 계속하여 권고안을 확정하였다. 나머지 시간에는 소년범죄 사건 처리 관행 및 범죄 피해자 구조 제도 개선에 관한 논의를 하였다. 이 주제에 대해서는 새로 위촉한 한영선 위원이 발제하였다. 한 위원은 범죄예방정책국 출신이고 소년원장 경력도 있어 이 부분에 경험이 많았다. 소년원 관리감독의 공백을 막고 효율성을 기하면서도 소년범에 대한 인권 보호를 기한다는 내용이었다. 또한 소년범죄 피해자에 대한 내용도 포함하여 논의하였다. 위원들이 주제와 관련하여 많은 의견을 개진하였다. 개개의 위원이 자기 영역에서는 전문가이지만 다른 영역은 알기 힘든 부분이 있어 토론을 통해 조율을 거치지 않으면 잘못

---

[*] 2기 법무검찰개혁위원회 백서 558~569쪽

된 내용의 권고가 나갈 수 있음을 느꼈다. 생각하지 못한 문제가 있다는 것을 발제자가 토론을 하면서 느끼는 경우도 많다.

회의를 마치고 브리핑을 하였다.* 수용자의 인권과 방어권 보장, 교정행정의 효율성, 수사기관 간 형평성 등을 위해 교정시설 수용자 등(구속피의자, 구속피고인, 수형자, 소년원생)의 검사실 출석조사 관행 및 남용 개선을 권고하는 내용이었다. 원칙적으로 수용자에 대한 검찰조사는 교정시설 방문조사나 원격화상조사로 하고, 정당한 사유가 있는 경우 교정시설의 장의 승인을 얻어 검사실 출석조사를 허용하며, 출석조사의 경우에도 교정기관은 수용자를 검찰청 구치감까지만 호송, 계호하도록 형의 집행 및 수용자의 처우에 관한 법률 등 관련 법령 개정 추진을 권고하는 내용이었다. 검찰 수사 인력 부족 등의 사정을 고려하여 단기적으로는 수용자가 피의자로 조사받는 경우에 한하여 허용하고 참고인 조사의 경우에는 교정시설 방문조사나 원격화상조사를 할 것을 권고하였다. 서면 통지 등 절차적 요건을 강화하고, 검찰 편의에 의한 출석조사 요구를 금지하는 내용도 포함하였다. 몇몇 언론이 권고 내용을 보도하였다.** 또 일부 언론은 검사들이 수용자를 상대로 정보 수집을 하는 행위를 막는 효과가 있다는 내용을 보도했다.*** 권고를 발표한 직후, 과거에 알고 지내던 고위직 교정공무원이 감사하다는 내용의 문자를 보냈다. 교정본부에서 환영하는 내용의 메시지가 많이 나왔다고 한다. 검찰이 지배하고 있는 법무부에서 교정본부 같은 조직

---

\* 2기 법무검찰개혁위원회 백서 197~205쪽, 570~582쪽

\*\* <머니투데이> "검찰도 수용자 조사때 직접 교도소 가라"...법무검찰개혁위 권고(2020.4.13.)

\*\*\* <중앙일보> "검찰, 수용자 출석조사 맘대로 하지 말라"... '제보자X' 사라질까(2020.4.13.)

은 불합리한 관행이 있어도 이를 시정할 엄두를 내지 못하는 분위기다. 법무부 내에서도 힘의 논리가 작동되고 있다는 것을 느꼈다. 위원회가 필요한 이유를 다시 확인했다.

### 19) 소년범죄 관련 제도 개선

4월 15일 국회의원 선거가 있었다. 민주당이 압승하고 개혁위 위원이던 김용민, 이탄희 위원 모두 지역구에서 당선되었다. 국회에서 권력기관개혁 입법에 유리한 상황이 조성되었다.

4월 20일 28차 회의가 개최되었다. 브리핑이 예정되어 있지는 않았지만 충실한 논의를 위해 분과위 회의를 개최하였다. 소년범죄 사건 처리 관행 및 범죄 피해자 구조 제도 개선에 관하여 논의할 부분이 많았기 때문이다. 소년국 등 국 단위 조직을 신설하여야 하는지에 대해서 다양한 의견이 있었다. 본회의에서도 토론을 계속하였다. 인천 여중생 집단 강간 사건과 관련하여 해당 소년범이 범죄일부터 법원 소년부의 보호관찰을 받았지만 그 이후 관리감독이 없어 약 6개월간 강력범죄를 저질렀는데, 그 기간 동안에도 관리감독 등 대책이 필요하다는 점이 확인되었다. 범죄 피해자에 대해서도 아무 지원이 없었는데 이에 대한 대책도 필요하다는 것이었다. 법률적 완결성, 다른 조직과의 관계 등을 고려하여 차기 회의에서 계속 논의하기로 결정하였다.*

---

\* 2기 법무검찰개혁위원회 백서 583~592쪽

29차 회의는 2020년 4월 27일 월요일 1분과위원회부터 진행하였다. 소년범죄 처리 절차 개선 및 소년피해자 지원 강화 권고 발표가 예정되어 문구를 수정하고 표현을 다듬었다. 본회의에서도 많은 의견이 개진되었지만 권고안의 본질적인 내용은 변경되지 않았다. 권고안을 작성한 후 기자 브리핑을 하였다.* 핵심 내용은 소년범죄 처리 절차 개선, 소년피해자 지원 강화, 소년범죄 총괄 조직 신설 및 전담 검사 육성 권고였다. 소년범죄 처리 절차와 관련해서는 피해자 접근금지와 보호관찰 신설, 재범 고위험 강력 사건에 대한 검사 결정 전 조사 의무화, 소년피해자 지원 강화와 관련해서는 소년피해자 국선변호사 제도 신설, 소년피해자의 피해 영향 조사를 위한 소년법 개정, 소년피해자 지원을 위한 범죄 피해자 보호법상 특례 규정 신설을 권고했다. 소년범죄 총괄 조직으로는 소년 사법국 신설, 단기간 내 신설이 어려울 경우 소년 정책관을 신설하고, 소년범죄 전담 검사에 대하여 필수 전담 기간 2년 설정 및 전문성 증진을 위한 연 24시간 교육을 의무화할 것을 권고하였다. 이 권고를 하는 과정에서 위원들은 사회적으로 소외된 소년 등에 대한 보호 제도가 미비하다는 것을 확인할 수 있었다고 하였다. 소년범 사건 등이 사회 문제가 되어서 그런지 여러 언론에서 관련 보도를 하였다.** 소년범 재범을 막는 제도적 장치가 부실하다는 점 및 소년 사법국 신설 권고 등이 언론 보도 주요 주제였다.

---

\* 2기 법무검찰개혁위원회 백서 206~221쪽, 593~603쪽

\*\* <국민일보> 법무검찰개혁위 법무부 '소년사법국' 신설 권고(2020.4.27.), <경향신문> 법무검찰개혁위 "소년범 수사단계부터 피해자 접근금지"(2020.4.27.), <머니투데이> 재판 기다리는 6개월 동안 "소년범 절반이 다시 범죄"(2020.4.27.), <내일신문> "소년범, 수사단계부터 피해자 접근 막아야"(2020.4.28.)

## 20) 검찰 인사제도 개선안

2020년 5월 4일 월요일 30차 회의가 개최되었다. 검찰 인사 관련 사항을 논의하였다. 중요하고 민감한 내용이 많아 위원회 요청으로 내용을 회의록으로 남기지 않았다. 검찰 인사와 관련하여서는 위원회 초기부터 집중적인 토론을 하였는데 결론이 쉽게 나지 않았다. 내부 위원도 관여하여 권고안 초안을 만들어서 토론을 하였다. 인사 시기와 맞물리면 오해를 받을 수도 있기 때문에 발표 시기도 조절해야 하는 문제가 있었다. 인사 권고안은 내용도 방대하고, 토론 주제도 많아서 워크숍 주요 주제로 논의하기로 하였다.

5월 7일부터 8일, 31차와 32차 회의를 연속으로 진행하였다. 코로나로 인해 수차례 연기한 워크숍을 하면서 회의를 진행하였다. 법무부에서 인천 송도 센트럴파크호텔을 워크숍 장소로 잡았다. 5월 7일 오후 2시부터 6시까지 호텔 회의장에서 31차 전체회의를 진행했다. 호텔 내 회의장이 깨끗하고 넓어서 좋았다. 법무부 대회의실과는 달리 좌석을 ㄷ자 형태로 배치해 놓아서, 위원들이 마주 볼 수 있는 평행 형태로 좌석 재배치를 요구하였다. ㄷ자 형태는 권위적인 느낌이 나서 토론하는 좌석 배치로는 적당하지 않다고 생각했다. 처음에는 전체회의를 진행하고, 4시경부터는 분과위에서 검찰 인사 관련 논의를 하였다. 나는 분과위 회의에는 참석하지 않고, 그동안 분과위에 참석하지 않은 위원 및 신규 위촉 위원들에게 위원회 활동 경과 및 중간 보고를 하였다. 분과위 회의를 마치고 다시 전체회의를 진행하였는데 인사 관련 권고는 쉽게 의견 수렴이 되지 않았다. 권고를 할 인사안의 범위를 두고도 의견 차이가 많았다. 회의 시간이 끝나도록 의견 일치를 보지 못하고 다음 날 다시 토론하기로 하였다. 7시경 위원 모두 연안부두에 있는 횟집에 가서 저녁식사를 하였다. 정책기획단에서도 참여하여 같이 식사를 하였다. 2020년 2월 이후 검찰개혁추진지원단은 해체되고, 법무검찰개혁위원회 지원 업무는 정책기획단에 이관되었다. 인원도 11명에서 4명으로 축소되었다.

 5월 8일은 오전 회의를 진행하였다. 토의할 안건이 많아서 프로젝션을 사용하여 회의를 진행하였는데 모든 위원이 권고 초안을 보면서 의견을 나눌 수 있어 과거보다 더 효율적이었다. 위원회 초기부터 이런 방식으로 회의를 했으면 더 좋았을 것이다. 치열한 토론 끝에 12시 반경 다음에 발표할 권고안 범위까지 확정하면서 위원들의 의견이 어느 정도 모아졌다. 점심식사 후 워크숍을 마치고 헤어졌다.

 2020년 5월 18일 월요일 33차 회의는 12시 30분에 시작하여 15시 30분에 마쳤다. 검찰 인사제도 개혁 권고안을 최종 정리하고 서초동 서울고검에서 발표할 예정이었으므로 평상시보다 일찍 시작하여 일찍 마쳤다. 검사 인사와 관계된 것이고, 검사들에게 직접 영향을 미치는 것이었으므로 서울고등검찰청사에서 발표하는 것이 좋겠다는 위원들의 의견에 따라 브리핑 장소를 서울고검이 있는 서초동으로 결정하였다. 법무부 브리핑룸이 아닌 곳에서 하는 발표는 처음이었다. 인사제도개혁 권고안의 발제 및 최종 검토를 마치고 다음 회의 주제인 출국금지,

난민 등에 관한 자료 요청을 의결한 뒤 회의를 마치고 권고안 브리핑에 참여할 일부 위원들과 같이 서울고검으로 출발했다. 과천에서 30분 정도 걸려 4시경 서울고검 브리핑룸에 도착하였다. 검찰청에 기자가 많이 상주하고 있다는 것은 알았지만 80명이 넘는 기자들이 브리핑룸에 대기하고 있어 놀랐다. 권고안이 상당히 길었는데 주요 내용을 20분 이상에 걸쳐 모두 발표하였다. 이어서 관련 위원들이 백브리핑을 하였다. 브리핑을 마치고 건물을 나오는 길에 갑자기 폭우가 쏟아지고 바람도 불어 한참 동안 건물 밖으로 나가지 못했던 것이 지금도 기억난다. 권고 내용이 길어 브리핑과 백브리핑까지 하는 데는 한 시간이 훨씬 넘었다. 권고사항의 핵심 내용은 승진 및 전문화에 있어 특수·공안·기획 분야의 독점 해소, 검사장 등 기관장은 형사·공판부 검사를 중심으로 임용, 형사부 전문 검사 시스템 구축, 검사 전보인사 최소화 및 투명화, 권역 검사제 도입, 검찰 인사위원회 실질화, 검사 복무 평정 제도의 합리적이고 투명한 운영, 경력검사 단독 검사제 도입, 검사장 순환보직제 등을 통한 검사 직급 일원화의 취지 실현 등 많은 내용을 담았다.* 인사권고안 발표에 참여하였던 위원 6인이 인근 음식점에서 식사를 같이 하였다. 위원들은 검찰 인사권고안은 일반 검사도 관심이 많을 수 있는 사안이라 꼭 이프로스에 게재하여야 한다고 주장하였다. 그 자리에서 내가 고기영 법무부차관에게 연락하여 인사권고안을 이프로스에 게재해줄 것을 요청하였다. 고 차관도 바로 요청을 수락하여 인사권고안은 이프로스에 게재되었다. 그러나 다른 권고안들은 이프로스에 게재된 적이 없다고 한다. 2020년 들어 여러 차례 권고를 하였는데 그중 많

---

\* 2기 법무검찰개혁위원회 백서 222~245쪽, 606~618쪽

은 언론에서 이 권고안을 중점적으로 보도하였다. 방대한 내용을 담고 있어 여러 관점에서 보도되었다. 형사·공판부를 우대하는 데 찬성하는 목소리부터, 특수·공안 역차별 문제, 향검비리 발생 우려, 권력수사를 못하게 하려는 의도가 있다는 등 다양한 반응이었다.[*]

### 21) 출국금지 제도 개선

5월 25일 월요일 34차 회의는 오후 2시부터 3시간 정도 진행하였다. 먼저 출국금지 제도 관행 및 남용 개선에 관한 논의를 하였다. 검찰개혁을 주제로 한 안건과 비교하면 무게감은 덜하나 일반 국민에게 미치는 영향은 적지 않은 주제다. 국민의 자유와 인권을 고려하지 않고 수사기관 편의에 따라 이루어지는 출국금지 제도 문제점 개선이 토의 주제였다. 이어서 출입국정책본부의 난민 제도 현황을 보고받았다. 현황 보고 후 세부사항 관련 통계 등을 발표했고, 질의와 답변이 이어졌다.[**] 항상 느끼는 것이지만 공무원들은 자신의 입장에서 제도와 정책을 보는 경향이 있다. 난민 제도와 관련해서도 출입국정책본부에서 생각하는 개선책은 행정편의주의적이라는 느낌을 받았다. 조직에서 오래 일하면 결국 조직 논리에 익숙해지는 것은 어쩔 수 없는 것 같다.

---

[*] <아시아경제> "검사장 등 기관장 임용시 형사·공판부 우대" 법무·검찰개혁위 권고(2020.5.18.), <경향신문> "검사 '지방 근무' 기간 제한 없애고 기관장 60%는 형사·공판 출신으로"(2020.5.18.), <세계일보> 견제장치 빠진 권역검사제…'향검 비리' 키울라(2020.5.19.), <문화일보> "조국 사건 같은 권력 수사 못하게 되나" 檢 '순환보직' 술렁(2020.5.19.)

[**] 2기 법무검찰개혁위원회 백서 619~627쪽

6월 1일 월요일 35차 회의가 개최되었다. 분과회의를 먼저 개최하였다. 검찰개혁과 관련해서는 위원들이 기존에 알고 있는 내용이 많기도 하고, 시민사회단체와 학계에서 개혁 과제와 관련된 연구가 상당히 축적되어 있으나, 법무와 관련해서는 기왕에 충분한 논의가 없어서 그런지 위원들 의견이 쉽게 모이지 않았다. 이를 미리 검토하기 위하여 분과회의를 하였는데도 토의할 부분이 많이 남아있었다. 출국금지 조치가 광범위한 대상을 상대로 이루어지는 점, 연장, 통지유예 등에 제한이 없는 점, 이의신청 절차의 문제점 등 많은 부분에 대한 토론 및 의견 개진이 이루어졌다.[*]

6월 8일 36차 회의가 개최되었다. 분과회의와 본회의를 거쳐 출국금지 관련 논의를 계속하였다. 김대근 위원이 주무위원으로 고생을 많이 하였다. 논의 과정에서 검찰 분야가 아닌 많은 분야에 제도적인 정비가 되어야 할 부분이 많다고 느꼈다. 출국금지 관행과 남용 개선 권고안 브리핑을 하였다.[**]

권고안 주요 내용은 출국금지 대상을 명확히 하여 단순히 '출국이 적당하지 않은 사람'에서 '범죄수사가 개시되어 출국이 적당하지 않은 피의자'로 한정하고, 피의자 이외의 사람에 대해서는 수사기관이 구체적 필요성을 소명하여야 출국금지가 가능하도록 권고하였다. 출국금지 기간이 장기화되는 것을 막고, 통지유예 요건도 강화하도록 하였다. 이의신청 기간도 10일로 너무 짧아 30일로 연장하는 등 관련 절차를 개

---

[*] 2기 법무검찰개혁위원회 백서 628~638쪽

[**] 2기 법무검찰개혁위원회 백서 246~259쪽, 639~648쪽

선하도록 권고하였다. 수고한 담당 위원들과 같이 저녁을 하였다.

## 22) 범죄 피해자 보호 제도와 수사자문단

2020년 6월 15일 월요일 37차 회의를 개최하였다. 난민 제도와 범죄 피해자 보호 제도 발제를 듣고 토의했다. 난민 제도 관련 국민 인식, 담당 인력 전문성 부족, 국가 정황 정보 인프라 부족, 난민 인정 절차 지연, 상대적으로 낮은 인정율, 난민 인정 제도 불비 등을 지적하였다. 난민에 대한 국민적 인식 수준이 높지 않은 편이라 제도 개선을 권고하기 위해서는 신중해야 한다는 의견이 많았다.

이어서 범죄 피해자 보호 제도와 관련하여 인권국 인권구조과로부터 제도 현황 보고를 들었다. 범죄피해자보호기금이라는 것이 있으나 기금 액수가 충분하지 않고, 관리와 사업 주체가 분리되어 관리가 어려운 상황이었다. 또 피해자 지원보다 기관 운영비에 기금을 사용하는 경우가 많았다. 범죄피해자보호기금에 산입되는 벌금의 전입 비율 상향 조정, 범죄 피해자에 대한 직접 지원 확대, 효율성 증대를 위한 시스템 도입, 범죄 피해자 지원 시스템 통합 등이 논의되었다.* 난민과 관련된 권고안은 여러 번의 발제와 토론에도 불구하고 의견이 좁혀지지 않아 위원회 임기가 끝날 때까지 발표하지 못했다.

6월 22일 월요일 38차 회의가 개최되었다. 본회의 전에 이행점검 TF

---

\* 2기 법무검찰개혁위원회 백서 649~659쪽

회의를 진행하였다. 1기 법무검찰개혁위원회, 2기 법무검찰개혁위원회, 검찰과거사위원회, 검찰개혁위원회, 성희롱·성범죄대책위원회의 권고사항이 어느 정도 이행되었는지 점검하는 회의다. 그다지 많은 부분이 이행되었다고 보기 어렵다는 것이 대체적인 평가였다. 여러 위원회 권고 내용의 이행 여부를 확인하고 점검하는 컨트롤타워의 필요성이 여기서도 확인된다. 각 권고사항을 주제별로 묶어서 분류한 후 이행 현황을 점검하자는 방향으로 의견을 모았다.

이어서 본회의를 개최하였다. 범죄 피해자 구조 제도 개선에 관한 논의를 추가로 진행하였다. 비슷한 논의가 이어졌고, 차기 회의에 계속 논의를 하기로 하였다.* 저녁에 일부 위원과 모임이 있었는데 2차 자리에서 검찰개혁을 지지하는 열혈 시민들로부터 위원들의 이름을 하나하나 새긴 배지를 전달받았다. 배지를 만든 사람이 우리 위원들이 자주 가는 집을 수소문하여 배지를 맡겨 놓은 것이었다. 검찰개혁에 우리보다 더한 열정을 가진 시민이 많다는 것을 느꼈다.

6월 29일 월요일 39차 회의가 개최되었다. 지난 회의에서 논의한 내용을 발제자인 한영선 위원이 다시 정리하여 발제하였고, 이를 토대로 분과위원회를 개최하여 논의한 후 본회의에서 다시 논의를 계속하였다. 권고안을 완성하기 위한 토론 및 자구 수정을 계속하였고, 브리핑 직전에 잘못된 부분을 발견하여 다시 자구를 다듬었다. 4시 30분에 브리핑을 하였다.**

---

\* 2기 법무검찰개혁위원회 백서 660~668쪽
\*\* 2기 법무검찰개혁위원회 백서 260~268쪽, 669~677쪽

권고의 주요 내용은 범죄 피해자 정책 총괄을 위한 전담 기구 신설 및 인권국 조직 개편, 범죄 피해자 초기 단계 지원 확대, 보호기금 개편, 성과 평가를 기반으로 한 위탁 사업 운영, 일부 사업의 기금사업에서 일반회계사업으로 이관, 보호기금 재원의 안정적 확충 방안 마련을 위해 벌금 전입 비율 10%로 확대, 과료, 몰수추징금의 기금 편입을 위한 범죄피해자보호기금법 개정이었다. 법무부 개혁 과제로서 피해자 지원도 중요한 내용인데 이제까지 관심이 닿지 않던 영역이었다.

39차 회의 이후 총장의 '검언유착' 사건 관련 수사자문단 소집에 언론이 많은 관심을 보였다. 여러 위원이 수사자문단 소집은 절차적으로 문제가 있으므로 위원회가 권고를 하는 것이 좋다는 의견을 나에게 전달하였다. 법무부와 검찰이 충돌하는 문제에 대해 위원회가 의견을 내는 것이 적절하지 않다는 의견도 있었으나 수사심의위원회라는 공식 기구를 이용하지 않고, 편의적으로 수사자문단을 소집하는 것은 제도를 남용하는 문제로 평가된다는 의견이 우세했다. 과거 강원랜드 사건에서 문무일 검찰총장이 구성이 공정하다고 볼 수 없는 수사자문단을 편법으로 소집한 전례가 있다. 위원 다수가 권고를 하자고 하여 위원회 단체 채팅방에서 문자로 토론한 결과 권고를 하는 방향으로 의결하였다. 7월 1일 저녁에 권고 문안을 작성하였다. 작성한 문안을 토대로 위원들의 의견을 다시 모았다. 법무부장관의 수사지휘권 발동을 요구하여야 한다는 의견도 있으나 위원회가 이를 요구하는 것은 월권이므로 절차적 문제점을 지적하면서 수사자문단 소집을 중단하도록 권고하는 것으로 의견이 정리되었다. 다음 날인 7월 2일 긴급 권고를 하였다. 장관은 그 직후 수사지휘권을 발동하였고 총장은 자문단 소집을 중단하였다. 위원회가 관여할 수 있는 부분이 어디까지인지 정확히 알기 힘든 상황에서 빠른 시간 내에 의견을 수렴하여 한 권고였다. 현안이면서 동시에 검찰과 관련한 일이라 그런지 언론에서도 보도를 많이 하였다.[*]

이를 주제로 라디오 프로 김종배의 시선집중에도 출연하였다. 1기 법무검찰개혁위원회도 검찰 내 성희롱, 성폭력 사건 관련하여 현안 관련 권고를 한 사실이 있었다. 제도 개혁을 주로 담당하는 위원회가 현안과 관련하여 어느 정도의 목소리를 내는 것이 적절한지 고민하게 한 사건이다.

## 23) 이행점검 TF와 검찰 권한 분산

2020년 7월 6일 월요일 40차 회의가 개최되었다. 먼저 법무검찰개혁위 이행점검 TF회의를 하였다. 위원회 운영 초기부터 위원회 권고사항 이행점검 방안을 논의하였지만 그간 위원 사임과 추가 위원 선임 과정 등의 사유로 늦어졌다. 본회의에서는 성평등 증진을 위한 실천 방안 권고에 관한 논의를 하였다. 유승익 위원이 발제를 하였는데 법무와 검찰 관련하여 성평등 조치 시행 권고가 제법 있었으나 이행되지 않은 부분과 신규 검사의 여성 임용 비율 문제 등에 관해서 발제를 하였다. 추가 자료가 필요하다고 판단하여 논의를 계속하기로 하였다. 이어서 법무

---

[*] <경향신문> 법무·검찰개혁위 긴급 권고 "검언유착 수사자문단 소집 중단하라"(2020.7.2.),
<한국일보> 검찰개혁위 '검언유착' 자문단 소집 중단 권고… 이성윤 손 들어줘(2020.7.2.)

부 양성평등정책담당관 등이 성희롱, 성범죄 대책위원회 권고사항에 대한 이행 현황을 발표하였다. 이행점검 TF에서 요구하는 자료 및 위원들이 요구하는 자료가 매우 많았다.* 7월 9일 박원순 서울시장이 사망하였다는 소식을 접했다. 성평등 등과 관련한 주제로 논의하던 중 발생한 사건이다.

7월 13일 월요일 41차 회의가 개최되었다. 이행점검 TF 회의를 거쳐 본회의에서는 검찰 권한 분산 및 독립성 보장을 위한 방안과 법무부 위원회별 권고사항에 대한 이행 여부 점검을 논의하였다. 검찰 권한 분산 및 독립성 보장을 위하여 대검찰청, 검찰총장의 권한 분산 등에 대하여 논의하였다. 권한 분산과 관련하여 대검 권한을 어느 정도 축소할 것인지, 그 권한을 고등검찰청에 분산하는 것이 옳은지, 아예 고등검찰청을 폐지하는 것이 옳은지, 불필요한 조직으로 평가받는 고등검찰청의 권한을 강화하는 것이 제대로 된 개혁 방향인지 등이 주요한 내용이었다.**

7월 17일 오후 두 시에는 대한변협에서 공수처와 수사권 조정 관련 심포지엄이 열렸다. 법무검찰개혁위원회와 직접 관련은 없는 활동이기는 하나, 나는 대한변협 인권위원회 사법인권소위위원장 직책에 있었으므로 대한변협 활동 일환으로 공수처에 관해 발제를 하였다. 토론자로는 금태섭 변호사, 석동현 변호사, 형사정책연구원의 박준휘 씨가 참

---

\* 2기 법무검찰개혁위원회 백서 678~689쪽
\*\* 2기 법무검찰개혁위원회 백서 690~693쪽

석하였고, 많은 청중이 참여하였다. 금태섭 변호사와 석동현 변호사는 공수처 설립에 반대 의견을 내었다. 나는 찬성 의견을 내면서 어떤 제도도 완벽할 수 없고 공수처 역시 완벽한 제도가 될 수는 없지만, 검찰 권력이 지나치게 강한 시대 상황을 고려할 때 현 단계에서는 필요한 제도라고 주장하였다. 이어서 이루어진 검경 수사권 조정 토론회는 실망스러웠다. 토론자로 참석한 일부 사람은 제도개혁에 대한 이해가 낮았고, 기본적으로 토론이 무엇인지 모르는 것 같았다. 다른 일도 마찬가지지만 심포지엄을 할 때도 인선이 중요하다는 것을 느꼈다.

　7월 20일 월요일 42차 회의가 개최되었다. 이행점검 TF를 먼저 개최하여 이행 현황을 점검하는 시간을 가졌다. 전체회의에서 이행점검 방식과 결과 발표에 관하여 논의하기로 하였다. 본회의에서는 2기 법무검찰개혁위원회를 중심으로 이행 점검을 하고 그 외 다른 위원회의 권고사항에 대해서도 필요한 범위에서 정리해서 발표할 필요가 있다는 의견이 주를 이루었다. 검찰총장의 수사지휘권 분산, 검사 인사 관련 의견 진술 절차 등에 관해서 기존에 발제한 내용에 더해서 발제가 이루어졌다. 수사지휘권 부분에 대해서는 의견이 잘 모이지 못하고, 최근 장관의 수사지휘권 행사 관련하여 위원들도 의견을 신중하게 피력하는 분위기였다. 이론적으로 연구된 부분이 많지 않아 총장의 수사지휘권을 분산할 필요가 있는지, 분산해야 한다면 어떻게 분산해야 하는지 결정하기 쉽지 않았다. 개인적으로는 검찰조직이 본연의 기능인 기소, 사법통제 관련 권한만을 가지고 수사를 하지 않는 제도개혁이 이루어지면 고민할 필요가 없는 주제라는 생각이었다. 현실을 고려하여 수사지휘권 부분에 개선이 필요하다고 생각하는 위원이 많아서 다음 주에 권고안을 내기로 하였다.* 익숙하지 않은 주제가 많고, 초기에 집중적으로 권고를 한 탓인지 세 차례 회의를 거치는 동안 권고안을 내지 않았다.

7월 27일 월요일 43차 회의가 개최되었다. 이행점검 TF를 한 후 본회의가 개최되었다. 법무부장관과 검찰총장의 수사지휘권 제도 개혁 등에 대한 발제 및 논의가 있었다. 정영훈 위원이 발제를 담당하였다. 위원들의 허심탄회한 의견을 듣기 위하여 회의록을 작성하지 않고 대화하였다. 다른 권고안과 달리 의견이 잘 모이지 않아서 위원 다수 의사를 확인한 후 권고하기로 하였다. 위원 간에 의견이 끝까지 일치하지 않았다. 찬성하는 측은 검찰총장에 집중된 권한을 줄여 상명하복 문화를 개선하고, 검찰 내부 권력 견제와 균형이 작동하도록 하는 취지였는데, 반대 입장에서는 법무부장관 권한이 상대적으로 너무 강해지는 것으로 이해될 소지가 있다는 것이었다. 토의 과정에서도 그 점을 중시하여 법무부장관의 수사지휘권도 절차적, 내용적 제한을 가하는 방향으로 논의를 하였다. 그 외에 검찰총장을 현직 검사 중에서만 임명하는 관행도 개선할 것을 권고하기로 의결하여 권고안을 작성 후 브리핑을 하였다.**

권고안 주요 내용은 검찰 수사의 정치적 중립성을 보장하기 위하

---

\*   2기 법무검찰개혁위원회 백서 694~697쪽

\*\*   2기 법무검찰개혁위원회 백서 269~285쪽, 698~701쪽

여 법무부장관의 구체적 수사 지휘는 각 고등검사장에 대하여 서면으로 하되 사전에 고등검사장의 서면 의견을 받을 것, 법무부장관의 구체적 사건에 대한 수사 지휘 중 불기소 지휘는 원칙적으로 금지할 것, 검찰총장의 구체적 수사 지휘는 각 고등검사장에게 분산할 것, 고등검사장의 수사 지휘는 서면으로 하고 수사 검사의 의견을 미리 서면으로 받아볼 것이 주요 내용이었다. 법무부장관의 검사 인사 시 검찰총장 의견 청취 절차를 개선하여 검찰 인사위원회 역할도 강화하도록 하였다. 또 검찰총장을 현직 검사 중에서만 임명하는 관행을 개선하여 다양화하도록 권고하였다.

    이에 대한 언론의 반응은 2020년에 들어 한 권고안 중 가장 뜨거웠다.[*] 거의 모든 언론에서 며칠에 걸쳐 수백 건의 보도를 하였다. 위원회가 총장의 수사지휘권 이관 외에 여러 권고를 하였음에도 불구하고, 법무부장관의 수사지휘권 행사와 맞물려 언론의 관심은 검찰총장 수사지휘권 이관(검찰총장 입장에서는 폐지) 문제에만 집중하였다. 시민사회단체에서도 이와 관련하여 논평을 내었다. 언론 보도, 시민사회단체 성명(대한변호사협회, 경제정의실천시민연합, 참여연대 등), 정치권의 반응[**]을 보니 권고안의 내용에 대한 깊은 이해는 보이지 않았다. 위원회에서는 법무부장관을 옹호할 의사가 전혀 없었고, 법무부장관의 수사지휘에 대한 절차적, 내용적 제한[***]이 상당한데도 이에 대한 분석은

---

[*] &lt;매일경제&gt; 개혁위 "검찰총장 수사지휘권 폐지·비검사 총장 임명" 권고(2020.7.27.)

[**] &lt;한국일보&gt; 장제원 "검찰총장수사지휘권 폐지? 윤석열 숨통 끊으려는 것"(2020.7.28.), &lt;서울경제&gt; '총장 수사지휘권 폐지' 권고안에 심상정 "검찰 개혁에 위배... 문 대통령 중심 잡아야"(2020.8.3.)

[***] &lt;내일신문&gt; 법무검찰개혁위원회 '검찰총장수사지휘권 폐지' 권고의 진실 "법무부장관 수사지휘권 오히려 절차적 제한 강화"(2020.7.31.)

별로 보이지 않았다. 일방적으로 법무부장관에 유리한 권고안으로 해석하고 있었다.* 위원회에서는 아직 검찰 권한이 축소되지 않은 상황을 전제로 검찰총장의 수사지휘권 행사와 법무부장관의 수사지휘권 행사를 제한하기 위하여 상당히 오랫동안 논의한 내용이었고, 이를 계기로 전체적인 수사지휘권에 대한 합리적 개선안 도출을 위한 논의를 시작하는 것도 가능할 텐데 그런 방향으로 논의가 전개되지 않았다. 한국사회가 진영으로 나뉜 사회임을 확인할 수 있었다. 시민사회단체도 일방적으로 반대하는 경우가 많았다. 오랫동안 이 문제에 천착해온 시민사회단체라면 권고안에 대한 이해를 바탕으로 좀 더 진전된 연구를 하자는 의견을 낼 필요가 있다고 생각했는데 그런 논의는 보이지 않았다. 시민사회단체는 의견을 단 하루 만에 내었다. 깊은 검토를 하였는지 의문이었다. 그동안 위원회가 수많은 권고안을 발표하였는데 이를 지지하고 법무부나 검찰에 독려하는 내용의 성명은 내지 않고, 탐탁지 않은 권고안이 나왔을 때 반대 성명만 발표하는 것이 과연 검찰개혁에 도움이 된다고 생각하는지 이해하기 어려웠다. 권고안을 발표 한 다음 날부터 휴가였는데 항의 전화와 위로 전화를 받느라고 휴가를 즐기지 못하였다. 일부 언론은 기회를 만난 듯 수사지휘권 권고안을 비난하고, 심지어 일부 언론은 나를 불온한 사람으로 매도하기까지 하였다. 방송 출연 요구도 많았으나 오해를 피하기 위하여 모두 고사했다. 담당 위원은 권고안 발표 이후 방송 출연 등으로 매우 바빴다고 하였다.

---

* <한겨레> 장관이 고검장 직접 지휘...'권력형 비리 수사' 입김 우려(2020.7.27.), <SBS> 총장 대신 법무부장관에 권한 집중... '검찰청법' 개정은?(2020.7.27.), 그 외에도 고검장에게 권한을 분산한다는 내용보다는 윤석열 총장을 허수아비로 만든다, 종이 검찰화 등 자극적인 내용이 담긴 기사가 상당수 나왔다

## 24) 범법정신질환자와 수용자 자녀 인권 보호

휴가 후 2주 만인 8월 10일 월요일 44차 회의를 개최하였다. 법무부 장관과 검찰총장의 수사지휘권 개혁 권고안 후폭풍이 어느 정도 마무리된 시점이었다. 하지만 위원 간에 아직도 토론의 여진이 남아 있는 듯하였다. 위원회별 권고사항 이행 점검에 관한 논의, 검찰 성평등과 일, 가정 균형을 위한 실천 방안 마련에 관한 논의를 계속하였다. 법무와 관련해서는 정신질환 범죄자 관리 체계 개선에 관한 논의도 시작하였다.[*]

8월 17일 월요일은 휴일이라 24일 월요일에 45차 회의가 개최되었다. 한영선 위원의 발제로 범법정신질환자 관리 체계 개선에 관한 논의를 계속하였다. 논의를 하던 중 치료감호소 업무 현황에 대한 보고를 받았다. 의료 인력 부족이 심각한 상황이었다. 이어서 유승익 위원이 법무부, 대검찰청 비공개 규정 관련 발제를 하였다. 정보를 다루는 국정원이나 군사 기밀이 많을 수밖에 없는 국방부와 비교해도 지나치게 비공개 규정이 많다는 것을 확인했다. 계속해서 검찰 성평등과 일, 가정 균형을 위한 실천 방안 마련에 관한 논의를 하였다. 성평등과 일, 가정 균형 실천 방안 마련은 두 주제가 논점이 다른 부분이 있어 하나의 권고로 하는 것이 적절할지에 대한 이견으로 토론을 계속하기로 했다.[**]

---

[*]   2기 법무검찰개혁위원회 백서 702~706쪽
[**] 2기 법무검찰개혁위원회 백서 707~711쪽

8월 31일 월요일 46차 회의가 개최되었다. 팬데믹 상황이라 개최 여부를 망설였다. 전광훈 목사가 무리하게 집회를 강행하면서 우려가 더 커지는 상황이었다. 그러나 상황이 계속되면 앞으로 회의를 전혀 진행하지 못할 수도 있다는 판단으로 일단 진행하기로 하였다. 범법정신질환자 치료 환경 개선에 관한 수정 발제를 들었다. 토의를 계속해도 토의할 내용이 계속 나온다. 검찰의 성평등과 일, 가정 균형을 위한 실천 방안 마련에 관한 논의도 계속하였다. 수용자 자녀 인권 보호를 위한 정책 개선 논의는 이번 회의에서 처음 발제가 되었다. 그 외 구속자 석방 제도, 영장 항고 제도 등 도입에 관한 논의를 하였다*. 논의가 있었지만 위원회가 권고하는 것이 적당하지 않은 경우 토의를 거쳐 발표하지 않는 경우가 있는데, 구속자 석방 제도, 영장 항고 제도 도입은 충실한 발제에도 불구하고 권고하지 않기로 결의되었다. 위원회 임기가 만료되어 가는 시점이라 위원들이 생각하던 것을 권고안으로 정리해와서 많은 발표가 이루어졌다.

법무부가 위원회 임기를 연장할 수 있는지 물어왔다. 위원들에게 의견을 물어보았는데 원래 예정된 시한에 끝내는 것이 좋다는 의견이 우세했다. 신규 위촉 위원들은 열의를 보이고 있지만 처음부터 위촉된 위원들은 너무 고생을 해서 연장하기 힘다고 판단하였다.

47차 회의는 9월 7일 월요일에 개최하였다. 시설 내 정신질환자 치료 환경 개선에 관한 발제를 듣고 토론을 계속했다. 시설 내외 정신질

---

* 2기 법무검찰개혁위원회 백서 712~716쪽

환자에 대한 대책을 모두 검토하였으나 현실적 고려로 시설 내 정신질환자 치료 환경 개선을 주로 논의하였고, 사회 내 정신질환범죄자의 경우는 치료 및 지원을 강화하는 것으로 정리하였다. 정신질환자와 범죄가 직접적으로 연관된다는 인상을 주면 곤란하므로 그 점에 유의해야 한다는 위원들의 의견은 경청할 만했다. 차기 회의에서 다시 논의하기로 하였다. 수용자 자녀 인권 보호를 위한 정책 개선에 관한 논의도 계속하였다. 이어서 천관율 위원이 '국민께 드리는 글' 초안을 작성해서 발표하였다. 이 부분은 위원장인 내가 부탁한 적이 없는데도 천 위원이 다른 위원들과 의논을 거쳐 자발적으로 작성한 것이었다. 관점이 신선하고 내용이 잘 정리되어 있었다. 위원회를 마치면서 위원회가 하고 싶던 이야기를 국민에게 알리는 내용인데 많은 위원이 발표에 찬성하였다. 내용을 보강해서 위원회가 공식적으로 회의를 마치는 날 브리핑을 하기로 하였다.[*]

9월 14일 월요일 48차 회의가 개최되었다. 정신질환범죄자 치료 환경 개선 논의, 수용자 자녀 인권 보호를 위한 정책 개선에 관한 논의를 마쳤다. 검찰의 성평등 인사와 일, 생활 균형을 위한 구체적 실천 방안에 관한 논의는 계속하기로 하였다. 두 주제에 대하여 권고를 하고 브리핑을 하였다.[**][***] 검찰 관련 부분이 아니라 관심도는 낮았지만 보람 있는 권고였다. 정신질환범죄자 치료 환경 개선 권고와 관련된 부분은

---

[*]   2기 법무검찰개혁위원회 백서 717~719쪽

[**]  2기 법무검찰개혁위원회 백서 286~294쪽, 720~727쪽

[***] 2기 법무검찰개혁위원회 백서 295~310쪽, 720~727쪽

시설 내, 사회 내로 구분하여 치료감호소 강화, 교정 시설 수용 중인 정신질환자에 대한 처우 및 관리 강화를 권고하였고, 사회 내 정신질환자의 경우는 한국법무보호복지공단이 지원 방안을 강구하고, 보호관찰관 역할을 강화하는 내용을 권고안으로 담았다.* 수용자 자녀 인권 보호를 위해서는 체포, 구속, 수용 단계를 구분하여 수용자 자녀 보호책을 강구하라는 내용을 담았다. 수용자 자녀가 사회 관심 밖에 있다는 것이 논의 과정에서 확인되었다. 양육자 범위 확대, 접견권 보장 및 강화, 가족 관계 회복 프로그램 보완, 특별법 제정 등을 권고하였다.** 권고안 속에 담긴 '잊힌 피해자' 라는 문구가 마음에 와 닿았다. 두 권고안을 한 번에 발표했다.

## 25) 검찰 성평등 인사와 일, 생활 균형 실현

9월 21일 월요일 49차 회의가 개최되었다. 검찰의 성평등 인사와 일, 생활 균형 실현 방안에 관한 논의를 완료하여 권고안을 발표하였다.***

남은 시간 동안에는 마지막 권고안이 될 법무부 대검찰청 비공개 규정 공개 및 투명성 제고에 관한 논의를 하였다. 국민께 드리는 글 수정 작업도 계속하였다. 권고안 요지는 성평등 인사 실현을 위한 성평등 검사 인사 기본 계획 수립, 성평등 관점에서 검사 임용 절차 검증 및 투명

---

\* <한국일보> 제2의 안인득 사건 막는다...檢개혁위 정신질환 범죄 관리 개선 권고(2020.9.14.),
<세계일보> 정부, 정신질환 범죄자 치료 강화해야(2020.9.14.)

\** <경향신문> 부모 체포·구속 장면 자녀가 못 보게 개선...남겨진 자녀는 아동보호체계와 연계(2020.9.14.)

\*** 2기 법무검찰개혁위원회 백서 311~323쪽, 728~733쪽

한 운용, 일,생활 균형 업무 환경 조성을 위해서 시스템을 마련하고, 돌봄 역할자도 공존할 수 있는 인사 시스템을 마련하라는 내용이었다. 검찰 관련 문제라서 그런지 언론에서도 상당량 보도하였다.*

### 26) 마지막 회의

9월 28일 월요일 마지막 회의인 50차 회의가 개최되었다. 법무부로부터 감사패를 받고 장관, 장관 보좌진 등과 모든 위원이 같이 점심식사를 하였다. 식사를 마치고 회의실로 복귀하여 법무부, 대검의 비공개 규정 공개에 관한 논의를 지난 회의에 이어서 계속하였다. 헌법상 기본권 및 권익과 관련하여 공개가 필요한 경우, 법무, 검찰 행정의 투명성 향상을 위해 공개를 하도록 하고, 부득이 비공개로 유지되어야 하는 경우에는 해당 내부 규정 이름을 법무부 및 대검찰청 홈페이지에 공개할 것을 권고하였다. 정보를 공개하지 않는 것은 폐쇄적인 조직의 특징이다. 이를 통하여 조금이라도 자의적인 검찰권 행사를 방지할 수 있지 않을까 한다.

국민께 드리는 글도 최종 검토하였다.** 2기 법무검찰개혁위원회 활동을 기록으로 남기기 위하여 백서를 만들기로 하였다. 관례화된 일이다. 마지막 브리핑을 하였다.*** 브리핑에 이어 국민께 드리는 글을 기자

---

\*  <아시아경제> 법무검찰개혁위,"남성 중심 검찰 문화 바꿔라"(2020.9.21.), <YTN> 檢개혁위 "고위급 여검사 늘리고 임용때 성차별 점검" 권고(2020.9.21.)
\*\*  2기 법무검찰개혁위원회 백서 734~737쪽
\*\*\*  2기 법무검찰개혁위원회 백서 325~331쪽

들 앞에서 낭독하였다. 15분 정도 걸리는 긴 글이었다. 2기 법무검찰개혁위원회 활동에 대한 국민들의 이해를 구하기 위한 의도가 잘 표현되었다. 위원회 활동은 주로 제도적인 법무, 검찰개혁에 집중했다는 사실을 부각하고, 어떠한 편향이 없었음을 밝히면서 앞으로도 국민을 위한 제도개혁이 계속되어야 한다는 위원들의 생각을 담은 글이다.[*]

> 위원회는 과연 진정한 검찰개혁이란 무엇인가를 엄중히 고민했습니다. 검찰개혁은 검찰 스스로 권력이 되는 무소불위의 시대를 이제는 끝내자는 것입니다. 동시에 검찰은 정치권력의 뜻대로 움직이는 기관이 돼서는 안 됩니다. 무소불위의 권한은 누가 갖든 문제를 일으킵니다. 누구도 권한을 마음대로 휘두를 수 없도록 검찰권을 분산하고 견제와 균형이 작동하도록 만드는 것, 그것이 검찰개혁의 핵심 과제입니다.
>
> 2기 법무검찰개혁위원회 <국민께 드리는 글> 중

위원회 활동 종료와 더불어 마지막 권고 내용과 국민께 드리는 글의 내용을 여러 언론에서도 관심을 가지고 보도하였다.[**] 이로써 50번의 회의, 25차에 걸친 권고를 한 2기 법무검찰개혁위원회 활동을 마무리하였다. 활동 종료를 하는 시점에도 언론은 보는 관점에 따라 위원회를 향한 엇갈리는 시각을 보이는 보도를 하였다. 시대적 사명인 권력기관

---

[*] 2기 법무검찰개혁위원회 백서 332~338쪽

[**] <세계일보> (어떻게 생각하십니까) "어떤 정권도 검찰을 무기로 쓸 수 없게"... 검찰개혁위 활동 종료 (2020.9.28.), <YTN> 법무부 검찰개혁위 '법무부 대검 비공개 내부규정 공개해야', <머니투데이> "무소불위 권한, 누가 갖든 문제" 조국이 만든 '검찰개혁위' 소회(2020.9.28.)

개혁을 정략적인 소재로 사용하는 현실이 안타까웠다.

2020년 9월 28일 정부과천청사 법무부에서 열린 제2기 법무·검찰 개혁위원회 감사패 수여식

# 보충자료

<2기 법무검찰개혁위원회 백서> 중 주요 권고안 및 보도자료, 위원회 활동을 마치며 발표한 '국민께 드리는 글' 등을 보충자료로 첨부한다.

# 보 도 자 료

| 보도일시 | 배포 즉시 보도 | 배포일시 | 2019. 10. 7.(월) |
|---|---|---|---|
| 담당부서 | 법무·검찰개혁위원회 | | |
| 위원장 | 김 남 준 | 위원회 대변인 | 정 영 훈(010-7179-3241) |

## 『검찰에 대한 법무부의 감찰권 실질화 (셀프감찰 폐지)방안 마련』권고

□ 법무·검찰개혁위원회(위원장 김남준, 이하 '위원회'라 함)는 2019. 10. 7.(월) 검찰에 대한 법무부의 감찰권 실질화(셀프감찰 폐지)방안에 대해 심의, 의결하고 다음과 같은 권고를 하였습니다.

### 권고 개요

1. 검찰에 대한 법무부의 감찰권 실질화(셀프감찰 폐지)와 관련하여,

가. 법무부는 검찰에 대한 감찰권을 실질화 하고 검찰의 셀프감찰을 폐지하기 위하여 법무부의 감찰을 2차적 감찰로 축소하고 있는 '법무부 감찰규정'(법무부훈령) 제5조 및 검찰청에 대한 법무부 감사를 배제하고 있는 '법무부와 그 소속기관 직제 시행규칙'(법무부령) 제1조의3 제2항, '법무부 자체감사규정'(법무부훈령) 제2조를 즉시 삭제할 것을 권고합니다.

나. 법무부의 검찰에 대한 실질적이고 실효성 있는 감찰을 수행하기 위하여 검찰에 대한 감찰전담팀 구성하는 등 법무부 감찰조직과 인력, 예산 등을 충분히 확보할 것을 권고합니다.

다. 검사가 법무부 감찰관이 될 수 있도록 규정하고 있는 '법무부와 그 소속기관 직제'(대통령령), '법무부와 그 소속기관 직제 시행규칙'(법무부령) 등에서 검사를 제외하는 것으로 즉시 개정하고, 법무부 감찰관실 감찰담당관, 감사담당관 역시 비검사를 임명하도록 '법무부와 그 소속기관 직제 시행규칙'(법무부령) 규정 등 관련규정을 즉시 개정할 것을 권고합니다.

라. 대검찰청의 검사에 대한 감찰을 폐지(셀프감찰 폐지)하고, 그 밖의 사안에서 대검찰청의 감찰이 법무부의 감찰권 행사와 경합하는 경우 법무부의 감찰이 우선하도록 '검찰청 사무기구에 관한 규정'(대통령령), '법무부와 그 소속기관 직제'(대통령령) 등을 즉시 개정할 것을 권고합니다.

마. 검찰에 대한 감찰의 실효성을 확보하기 위하여 검찰의 감찰거부에 대한 대책 및 관련 자료에 대한 열람, 등사 거부 관행을 폐지하는 방안을 즉시 마련할 것을 권고합니다.

바. 법무부의 실질적인 감찰권 행사를 위하여 검사의 위법수사, 검사의 권한 남용(검찰청법 제4조 제2항)의 사정이 발생하는 경우 등 검찰에 대한 필요적 감찰을 시행할 근거규정을 마련할 것을 권고합니다.

## 2. 법무부 감찰의 독립성, 중립성, 공정성 확보와 관련하여,

가. 법무부 감찰관(감찰담당관, 감사담당관 포함) 및 법무부감찰위원회의 독립성, 중립성, 공정성을 확보할 수 있는 종합적 방안을 마련할 것을 권고합니다.

나. 법무부 감찰의 남용 방지를 위해 '법무부감찰위원회규정'(대통령령), '법무부감찰위원회규정 운영세칙'(법무부훈령) 등을 개정하여 법무부감찰위원회의 구성, 권한, 감찰대상 등에 위원회의 독립성을 부여할 수 있는 방안을 마련할 것을 권고합니다.

□ 권고 배경

○ 법무부는 '정부조직법', '검찰청법', '법무부와 그 소속기관 직제'(대통령령) 등에 따라 검찰청에 대한 지휘·감독권한이 있고, 이를 실질화 하기 위해 감찰권이 존재함. 그러나 법무부는 하위 규정인 '법무부 감찰규정'(법무부훈령)에서 검찰에 대한 감찰권을 2차적 감찰로 규정하였고, '법무부와 그 소속기관 직제 시행세칙'(법무부령), '법무부 자체감사규정'(법무부훈령)에서 검찰청에 대한 감사를 제외하여 사실상 감찰권, 감사권 행사를 포기하고 있었음

○ 이를 통해 그 동안 검사의 비위행위에 대해 검찰의 셀프감찰을 통해 제식구 감싸기식 감찰을 했고 그 과정을 공개하지 않아 제대로 된 감찰을 하지 않았다는 비판이 존재함

○ 민주주의의 원리에 따라 검찰에 대한 외부의 견제와 통제장치를 마련하고 검찰에 대한 문민통제의 필요성이 높아져 법무부의 검찰에 대한 감찰권 실질화(셀프감찰 폐지)를 권고하게 되었음

○ 한편 법무부의 감찰권 남용을 방지하고 독립성, 공정성, 중립성을 확보하기 위한 방안을 마련할 것을 권고하게 되었음

1 법무부 감찰규정 제5조, 법무부와 그 소속기관 직제 시행규칙 제1조의3 제2항, 법무부 자체감사규정 제2조 삭제 권고

  ○ 법무부의 검찰, 검사에 대한 감찰권, 감사권 근거 규정은 다음과 같음

<관련 규정>

◆ 정부조직법

제7조(행정기관의 장의 직무권한) ① 각 행정기관의 장은 소관사무를 통할하고 소속공무원을 지휘·감독한다.

제32조(법무부) ① 법무부장관은 검찰·행형·인권옹호·출입국관리 그 밖에 법무에 관한 사무를 관장한다.

② 검사에 관한 사무를 관장하기 위하여 법무부장관 소속으로 검찰청을 둔다.

◆ 검찰청법

제8조(법무부장관의 지휘·감독) 법무부장관은 검찰사무의 최고 감독자로서 일반적으로 검사를 지휘·감독하고, 구체적 사건에 대하여는 검찰총장만을 지휘·감독한다.

◆ 법무부와 그 소속기관 직제(대통령령)

제4조의3(감찰관) ①감찰관은 검사 또는 고위공무원단에 속하는 일반직공무원으로 보한다. <개정 2017. 10. 20.>

② 감찰관은 다음 사항에 관하여 장관을 보좌한다. <개정 2010. 8. 2.>

2. 진정 및 비위사항의 조사·처리(검찰청 소속 공무원에 대해서는 구체적인 사건의 수사·소추·재판에 관여할 목적으로 행하여지는 것은 제외한다)

3. 법무부 및 검찰청에 대한 감사(검찰청에 대해서는 구체적인 사건의 수사·소추·재판에 관여할 목적으로 행하여지는 것은 제외한다)

◆ 법무부감찰위원회규정(대통령령)

제1조 (목적) 이 영은 법무부와 그 소속기관·산하단체 및 검찰청에 대한 공정하고 투명한 감찰·감사업무 수행과 관련된 법무부장관의 자문에 응하게 하기 위하여 법무부에 감찰위원회를 두고 그 구성·임무·운영 및 그 밖의 필요한 사항을 정함을 목적으로 한다.

제2조 (감찰위원회의 임무) ①감찰위원회(이하 "위원회"라 한다)는 다음 각호의 사항을 토의하고, 위원장은 토의결과에 따른 의견을 법무부장관에게 제시하며, 필요한 조치를 권고할 수 있다. <개정 2008. 12. 31.>

> 1. 감찰관실 운영의 기본방침에 관한 사항
> 2. 연도별 감찰·감사활동의 기본계획에 관한 사항
> 3. 중요 감찰·감사 사건의 조사방법·결과 및 그 조치에 관한 사항
> 4. 그 밖에 법무부장관이 감찰·감사에 관하여 자문을 요청한 사항
>
> ② 제1항제3호의 규정에서 "중요 감찰·감사 사건"이라 함은 다음 각호의 어느 하나에 해당하는 사건을 말한다. <개정 2006. 6. 12.>
>
> 1. 검사, 소속기관의 장, 산하단체의 장 또는 법무부, 검찰청의 3급 공무원, 고위공무원단에 속하는 일반직공무원에 대한 감찰·감사 사건
> 2. 그 밖에 법무부·검찰청 소속공무원에 대한 감찰·감사 사건 중 법무부장관이나 위원회가 중요사건이라고 지정한 사건

○ 그러나 위 법률과 대통령령보다 하위 규정인 '법무부 감찰규정'(법무부훈령) 제5조에서 "검찰의 자체 감찰의 자율성을 보장하기 위하여 검찰청 소속 공무원에 대한 비위조사와 수사사무에 대한 감사는 <u>검찰의 자체 감찰후 2차적으로 감찰을 수행한다</u>"라고 규정하고 있는바 이는 법무부가 직접 감찰을 하도록 한 상위규정에 위반하는 것으로 볼 수 있고, 법무부가 검찰에 대한 감찰권을 사실상 포기하고 있는 것으로 평가할 수 있음

○ 마찬가지로 하위 규정인 '법무부와 그 소속기관 직제 시행규칙'(법무부령) 제1조의3 제2항에서는 감사담당관의 업무에서 검찰청을 제외하고 있고, '법무부 자체감사규정'(법무부훈령) 제2조에서는 "법무부 및 그 소속기관(<u>검찰청 제외</u>)과 산하단체에 대하여 실시하는 감사는 다른 법령에 특별한 규정이 있는 경우를 제외하고는 이 규정에 의한다"라고 규정하여 특별한 이유 없이 검찰청에 대한 감사를 제외하고 있음

○ 따라서 법무부가 검찰에 대한 감찰권을 실질적으로 행사하고 검찰의 셀프감찰을 폐지할 수 있도록 '법무부 감찰규정'(법무부훈령) 제5조를 즉시 삭제하고 이와 관련하여 검찰청에 대한 감사와 조사 개시를 2차적으로 규정하고 있는 제12조, 제15조를 법무부의 직접 감사와 조사로 즉시 개정할 것과 '법무부와 그 소속기관 직제 시행규칙'(법무부령) 제1조의3 제2항 및 '법무부 자체감사규정'(법무부훈령) 제2조에서 검찰청을 제외한 부분을 즉시 삭제할 것을 권고함

② 법무부 감찰의 공정성, 실효성 확보 방안 마련 권고

○ 법무부의 검찰에 대한 감찰이 셀프감찰을 통한 제식구 감싸기가 되지 않도록 하고 실효성을 확보할 필요성 높음

○ 현행 규정들에 의하면 법무부 감찰관을 검사로 임명할 수 있도록 하고 있고 법무부 감찰관 임용에 피감기관인 검찰총장의 의견을 듣도록 하고 있어 셀프감찰의 근거로 활용되고 있음. 따라서 법무부 감찰관을 검사로 임명하도록 한 '법무부와 그 소속기관 직제'(대통령령), '대검찰청 검사급 이상 검사의 보직범위에 관한 규정'(대통령령), '감찰담당 대검찰청 검사 임용 등에 관한 지침'(법무부예규)의 해당 규정을 모두 삭제하고 검사가 아닌 자로 법무부 감찰관을 임용하여야 함

<관련 규정>

◆ 법무부와 그 소속기관 직제(대통령령)

제4조의3(감찰관) ①감찰관은 검사 또는 고위공무원단에 속하는 일반직공무원으로 보한다.

◆ 대검찰청 검사급 이상 검사의 보직범위에 관한 규정(대통령령)

제2조(보직범위) 대검찰청 검사급 이상 검사는 다음 각 호의 직위에 임용된 검사를 말한다.

6. 법무부 기획조정실장, 법무실장, 검찰국장, 범죄예방정책국장, 감찰관, 출입국·외국인정책본부장

◆ 감찰담당 대검찰청 검사 임용 등에 관한 지침(법무부예규)

제2조(정의) 감찰담당 대검찰청 검사는 법무부 감찰관 및 대검찰청 감찰부장(이하 감찰관 등이라 한다)을 말한다.

제6조(임용절차) ①법무부장관은 검찰총장의 의견을 들어 검찰인사위원회가 추천한 임용 후보자 중 1명을 대통령에게 임용 제출한다.

○ 법무부에서 감찰을 하더라도 실제 법무부 감찰관실 감찰담당관 등이 검사들로 구성되면 여전히 셀프감찰을 피할 수 없으므로 검사들을 배제하도록 관련 규정을 즉시 개정하고, 비검사 감찰담당관, 감사담당관을 신속하게 임명하여야 함

○ 법무부의 검찰에 대한 실질적이고 실효적인 감찰권 행사를 할 수 있도록 법무부 감찰관실에 검찰에 대한 감찰전담팀을 즉시 구성하고 충분한 조직과 인원, 예산 등을 편성하여야 함

○ 감찰대상인 검사 또는 검찰의 관련기록 등사 열람·등사 거부, 비협조 등 감찰거부에 대한 실효적인 대책을 반드시 마련해야 하고 '법무부와 그 소속기관 직제'(대통령령), '법무부감찰위원회규정'(대통령령) 등 관련 규정 개정을 통해 즉시 명문화 할 것을 권고함

3️⃣ 대검찰청 감찰부의 검사에 대한 감찰(셀프감찰)을 즉시 폐지하고, 그 밖의 감찰에 있어 법무부의 감찰권 행사가 우선하도록 '검찰청 사무기구에 관한 규정'(대통령령), '법무부와 그 소속기관 직제'(대통령령) 개정을 권고

○ 검찰에 의한 셀프감찰을 폐지하고, 법무부의 감찰권을 실질화 하기 위해서는 대검찰청의 검사에 대한 자체 감찰 권한을 삭제하여야 함

○ 그 밖의 감찰대상에 대해 대검찰청의 자체 감찰과 법무부의 감찰권 행사가 경합하거나 충돌하는 경우 법률상 감독기관인 법무부의 감찰권 행사를 우선하도록 하여야 함

○ 이를 위해 '검찰청 사무기구에 관한 규정'(대통령령), '대검찰청 사무분장 규정'(대검찰청훈령)에서 검사에 대한 감찰권한을 삭제하고, '법무부와 그 소속기관 직제'(대통령령)에서 법무부의 검찰에 대한 감찰권을 우선하도록 즉시 개정할 것을 권고함

4️⃣ 필요적 감찰대상을 명문화 할 것을 권고

○ 법무부의 검찰에 대한 공정하고 실질적인 감찰권 행사를 위하여 사안이 발생하면 법무부가 반드시 감찰을 실시해야 하는 필요적 감찰대상을 명문화해야 함

○ 검사의 위법수사, 검사의 권한남용(검찰청법 제4조의 제2항)행위나 검찰 수사로 인한 인권침해의 정도가 심한 경우 등에 대해 필요적 감찰대상으로 삼을 필요 있음

○ 이를 위해 '법무부와 그 소속기관 직제'(대통령령), '법무부감찰위원회규정'(대통령령) 등 상위규정에서 필요적 감찰대상을 명문화 할 것을 권고함

## 5 법무부 감찰의 독립성, 중립성, 공정성 확보 권고

○ 법무부의 감찰이 정권의 입맛에 맞게 이루어지는 것을 방지하기 위해 법무부 감찰관 및 법무부감찰위원회의 독립성과 공정성, 정치적 중립성을 확보할 수 있는 방안을 마련할 필요성 높음

○ 이를 위해 법무부 감찰관(감찰담당관, 감사담당관 포함), 법무부감찰위원회의 독립성, 중립성, 공정성을 확보하는 종합적인 방안을 마련할 것을 권고함

○ 법무부 감찰의 남용 방지를 위해 독립성, 중립성, 공정성이 쉽게 훼손되는 것을 방지하도록 법무부감찰위원회의 구성과 권한 등을 상위법령에서 규정할 것을 권고함

○ '법무부감찰위원회규정'(대통령령), '법무부감찰위원회규정 운영세칙'(법무부훈령)의 위원 구성에 1/2미만을 법무부·검찰청 소속 간부(검사장급)으로 임명할 수 있도록 하고 있는 규정 등을 개정하여 내부위원의 비율을 줄이며, 법무부, 검찰 등의 일반공무원에게도 개방하는 등 법무부감찰위원회의 구성, 권한, 감찰대상 등에 위원회의 독립성을 부여할 수 있는 방안을 마련할 것을 권고함

◆ 법무부감찰위원회규정(대통령령)

제3조 (위원회의 구성) ①위원회는 위원장 1인 및 부위원장 1인을 포함한 7인 이상 13인 이내의 위원으로 구성한다.

②위원은 법무부·검찰청 소속공무원과 법무행정에 대한 관심과 사회적 신망이 높고 경험이 풍부한 법조계·학계·언론계·경제계·여성계·시민단체의 외부인사 중에서 법무부장관이 임명 또는 위촉하되, 그 중 2분의 1 이상은 외부인사로 위촉하여야 한다.

③위원장과 부위원장은 위원들의 의견을 들어 공무원이 아닌 위원 중에서 법무부장관이 각각 위촉한다.

◆ 법무부감찰위원회규정 시행세칙(법무부훈령)

제2조(위원회 위원의 위촉등) ① 법무부장관은 법무부·검찰청 소속 공무원인 위원을 법무부 실·국장, 대검찰청 부장검사 또는 지방검찰청 검사장 중에서 임명한다.

②법무부·검찰청 소속 공무원인 위원이 인사이동으로 보직이 변경되거나 사직하게 되면 자동으로 해임되고, 이 경우 법무부장관은 제1항에 열거된 공무원 중에서 새로 위원을 임명한다.

③법무부장관은 외부인사를 신규 위원으로 위촉하거나 연임 위원으로 위촉하는 경우 위촉장을 수여한다.

※ 위원회는 법무부의 검찰에 대한 실질적인 감찰권 행사를 위해 법무부의 탈검찰화가 신속하게 이행될 필요성에 대해 공감하였고, 법무부 탈검찰화에 대한 종합적인 권고안을 마련할 예정임

## 보 도 자 료

| 보도일시 | 배포 즉시 보도 | 배포일시 | 2019. 10. 18.(금) |
|---|---|---|---|
| 담당부서 | 법무·검찰개혁위원회 | | |
| 위원장 | 김 남 준 | 위원회 대변인 | 정 영 훈(010-7179-3241) |

## 『법무부 검찰국 등의 완전한 탈검찰화 (셀프인사 방지) 방안 마련』 권고

☐ 법무·검찰개혁위원회(위원장 김남준, 이하 '위원회'라 함)는 2019. 10. 18.(금) 법무부 검찰국 등의 완전한 탈검찰화(셀프인사 방지) 방안에 대해 심의, 의결하고 법무부장관에게 다음과 같은 권고를 하였습니다.

### 권고 개요

1. 기본 방침

- 법무부 검찰국 등의 완전한 탈검찰화를 즉시 추진할 것을 권고합니다.

2. 추진일정 공표

- 법무부 검찰국 등의 완전한 탈검찰화 추진 일정을 신속하게 확정 공표할 것을 권고합니다. 추진일정에는 탈검찰화 대상 부서와 직위, 비검사 인력충원 방안 등을 구체적으로 명시할 것을 권고합니다.

## 3. 직제 개정

가. 대검찰청 검사급 이상 검사의 보직범위에 법무연수원장, 법무부 기획조정실장, 법무실장, 검찰국장, 범죄예방정책국장, 감찰관, 출입국외국인정책본부장, 법무연수원 기획부장을 규정하고 있는 「대검찰청 검사급 이상 검사의 보직범위에 관한 규정」(대통령령) 제2조 제4호, 제6호, 제9호 규정을 즉시 삭제·개정할 것을 권고합니다.

나. '검사'로만 보하도록 한 「법무부와 그 소속기관 직제」(대통령령) 제10조제1항(검찰국장), 제16조제1항(법무연수원장), 제19조제1항(기획부장) 규정과 「법무부와 그 소속기관 직제 시행규칙」(법무부령) 제6조제2항전단(검찰과장·형사기획과장·공공형사과장), 제11조제2항(기획과장) 규정을 '비검사'로 보하도록 즉시 개정할 것을 권고합니다.

다. '검사'를 보할 수 있도록 한 「법무부와 그 소속기관 직제」 제4조의2제1항(대변인), 제4조의3제1항(감찰관), 제4조의4제1항단서(장관정책보좌관), 제5조제2항(기획조정실장), 제9조제2항(법무실장·법무심의관), 제11조제1항(범죄예방정책국장), 제11조의2(인권국장), 제12조제2항(교정본부장), 제13조제2항(출입국·외국인정책본부장), 제18조제2항(연구위원), 제21조의2제2항(법무연수원 용인분원장), 제34조의4제1항(북한인권기록보존소장) 규정에서 '검사'를 즉시 삭제·개정할 것을 권고합니다.

라. '검사'를 보할 수 있도록 한 「법무부와 그 소속기관 직제 시행규칙」 제1조의2제2항(대변인), 제1조의3제1항(감찰관) 및 제3항(감찰담당관), 제1조의6제2항(기획조정실장) 및 제3항(정보화담당관·형사사법공통시스템운영단장), 제5조제1항(법무실장·법무심의관) 및 제3항(법무과장·국제법무과장·상사법무과장·국가송무과장·통일법무과장·법조인력과장), 제6조제2항후단(국제형사과장·

형사법제과장), 제7조제1항(범죄예방정책국장) 및 제3항(범죄예방기획과장·치료처우과장·보호정책과장), 제7조의2제1항(인권국장) 및 제3항(인권정책과장·인권구조과장·인권조사과장·여성아동인권과장), 제8조제1항(교정본부장), 제9조제1항(출입국·외국인정책본부장), 제10조의2(연구위원), 제13조의2 1항(법무연수원 용인분원장) 및 제3항(법무교육과장), 제19조의3(북한인권기록보존소장) 규정에서 '검사'를 즉시 삭제·개정할 것을 권고합니다.

마. 2018. 6. 21. 제1기 법무·검찰개혁위원회의 권고에도 불구하고 지금까지 이행되지 않은 '검찰국 내 형사법제과 법무실 이관'을 위해 「법무부와 그 소속기관 직제」 제9조제3항 및 제10조제2항 규정과 「법무부와 그 소속기관 직제 시행규칙」 제5조제2항 및 제6조제2항 규정을 즉시 개정할 것을 권고합니다.

4. 법무부 실·국장급 인사

가. 2017. 8. 24. 제1기 법무·검찰개혁위원회의 권고(시한: 2018년 인사시기까지)에도 불구하고 지금까지 탈검찰화가 이행되지 않은 기획조정실장 직위에 즉시 검사 아닌 일반직 공무원(외부인사 포함)을 임명할 것을 권고합니다.

나. 법무부 검찰국장에 대한 직제 규정을 즉시 개정하고, 동 직위에 검사 아닌 일반직 공무원(외부인사 포함)을 임명하는 방안을 신속히 추진하여 2020년 인사시기까지 완료할 것을 권고합니다.

5. 법무부 과장급 이상 인사

가. 2017. 8. 24. 제1기 법무·검찰개혁위원회의 권고(시한: 2018년 인사시기까지)에도 불구하고 지금까지 탈검찰화가 이행되지 않은 대변인, 감찰담당관, 법무실·인권국 소속 과장 직위에 즉시 검사 아닌 일반직 공무원(외부인사 포함)을 임명할 것을 권고합니다.

나. 법무부 검찰국 소속 과장 직제 규정을 즉시 개정하고 동 직위에 즉시 검사 아닌 일반직 공무원(외부인사 포함)을 임명하는 방안을 신속히 추진하여 2020년 인사시기까지 완료할 것을 권고합니다.

다. 법무부 장관정책보좌관 직위에 즉시 검사 아닌 일반직 공무원(외부인사 포함)을 임명하는 방안을 신속히 추진하여 2020년 인사시기까지 완료할 것을 권고합니다.

6. 법무부 평검사 인사

가. 2017. 8. 24. 제1기 법무검찰개혁위원회의 권고(시한: 2019년 인사시기까지)에도 불구하고 지금까지 탈검찰화를 이행하지 않은 법무실·인권국 소속 평검사를 즉시 검사 아닌 일반직 공무원(외부인사 포함)으로 임명할 것을 권고합니다.

나. 법무부 검찰국·기획조정실·감찰담당관실 소속 평검사를 즉시 검사 아닌 일반직 공무원(외부인사 포함)을 임명할 것을 권고합니다.

다. 법무부 탈검찰화가 안정적으로 정착될 수 있도록 평검사 직위에 대해 외부 우수 인력을 영입하여 전문성 및 경험과 역량을 지속적으로 이어갈 수 있는 합리적인 방안을 마련할 것을 권고합니다.

□ 권고 배경

○ 법무부 탈검찰화는 문재인 대통령의 대선공약, 박상기 법무부장관의 취임사, 국정기획자문위원회의 국정과제 등에서 여러 차례 언급되었고 법무·검찰 개혁의 핵심과제이자 출발점임.

○ 1기 법무검찰개혁위원회는 2017. 8. 24., 2018. 6. 21. 두 차례 법무

부 탈검찰화를 권고한 바 있음. 하지만, 법무부는 실·국장급 인사 중 기획조정실장, 과장급 인사 중 대변인, 감찰담당관, 법무실·인권국 소속 과장(이상 2018년 인사시기까지)과 법무실·인권국 소속 평검사(이상 2019년 인사시기까지) 탈검찰화를 권고시한까지 이행하지 않았음. 또한 검찰국 소속 형사법제과를 법무실 소속으로 이관하도록 한 권고도 지금까지 이행하지 않았음. 따라서 위 미이행된 법무부 소속 검사 직위를 즉시 탈검찰화할 것과 검찰국 형사법제과를 법무실 소속으로 이관하도록 관련 직제 규정을 즉시 개정하도록 권고함.

○ 법무부 탈검찰화는 원칙적으로 법무부 소속 직원으로 더 이상 검사가 임명되어서는 아니 되는 '완전한 탈검찰화'를 의미하는 것임. 법무부는 그동안 소속 주요 직제에 대부분 검사를 보임함으로써 검찰의 지휘감독기관으로서의 기능과 역할이 형해화됨. 따라서 「법무부와 그 소속기관 직제」 및 「법무부와 그 소속기관 직제 시행규칙」 규정에서 검사로만 보하거나 검사로 보할 수 있도록 한 관련 규정을 모두 삭제·개정할 것을 권고함.

○ 특히 검찰국의 '완전한 탈검찰화'는 매우 중요함. 법무부는 검사 인사를 통해 검찰을 민주적으로 통제해야 하는 것이 본연의 임무임에도 불구하고 그동안 검사 인사를 담당하는 법무부 검찰국 국장과 과장, 직원 모두에 검사를 임명함으로써 검사 인사를 통한 검찰의 외부적 통제는 유명무실하였고 검찰에 의한 '셀프인사'라는 비판까지 있었음. 법무부의 검사 인사권을 실질화하고 검찰에 의한 '셀프인사 방지'를 위하여 검찰국의 '완전한 탈검찰화'를 권고함.

검찰국의 완전한 탈검찰화에 따른 검사 인사 업무는 탈검찰화의 이행시기를 정함으로써 업무 공백을 메울 수 있고 그동안 법무부가 외부 인사 전문가를 발탁하여 검찰 인사의 공정성과 전문성을 확보하도록 함.

# 법무·검찰 개혁위원회 제4차 권고안
## [사무분담 및 사건배당 기준위원회 신설]

### 1  권고 배경

○ 법무·검찰 개혁위원회는 2019. 10. 7. 사무분담 및 배당절차 투명화를 신속과제로 선정하고, 2019. 10. 11.과 10. 14., 10. 18. 및 10. 21. 등 4차례에 걸쳐 논의를 진행함

○ 법령에 구체적인 기준을 정함이 없이 오직 대검찰청 예규 등에 의하여 운영되고 있는 검찰의 현재 검사에 대한 사무분담 및 사건배당 방식은 투명성이 떨어져 자의적인 사무분담과 배당을 방지할 수 없다는 허점이 있음

○ 기관장에 의한 직접 배당 가능 사건의 범위가 지나치게 포괄적이라는 점, 부장검사에 의한 소속 검사에 대한 배당에 대해서 별다른 통제장치가 없다는 점 등에서 배당권자에게 지나친 재량이 부여되어 있음

○ 지나친 재량 때문에 배당권자에게 영향을 미칠 수 있는 전관변호사 또는 검찰관계자를 통해 '검찰단계에서의 전관예우의 핵심인 배당예우'가 팽배하다는 국민들의 불신이 심화되고 있음

○ 또한 검찰 내부로부터는 경찰송치사건 배당을 줄여주는 등의 일명 '특혜배당'을 통한 '검사 줄세우기 효과', 구속사건 등의 배당을 일시에 몰아주는 일명 '폭탄배당'을 통한 '검사 길들이기 효과'가 발생하고, 불공정한 배당에 기초한 인사평가 실시로 근무성적이 왜곡되어 '과도한 상명하복의 문화'를 확산시킨다는 비판이 제기되고 있음

## 2  현행 사무분담 및 배당제도의 구체적인 문제점

○ 현재 각 검찰청 내 사무분담 및 사건배당에 대한 기준이나 절차를 법령에서 정한 바는 없고, 대검 예규만 사건배당에 관하여 규정하고 있으나, <u>위 예규는 검찰청의 장이 필요하다고 판단하면 모두 직접배당을 할 수 있도록 정하는 등</u>(사건배당지침 제5조 제1항 제13호) <u>임의적 배당을 허용하고 있음</u> ⇨ 직접배당 대상 사건(검찰보고사무규칙 제3조 해당사건 등)

---

**검찰보고사무규칙** [법무부령 제769호, 시행 2012. 4. 12.]

**제3조 【보고대상】** ① 각급 검찰청의 장은 다음의 사건에 관하여 검찰사무보고를 하여야 한다.
1. 법무부소속 공무원의 범죄
2. <u>판사 또는 변호사의 범죄</u>
3. <u>국회의원 또는 지방의회의원의 범죄</u>
4. 4급 또는 4급상당이상 공무원의 범죄 및 5급 또는 5급상당이하 공무원인 기관장의 직무와 관련된 범죄
(중략)
8. 공안사건
9. 「공직선거법」 또는 국민투표법 위반사건
10. <u>정부시책에 중대한 영향을 미칠만한 사건</u>
11. <u>특히 사회의 이목을 끌만한 중대한 사건</u>
12. 형법 제123조부터 제125조까지의 범죄 중 재정결정에 의하여 법원의 심판에 부하여진 사건
13. 범죄수사·공소유지 또는 검찰정책의 수립·운영에 참고될 사건

---

○ 검찰보고사무규칙 등은 각급 검찰청의 장이 스스로 필요성이 있다고 판단하거나(지침 제5조 제1항 제13호) 스스로 사회적 이목을 끌만한 사건이라고 판단하면(규칙 제3조 제1항 제11호) 직접 배당을 실시할 수 있도록 하는 등 <u>기관장이 사실상 모든 사건의 주임검사를 직접 지정할 수 있도록 하고 있음</u> ⇨ 배당권자의 지나친 재량권

○ 사무분담 및 <u>사건배당 절차가 불투명하고 그에 대한 감독장치가 전혀 없어 자의적인 사무분담 결정 및 사건배당을 방지할 수 없음</u> ⇨ <u>재량권에 대한 아무런 통제 없음</u>

○ 이러한 지나친 재량권과 불투명성은 검찰단계에서의 전관예우 및 관선변호에 대한 뿌리 깊은 불신의 배경이 되고 있음

○ 기관장, 차장검사, 부장검사 등 배당권자가 전관변호사 또는 검찰 관계자의 영향력 하에서 사건을 특정한 검사에게 배당하여 처리 방향을 유도할 수 있다는 외관을 창출하고, 사건을 배당받은 검사로 하여금 배당권자의 의중을 의식하게 만들기 때문임

○ 특히 ① 검사, 국회의원 등에 대한 사건, ② 사회의 이목을 끄는 중요사건, ③ 정치적으로 민감한 사건 등을 객관적인 기준에 따라 배당하지 아니하고 배당권자의 의중대로 처리할 가능성이 높은 검사에게 배당하는 방식으로 사건처리방향을 유도할 가능성이 존재함

○ 사무분담 및 사건배당이 객관적인 기준 설정 없이 기관장, 차장검사 등에 의해 불투명하게 이루어짐에 따라 ① 여성검사라는 이유만으로 선호부서에 배치하지 아니하거나 ② 부당한 지시나 요구에 불응할 경우 구속사건 집중배당과 같은 일명 '폭탄배당' 등 다양한 형태의 불리한 배당을 실시하는 방식의 '검사 길들이기 효과'가 발생하거나 ③ 객관적인 이유 없이 특정 검사에게 경찰송치사건 배당을 줄여주고 사회적 주목을 받는 사건들만 반복적으로 배당하는 등 다양한 형태의 특혜배당을 실시하는 방식의 '검사 줄세우기 효과'가 발생한다는 비판이 검찰 내부로부터 다수 제기됨

> ※ 법무부 성희롱·성범죄 대책위원회 2018. 7. 15. 발표 ⇨ 법무·검찰 내 여성구성원의 90.4%(8,194명 중 7,407명)가 참여한 전수조사 결과
>
> "여성검사는 85%가 근무평정, 업무배치, **부서배치**에서 여성이 불리하다고 답변"
>
> "법무·검찰 전체 여성 구성원의 67%는 성범죄에 문제를 제기하지 못하는 이유로 '근무평정과 승진, **부서배치** 등에 부정적 영향'을 꼽음"

○ '검사 길들이기'와 '검사 줄세우기' 등과 같은 차별배당은 검사의 근무실적을 우수하거나 저조하게 유도할 수 있음 ⇨ 인사평가가 부당하게 왜곡될 가능성 발생

○ 이는 결국 기관장 등에 대한 소속 검사의 절대적인 복종을 유도함 ⇨ 부당한 지시나 요구에 연연하지 않는 검사 본연의 역할에 어울리는 수평적 조직문화 구현에 장애사유로 작용함

○ 한편, 직제상 형사부임에도 배당권자가 경찰송치사건을 배당하지 아니하거나 소수만 배당하는 특혜배당을 통해 사실상 직접수사부서로 활용하는 사례가 발생하고 있어 직접수사부서 축소의 취지가 반감될 우려도 제기됨

### 3  사무분담 및 배당제도의 개선방향

○ 현재와 같이 사무분담 및 사건배당 기준 등에 관하여 아무런 법령이 존재하지 않는 상황은 국민의 공정한 수사를 받을 권리 보장을 위해 바람직하지 아니하므로, 검찰의 투명하고 공정한 사무분담 및 사건배당을 담보하기 위해 그 절차 등을 규율하는 법령이 마련되어야 함

○ 배당권자가 사건이 접수된 이후에 사건 별로 임의로 판단하여 배당하는 방식에서 탈피하여, 사무분담 및 사건배당에 관한 기준을 사전에 마련한 뒤 일정한 객관적 기준에 따라 사건배당 등이 공정하게 이루어지도록 하는 시스템을 갖추는 것이 필요함

○ 각 검찰청에 일반검사 대표, 일반직 검찰공무원 등이 참여하는 '사무분담 및 사건배당 기준위원회'(가칭)를 설치하여 사무분담 및 사건배당에 관한 기준을 마련하게 함으로써, 검찰조직 내부의 견제와 균형을 통해 사무분담 및 사건배당 시스템의 투명성과 공정성을 확보하는 것이 바람직함

### 4  권고사항

○ 검찰청법 제11조에 의하여 별지(안)와 같이 '검찰청 사무분담 및 사건배당 기준에 관한 규칙'(법무부령)을 즉시 제정할 것을 권고함

> ※ 검찰청법 제11조("검찰청의 사무에 관하여 필요한 사항은 법무부령으로 정한다")는 검찰사무에 관한 법무부령을 정할 수 있도록 위임하고 있음
> ※ 해당 권고는 법무부에서 사건배당기준 자체를 제시하라는 내용은 아님 ⇨ 객관적 기준을 정하는 절차를 제시하라는 내용임

○ 각 검찰청에 <u>민주적으로 선출된 직급별 검사대표, 일반직 검찰공무원 대표, 외부위원 등이 참여하는 '사무분담 및 사건배당 기준위원회'(가칭)를 설치하고</u>, 해당 위원회를 통해 사무분담 및 사건배당에 관한 <u>투명하고 공정한 기준을 조속히 마련할 것을 권고함</u>

> ※ 수사실무와 현행 배당제도 등의 문제점을 가장 잘 알고 있는 다양한 검찰조직 구성원들이 주도하여 스스로 각 검찰청의 사정에 맞게 배당기준을 정하되, 사전에 객관적인 기준을 정해두고 배당자에게 그 기준에 따라 배당을 실시하도록 하라는 내용임
> ※ 외부위원은 감시자 역할을 해줄 것으로 기대함

○ 검사장 등이 사무분담을 정하거나 사건배당을 실시할 수 있는 것으로 해석 가능한 법령들에 관하여는 위 권고사항의 취지대로 개정할 것을 권고함(예 : '검찰청 사무기구에 관한 규정' 제13조 등)

### 5  사건배당 등 기준위원회 설치로 인한 기대효과

○ 배당절차 투명화로 '전관예우' 불신 차단
　⇨ 배당권자의 재량을 통해 사건처리 방향을 유도한다는 불신 팽배

⇨ 전관예우의 핵심인 '배당예우'를 차단
O 검찰 내부의 '과도한 상명하복 문화' 불식

⇨ 부당한 '특혜배당'(검사 줄세우기)과 '폭탄배당'(검사 길들이기) 방지

O 직제에 드러나지 않는 은밀한 직접수사부서 운용 방지

⇨ 소수의 일부 검사들에게 송치사건을 배당하지 않는 특혜 억제

O 인사평가의 공정성·객관성 증대

⇨ 기준 없는 부서배치 및 사건배당 차별을 통한 불공정한 인사평가 왜곡 방지

### 6  사건배당 기준에 관한 규칙(안)의 주요내용

| 구분 | 주요내용 |
|---|---|
| <제1조><br>목적 | ▶ 사건배당 등의 "기준"을 정하는 "절차"에 관련된 사항을 규율<br>※ 사건배당기준 자체를 규율하는 것은 아님 |
| <제2조><br>설치 | ▶ 각 지방검찰청 및 지청에 의무적으로 회의체 설치<br>▶ 회의체의 명칭<br>- 사무분담 및 사건배당 기준위원회 |
| <제3조><br>구성 | ▶ 위원 구성<br>- 고검검사급 검사 대표 (O명, 내부위원)<br>- 일반검사 대표 (O명, 내부위원)<br>: 여성 1/2 이상<br>※ 2019. 10. 20. 현원 기준, 일반검사 중 여성 비율은 40% 약간 상회 (1382명 중 559명) ⇨ 고검검사급 검사 이상에서 여성은 약 13%에 불과(665명 중 88명)하여 대표 선출에서 대부분 배제될 것으로 예상되므로 일반검사 대표 중 여성 비율을 40%에서 50%로 상향<br>※ 참고사항으로, 양성평등기본법 제21조 제2항은 위촉직의 경우 소수인 성이 40% 이상 되어야 한다고 제시한 바 있음 |

| 구 분 | 주 요 내 용 |
|---|---|
| | - 검사 이외의 일반공무원 대표 (0명, 내부위원)<br>- 외부위원 (0명)<br>▶ 구체적인 위원 수는 해당 지방검찰청 등의 사정에 따라 다를 수 있으므로 별도의 법무부훈령으로 정하도록 함<br>▶ 위원회가 인사권자의 영향력 속에서도 실질적인 기능을 하기 위해서는 일반검사 대표들의 자유로운 활동이 중요함<br>- 내부위원 중 일반검사 대표의 수는 각 검찰청 소속 검사 정원 중 일반검사 정원의 비율과 비례성 유지<br>- 일반검사 회의에서 민주적 선출 |
| &lt;제5조&gt;<br>의결사항 | ▶ 의결사항<br>- 사무분담의 "기준" 및 사건배당의 "기준"<br>- 재배당의 요건 및 절차<br>▶ "기준"을 정할 때, 임의성배제, 전문성, 균형성·형평성, 상위법령 등을 준수해야 함<br>   ※ <u>본 규칙은 법무부령이므로 위원회의 의결사항 역시 상위법령에서 정한 원칙을 위원회 의결을 통해 변경할 수는 없음</u> |
| &lt;제7조&gt;<br>배당실시 | ▶ 검사장, 지청장, 차장검사, 부장검사 등 사건배당자가 위에서 정한 "기준"에 따라 배당 실시<br>▶ 위와 같은 기준에 따라 배당을 실시함에 있어, (기준의 미비 등으로) 배당받을 부서 또는 검사가 다수인 경우에는 해당 부서 또는 검사들 사이에서 자동배당실행 프로그램을 이용하는 등의 전자적인 방법으로 무작위 배당 실시<br>   ※ <u>이런 상황이 발생하지 아니하는 경우에는 무작위 배당이 의무가 아니므로, 위 규칙이 전자적인 배당을 필수적으로 요구했다고 할 수는 없음</u> |

## 법무·검찰 개혁위원회 제6차 권고안
### - 대검찰청 등의 정보수집 기능 폐지 -

### 1 권고 배경

○ 법무·검찰개혁위원회는 '비대해진 검찰조직의 정상화 및 기능 전환'을 검찰개혁의 4대 개혁기조 중 첫째 개혁기조로 발표한 바 있음

○ 인권침해를 방지하기 위해 정보·수사·기소의 기능은 가능한 한 분산되어야 함에도 불구하고, 검찰은 광범위한 정보수집 기능을 보유하고 있음

○ 대검찰청은 실제 수사업무를 하지 않으면서도 검찰 내외부로부터 각종 사건 및 정세 등에 관한 정보를 보고받고 지휘하는 역할을 자체적으로 수행하기 위해 기형적으로 비대화된 조직을 운영하고 있음

○ 대검찰청 차장검사 직속의 수사정보정책관실은 법적 근거가 불명확한 별도의 정보조직으로서, 특정한 목적을 위한 표적적·선택적 정보수집이 가능하며, 검찰의 직접수사를 직·간접적으로 지휘·지원하고 있음

○ 대검찰청 등의 정보수집 기능 및 수사정보 업무를 수행하는 조직을 폐지하는 방안을 통해 비대해진 검찰조직을 정상화하고 대검찰청의 정책기관화를 실현할 필요 있음

### 2 대검찰청 등의 정보수집 기능의 문제점

○ 과거 대검찰청은 범죄정보기획관실을 두고 국회, 정부, 기업 등으로부터 광범위한 범죄정보·첩보 및 사회 관련 동향을 수집하여 검찰총장에게 직접 보고하게 하였음

  - 범죄정보기획관실은 전국의 검찰조직, 재계, 정치권, 관계기관 등에서 각종 정보를 입수하고 생산하여 이를 토대로 분석한 후 각급 검찰청을 지휘하는 역할을 하였음

○ 현 대검찰청 수사정보기획관실은 1995. 3. 1. 「검찰청 사무기구에 관한 규정」 제6조 제1항에서 대검찰청 중앙수사부 산하 범죄정보과로 출발하였고 1999. 1. 10. 동규정 제3조의4에 현재와 같은 범죄정보기획관실이 설치됨

○ 범죄정보기획관실은 대검찰청 차장검사 직속으로 범죄정보의 수집, 분석 업무를 위한 범죄정보기획관을 두고 그 밑에 범죄정보1담당관 및 범죄정보2담당관을 두었으며 문재인 정부가 들어서기 직전 범죄정보기획관실 소속 수사관의 인원은 무려 40여 명에 이르기까지 하였음

○ 범죄정보기획관실은 국회와 정부부처, 기업 등을 상대로 범죄정보로 위장한 국내동향정보를 수집해 검찰총장에게 직보하였고 그 과정에서 야당인사의 비위 첩보를 파악 수집하였으며 박근혜 정부 시기에는 특정인의 라인이 범죄정보기획관실을 차지하는 등 많은 비판을 받았음

○ 그밖에 범죄정보기획관실의 정·재계 및 정부 인사 등에 대한 광범위한 동향 파악 및 첩보 수집 기능이 '하명 수사'로 이어져 대검찰청 등의 힘을 과도하게 키운다는 지적이 잇따르자, 검찰에서는 2018. 2. 범죄정보기획관실을 개편하였음

○ 2018. 2. 수사정보정책관실로 개편 직후 15여명으로 축소·운영된 것으로 알려지기도 하였으나 30명 이상의 조직으로 여전히 운영되고 있음(2019. 10. 28. 현재 <u>34여명</u>[1]) 운영중)

 - 기존 범죄정보기획관, 범죄정보1·2담당관의 명칭을 수사정보정책관 및 수사정보1·2담당관으로 바꾸고 인원 축소(40여명에서 15명)를 단행하였을 뿐 기존의 기능은 그대로 유지하다가 현재 32명의 인원으로 증원하고 운영하고 있음

○ 검찰 "정보조직"의 특성상 인적 규모나 업무 내용을 임의로 확대할 경우 다른 기관이나 외부에서 인지할 방법이 없어 민주적 통제장치가 전무한 실정임

---

[1] 최종 권고안을 수정하는 과정에서 발생한 단순 오기로 언론 브리핑 시 32명으로 구두 수정하여 발표함

○ 더욱이 전국 검찰조직의 정보를 수집·분석함으로써 검찰 내부의 동향을 파악하고, 대검찰청이 조직 전체를 정치적으로 장악하는 데 악용될 여지도 충분히 있음

○ 한편, 각급검찰청의 장은 '사회적 불안을 조성할 우려가 있는 경우', '정당·사회단체의 동향이 사회질서에 중대한 영향을 미칠 우려가 있는 경우', '정부시책에 중대한 영향을 미칠만한 범죄가 발생한 경우' 등에 내용을 요약하여 정보보고를 하여야 한다는 규정은 그대로 유지하고 있음

○ 한편, 대검찰청 검찰개혁위원회는 2018. 9. 13. 제13차 권고(검찰 조직구조 개혁 등 검찰기능 실질화 방안 권고)를 통해 대검찰청의 정책기능을 강화하고 일선청의 자율성을 확대하는 조직개선안, 업무중복 해소를 통한 조직운영의 효율성 제고 및 국가송무수행 기능의 실질화 방안과 검찰의 정책·연구기능 강화 방안 등을 마련하라고 권고한 바 있으나, 이에 대한 이행은 미진한 실정임

○ 또한, 비대화된 대검찰청의 조직은 기능 면에서 법무부 및 일선청과 중복되어 업무효율성을 저해하고 행정력을 낭비한다는 문제점이 수 차례 지적된 바 있음

 - 대검찰청은 실제 수사업무를 하여야 할 이유가 없고, 마찬가지로 수사정보를 수집하고 관리할 특별한 이유도 없다는 지적이 수차례 제기된 바 있음

○ 최근 검찰이 단행한 직접수사부서 축소의 내용을 구체적으로 실현하기 위하여 서울, 광주, 대구지검의 정보수집 기능도 즉시 폐지하여야 하며, 관련 부서도 폐지 또는 개편해야 함

○ 검찰의 정보수집 기능은 법적 근거가 불명확할뿐만 아니라 형사사법체계에서 검찰이 가지는 광범위한 권한과 결합하여 남용과 악용의 위험성이 우려됨

- 왜곡된 정보의 활용에 의한 부적절한 사건 처리의 가능성 및 정치적 목적에 의한 정보 남용의 위험성이 있음
- 위법 수집된 정보 활용의 제도적 통제장치가 부재하여 검찰권의 남용 가능성이 있어 시급히 폐지해야 할 필요성 있음

3  권고 사항

○ 대검찰청 수사정보정책관, 수사정보1·2담당관을 즉시 폐지하고, 이와 관련한 규정을 삭제하는 내용으로 「검찰청 사무기구에 관한 규정」(대통령령)을 즉시 개정할 것을 권고함

| 현 행 | 개 정 안 |
|---|---|
| 제3조의4(대검찰청 수사정보정책관 등의 설치와 그 분장사무) ① 수사정보와 자료의 수집, 분석 및 관리에 관하여 대검찰청 차장검사를 보좌하기 위하여 수사정보정책관을 두고, 그 밑에 수사정보1담당관 및 수사정보2담당관을 둔다. ② 수사정보1담당관은 다음 사항에 관하여 수사정보정책관을 보좌한다. 1. 부정부패사건·경제질서저해사건 등과 관련된 정보와 자료의 분석, 검증 및 평가에 관한 사항 2. 대공·선거·노동·외사 등 공공수사사건과 관련된 정보와 자료의 분석, 검증 및 평가에 관한 사항 3. 신문·방송·간행물·정보통신 | 제3조의4 삭제 |

| | |
|---|---|
| 등에 공개된 각종 범죄 관련 정보와 자료의 분석, 검증 및 평가에 관한 사항<br>4. 그 밖에 중요 수사정보와 자료의 분석, 검증 및 평가에 관한 사항<br>③ 수사정보2담당관은 다음 사항에 관하여 수사정보정책관을 보좌한다.<br>1. 부정부패사건·경제질서저해사건 등과 관련된 정보와 자료의 수집 및 관리에 관한 사항<br>2. 대공·선거·노동·외사 등 공공수사사건과 관련된 정보와 자료의 수집 및 관리에 관한 사항<br>3. 그 밖에 중요 수사정보와 자료의 수집 및 관리에 관한 사항 | |

○ 서울중앙지검 반부패수사부 산하 수사정보과, 수사지원과 및 광주지검, 대구지검의 각 수사과 등의 정보수집 기능을 즉시 폐지하고, 이와 관련한 규정을 삭제하는 내용으로 「검찰청 사무기구에 관한 규정」(대통령령)을 즉시 개정할 것을 권고함

| 현 행 | 개 정 안 |
|---|---|
| 제13조(서울중앙지방검찰청에 둘 부와 그 분장사무) ⑥반부패수사제1부장·반부패수사제2부장·반부패수사제3부장 및 반부패수사제4부장은 다음 사항을 분장하며, 각 부장 간의 사무분담은 검사장 | 제13조(서울중앙지방검찰청에 둘 부와 그 분장사무) ⑥반부패수사제1부장·반부패수사제2부장·반부패수사제3부장 및 반부패수사제4부장은 다음 사항을 분장하며, 각 부장 간의 사무분담은 검사장 |

| | |
|---|---|
| 이 정한다.<br>1. 검사장이 지정하는 다음 각 목에 해당하는 사건의 수사 및 처리에 관한 사항<br>가. 공무원의 직무 관련 범죄<br>나. 중요 기업범죄<br>다. 그 밖에 가목 및 나목에 준하는 중요 범죄<br>2. 제1호의 사건에 관련된 정보 및 자료의 수집·정비에 관한 사항<br>3. 제1호 및 제2호에 관련된 사항 | 이 정한다.<br>1. 검사장이 지정하는 다음 각 목에 해당하는 사건의 수사 및 처리에 관한 사항<br>가. 공무원의 직무 관련 범죄<br>나. 중요 기업범죄<br>다. 그 밖에 가목 및 나목에 준하는 중요 범죄<br>2. 삭제<br>3. <u>제1호</u>에 관련된 사항 |

○ "사회적 불안을 조성할 우려가 있는 경우", "정당·사회단체의 동향이 사회질서에 중대한 영향을 미칠 우려가 있는 경우" 등에 각급검찰청의 장이 정보보고를 하여야 한다는 규정을 삭제하는 내용으로 「검찰보고사무규칙」(법무부령)을 개정할 것을 권고함

| 현 행 | 개 정 안 |
|---|---|
| 제8조(보고대상) 각급검찰청의 장은 다음의 경우에는 그 내용을 요약하여 정보보고를 하여야 한다.<br>1. 소요의 발생 기타의 사유로 사회적 불안을 조성할 우려가 있는 경우<br>2. 정당·사회단체의 동향이 사회질서에 중대한 영향을 미칠 우려가 있는 경우<br>3. 정부시책에 중대한 영향을 미칠 만한 범죄가 발생한 경우<br>4. 검찰업무에 참고가 될 사항이 있는 경우 | 제8조 삭제 |

| | |
|---|---|
| 5. 기타 법무부장관이 정하는 사항<br>제9조(보고방법등) ①정보보고는 별지 제9호서식에 의한 정보보고서에 의하되 팩시밀리 또는 전산보고시스템 등의 방법으로 보고하여야 한다. 다만, 긴급시에는 일단 유·무선 전화를 사용하여 보고한 후 전단의 방법에 따른다. | 제9조 삭제 |
| 제10조(보고서 작성방법) ①정보보고서의 제목은 "○○사건보고", "○○동향보고", "○○신문보도진상보고", "○○사건재판진행상황보고"등으로 기재하여야 한다.<br>②정보내용은 수집된 정보·문제점·대책·전망 기타 참고할 사항을 기재하여야 한다. | 제10조 삭제 |

※ 그 밖에 이 권고안의 취지에 부합하지 않는 규정 및 사항도 즉시 검토하여 개정할 것을 권고함


## 4  기대 효과

○ 대검찰청으로 집중된 검찰의 정보수집 기능과 수사정보조직을 전면 폐지하여, '비대화된 검찰조직의 정상화 및 기능 전환'이라는 검찰개혁의 과제를 제대로 실현할 수 있음

○ 직접수사부서(현 반부패수사부)를 지원하고 강화하는 정보수집 기능을 폐지함으로써 특정 목적을 위한 표적적·선택적 정보수집을 방지하여, 직접수사부서의 권한을 축소할 수 있음

○ 범죄혐의와 무관한 정보를 정치적으로 활용할 가능성이 있는 부서를 전면 폐지함으로써 검찰 본연의 임무에 집중할 수 있음

○ 정보검찰조직을 임의적으로 증원하는 방식으로 검찰의 정보수집 기능을 은밀하게 확대하는 것을 방지함으로써 검찰에 대한 민주적 통제를 강화함

○ 정보수집 기능을 폐지한 후 유휴 인력을 형사·공판부 등에 투입하는 등 검찰 본연의 임무에 충실하도록 할 수 있음

## 법무·검찰 개혁위원회 제10차 권고
- 국회의원 · 판검사 · 장차관 등 관련 중요사건의 검찰 불기소결정문의 공개, 수사기록 등의 전자문서화 · 열람 · 등사범위 확대 -

## 1  권고 배경

가. 국회의원·판검사·장차관 등 관련 중요사건의 검찰 불기소결정문의 공개

○ 『국회의원·판검사·장차관 등 관련 중요사건의 검찰 불기소결정문의 공개』는 국민의 알권리 보장, 검찰권 행사에 대한 외부의 민주적 통제, 전관특혜 및 법조계 제식구 감싸기 방지 등 형사사법에 대한 국민의 신뢰 제고를 위해 공개할 필요성이 있음

○ 검찰 불기소결정문에는 검사가 사건을 수사하고 기소하지 않은 구체적 이유가 적시되어 있고 불기소결정문의 공개시 **검찰권 행사의 적법성 및 불기소처분의 적정성여부를 검찰 외부에서 용이하게 감시할 수 있어 검찰권 행사에 대한 민주적 통제수단이 될 수 있음**

○ 검찰 불기소결정문에 공개 대상 피의자의 변호인의 소속·이름을 공개함으로써 국회의원·판검사·장차관 등과 관련한 중요한 범죄 또는 전관 출신 변호사가 관여한 사건 등이 공정하게 처리되었는지여부를 외부에서 감시할 수 있어 '**전관특혜를 방지**'할 수 있는 중대한 공익적 기능이 있음

○ 현행 「형사사건 공개금지 등에 관한 규정」(법무부훈령) 제10조에 의하여도 "사건관계인, 검사 또는 수사업무 종사자의 명예, 사생활 등 인권을 침해하는 오보를 시정할 필요가 있는 경우, 사건 내용이 언론

에 공개되어 대중에게 널리 알려진 경우, 관련 사건을 공소제기하면서 수사결과를 발표한 경우, 형사사건공개심의위원회의 의결이나 피의자의 요청이 있는 경우" 불기소처분 사건을 예외적으로 공개할 수 있고, 동규정 제12조에 의하면 국회의원 외에 "차관급 이상의 공무원, 고등법원 부장판사급 이상의 법관, 대검찰청 검사급 이상의 검사 등" 고위공직자 등의 실명을 공개할 수 있음

○ 검찰 불기소결정문의 공개시 사건관계인의 실명 등 개인정보의 유출이나 모방범죄의 우려가 있는 범죄수법 공개 등과 같은 부작용이 있을 수 있으나 이에 대해서는 비실명, 가림 등의 필요한 조치를 취하도록 보완 규정을 마련하면 될 것임.

○ 이에 국민의 알권리 보장 및 형사사법에 대한 국민의 신뢰 제고를 위해 누구든지 『국회의원·판검사·장차관 등 관련 중요사건의 검찰 불기소결정문』을 검찰청 인터넷 홈페이지 등을 통해 국민들이 열람·검색할 수 있도록 하고, 공개 대상자의 변호인의 소속·성명을 공개하도록 관련 법령의 제·개정을 권고함

○ 참고로 향후 「고위공직자범죄수사처 설치 및 운영에 관한 법률」(공수처법) 및 검경수사권 조정 관련 형사소송법 개정안이 통과하게 될 경우 공수처에서 불기소하거나 경찰에서 불송치하는 경우에도 같은 기준으로 공수처의 불기소결정문이나 경찰의 불송치보고서를 공개하는 방안에 대해 논의할 필요가 있을 것임

**나. 수사기록 등의 전자문서화**

○ 현재 법원의 소송사건 대부분은 **전자소송으로 진행**되고 있고 '대법원

나의사건검색'에서 재판진행상황의 실시간 공개로 국민의 알권리 확대 및 신속한 재판을 받을 권리 등 재판청구권 보장에 큰 기여를 하고 호평을 받고 있음

○ 형사소송에서는 약식사건을 제외하고 정식재판(구공판) 사건에서는 수사단계는 물론이고 기소·공판단계에서도 전자소송이 아닌 **종이소송으로 진행**하고 있어 수사기록의 열람·등사에 있어서 피고인과 변호인 등이 많은 불편을 겪고 있음

○ 검사가 수사한 사건의 규모가 큰 경우 기소시 제출되는 수사기록의 양이 몇 만 쪽에서 몇 십만 쪽에 이를 정도로 방대하여 **이른바 '트럭기소'**라는 용어가 등장하고 있음. 이른바 '트럭기소'의 경우 변호인이 수사기록을 복사하는 데에만 많은 시간과 비용이 소요되어 피고인의 방어권 및 신속한 재판을 받을 권리 등에 심대한 지장을 주고 있음

○ 한편, 피의자·피해자 등 사건관계인과 참고인이 검찰청을 상대로 한 불기소사건기록 등의 정보공개거부취소소송에서 승소하여도 사건기록을 열람·등사하기 위해서는 해당 검찰청을 직접 방문하여 사건기록을 복사해야 할 뿐만 아니라 그 수사기록의 양이 방대할 경우 많은 시간과 비용이 소요되고 신속한 권리구제에도 어려움이 있음

○ 이에 피의자·피고인 등 사건관계인의 방어권 보장과 신속한 권리구제를 위하여 수사기록뿐만 아니라 재판확정기록·불기소사건기록 등을 PDF파일 등 전자파일의 형태로 전자문서화하여 보존하고 수사기록 등의 열람·등사 허용시 해당 전자문서를 전자우편 등 전자적 방법으로 송부할 수 있도록 「검찰사건사무규칙」(법무부령)의 즉시 개정

을 권고함

○ 또한, '수사기록 등의 전자문서화·보존'등을 위해 실무추진팀(TF)을 구성하고 별도의 충분한 인력과 예산을 확보할 것을 권고함

### 다. 수사기록 등의 열람·등사범위 확대

○ 수사기록 등의 열람·등사권은 피의자·피고인의 방어권 보장을 위해서뿐만 아니라 피해자·피의자 등 사건관계인의 권리구제를 위해서 중요한 권리임. 불기소처분으로 종결된 사건에서 고소(발)인·피해자의 경우 불기소처분에 대한 항고 및 재항고를 위해서 타인진술서류 등의 수사기록 검토가 필수적이고, 피고소인·피의자의 경우에도 무고죄의 형사고소 등 권리구제를 위해서 타인진술서류 등의 수사기록 검토가 필요하며, 참고인의 경우에도 자신의 진술로 인하여 제기될 가능성이 있는 민사소송·형사고소 등을 대비할 필요성이 있음

○ 하지만 수사기록 등의 열람·등사에 대한 관련 규정은 「형사소송법」과 「형사소송규칙」(대법원규칙), 「검찰보존사무규칙」(법무부령), 「사건기록 열람·등사에 관한 업무처리지침」(대검찰청 예규) 등에 산재해 있어 쉽게 파악하기 어렵고, 사건관계인들의 권리를 충분히 보장하지 못하고 있음. 따라서 피의자·피고인과 피해자 및 변호인의 열람·등사권 행사를 실질적으로 보장할 필요가 있음

○ 「사건기록 열람·등사에 관한 업무처리지침」(대검찰청 예규) 제3조 제3항은 기소 전 수사기록의 열람·등사의 범위와 관련하여 "피고소(발)인 또는 변호인은 필요한 사유를 소명하고 고소·고발장, 항고장, 재항고장의 열람·등사를 신청할 수 있다. **다만, 고소·고발장, 항고장,**

재항고장에 첨부된 제출서류는 제외한다."고 규정함. 검찰청은 위 예규에 따라 피고소인 등에게 고소·고발장에 첨부된 서류에 대해서는 열람·등사를 허용하지 않음. **수사실무에서는 정당한 사유 없이 고소·고발장에 대한 열람·등사마저 거부하는 경우도 있음**

○ 「검찰보존사무규칙」 제20조의2는 불기소사건기록 등 검사의 처분으로 완결된 사건기록 중 피의자, 변호인 · 법정대리인 · 배우자 · 직계친족 · 형제자매, 고소인 · 고발인 또는 피해자, 참고인에 대해 **본인진술서류(녹음물 · 영상녹화물 포함)와 본인제출서류에 한해 열람 · 등사 청구를 허용함**. 「사건기록 열람·등사에 관한 업무처리지침」 제3조 제1항도 사건관계인 또는 참고인은 수사중인 기록, 진정·내사중인 기록, 불기소기록(기소중지·참고인중지기록, 항고·재항고기록 포함), 종결된 진정·내사 기록 중 **본인진술서류 및 본인제출서류의 전부 또는 일부에 대하여 열람·등사 신청이 허용함**. 검찰청에서는 위 규칙과 예규에 따라 피의자 등 사건관계인과 참고인에게 **타인진술서류, 타인제출서류, 수사기관 내부문서 등에 대하여 열람·등사를 전혀 허용하지 않음**

○ **대법원은** 검사의 불기소처분으로 종결된 고소인의 열람·등사 청구가 불허된 사건에서, "그 내용을 이루는 각각의 수사기록에 대한 거부의 구체적 사유를 밝히지 아니한 채 **고소인이 제출한 서류 이외의 내용에 대한 열람 등사를 거부한 것은 고소인의 알권리를 침해한 것**"이라고 판시함(대법원 1999. 9. 21. 선고 98두3426 판결 참고). **서울행정법원** 또한 불기소사건기록의 정보공개거부취소소송에서 **고소인의 권리구제를 위하여 고소인이 제출한 서류는 아니지만, 피의자신문조서,**

**참고인진술조서에서 개인의 인적사항을 제외하고는 공개해야 한다고 판시**함(서울행정법원 2010. 6. 4. 선고 2010구합5455 판결 참고)

○ 이에 사건관계인과 참고인의 권리구제, 국민의 알권리 보장, 검찰권 행사의 투명성 제고 등을 위해 피고소(발)인에게 원칙적으로 **고소·고발장 및 첨부서류**를 공개하고 증거인멸의 우려 내지 강제수사 등의 필요성이 있는 예외적인 경우에만 열람·등사를 제한할 것과 **불기소처분으로 종결된 사건에서도 피의자·피해자 등 사건관계인과 참고인에게 타인진술서류, 타인제출서류, 수사기관 내부문서 등에 대하여** 증거의 인멸이나 피해자 위해 우려 등의 염려가 없는 한 원칙적으로 열람·등사를 허용하도록 「검찰보존사무규칙」(법무부령)의 즉시 개정을 권고함

○ 국가인권위원회는 2019. 10. 29. '불기소사건기록 열람·등사 관련 법령에 관한 의견 표명 및 정책 권고'에서 우리 위원회의 권고와 같은 취지로 결정한 바 있음. 대검찰청 검찰개혁위원회도 2017. 11. 27. 사건 성격상 강제수사가 필요하거나 상대방의 증거인멸 우려가 있는 경우를 제외하고는 사건관계인의 알권리 보장과 신속한 권익구제를 위해 수사기록의 열람·등사 범위를 타인진술서류와 타인제출자료로 확대하도록 권고한 바 있음[9]

---

[9] 공소제기 전의 수사기록 열람·등사, 구속전 피의자심문 시 수사기록 열람·등사, 공소제기 후 검사 보관서류의 열람·등사, 재판확정기록의 열람·등사, 불기소사건기록의 열람·등사, 재정신청사건기록의 열람·등사, 고소·고발인에 대한 공소사실 고지 등 형사기록의 열람·등사 확대를 주요 내용으로 하는 금태섭의원 대표발의 형사소송법 개정안과 오신환의원 대표발의 형사소송법 개정안이 발의되어 현재 국회 사법개혁특별위원회에 계류되어 있음. 위 개정안에 의하면, 고소·고발사건에서 피고소인·고발인에게 고소·고발장의 열람·등사를 허용하고, 불기소처분으로 종결된 사건에서 피의자나 피해자 등 사건관계인에게 타인진술서류, 타인제출서류 등에 대한 열람·등사를 허용하고 있음. 다만, 위 형사소송법 개정안에 의하더라도, 고소·고발사건에서 피고소인·고발인에게 고소고발장에 '첨부된 서류'에 대하여 열람·등사를 허용하는 규정은 없음. 불기소처분으로 종결된 사건에서 피의자나 피해자 등 사건관계인 외에 '참고인'에게 타인진술서류, 타인제출서류, 수사기관 내부문서 등에 대하여 열람·등사를 허용하는 규정도 없음.

## 2   권고 사항

○ **국회의원·판검사·장차관 등 관련 중요사건의 검찰 불기소결정문의 공개**

- 국민의 알권리 보장, 검찰권 행사에 대한 민주적 통제, 전관특혜 및 법조계 제식구 감싸기 방지 등 형사사법에 대한 국민의 신뢰 제고를 위하여 **'누구든지'『국회의원·판검사·장차관 등 관련 중요사건의 검찰 불기소결정문』을 검찰청 인터넷 홈페이지 등을 통해 국민들이 열람·검색할 수 있도록** 관련 법령의 제·개정을 권고합니다.

- 불기소결정문 공개 대상 피의자의 변호인의 소속·성명을 공개할 것을 권고합니다.

※ 검찰 불기소결정문의 공개 대상(퇴직자 포함)

> 1. 대통령·국무총리·국무위원·국회의원 등 국가의 정무직 공무원 관련 사건
> 2. 지방자치단체의 장, 지방의회의원 등 지방자치단체의 정무직 공무원 관련 사건
> 3. 법관·검사 관련 사건
> 4. 4급 또는 4급상당이상 국가공무원 및 지방공무원 관련 사건
> 5. 기타 언론에 보도되어 사회적 이목을 끈 중대한 사건

※ 법령 제·개정시 불기소결정문의 서식(검찰사건사무규칙 제69조 제1항 별지 제124호)에 '피의자의 변호인의 소속과 성명'을 기재하도록 별도 칸을 만들 것

○ **수사기록 등의 전자문서화**

- 피고인·변호인 등의 방어권 보장을 위해 **수사증거 등 수사기록을 PDF파일 등 전자파일의 형태로 전자문서화**하여 검사가 공소제기 후 법원 제출시 또는 피고인·변호인 등에게 열람·등사 허용시 해당 전자문서를 **전자우편 등 전자적 방법으로 송부**할 수 있도록 「검찰사건사무규칙」(법무부령)의 즉시 개정을 권고합니다.

- 각급 검찰청에서 보관하고 있는 **형사재판확정기록, 불기소사건기록, 진정내사사건기록, 판결서등을 PDF파일 등 전자파일의 형태로 전자문서화하여 보존**하고 고소(발)인·피해자·피고소(발)인·피의자등 사건관계인 또는 참고인에게 열람·등사 허용시 해당 전자문서를 전자우편 등 전자적 방법으로 송부할 수 있도록 「검찰보존사무규칙」(법무부령)의 즉시 개정을 권고합니다.

- "국회의원·판검사·장차관 등 관련 중요사건의 검찰 불기소결정문 공개, 수사기록 등의 전자문서화·보존"등을 위해 실무추진팀(TF)을 구성하고 별도의 충분한 인력과 예산을 확보할 것을 권고합니다.

○ **수사기록 등의 열람·등사범위 확대**

- 피고소(발)인의 방어권 보장을 위해 고소·고발 사건의 피고소(발)인에게 **'고소·고발장 및 첨부서류'를 공개**하고 증거인멸의 우려 내지 강제수사 등의 필요성이 있는 예외적인 경우에만 열람·등사를 제한하도록 「검찰보고사무규칙」(법무부령)의 즉시 개정을 권고합니다.

- 고소(발)인·피해자·피고소(발)인·피의자등 사건관계인 또는 참고인의 권리구제를 위해 **불기소처분으로 종결된 사건의 사건관계인 또는 참고인에게 타인진술서류, 타인제출서류, 수사기관 내부문서 등에 대하여** 증거의 인멸이나 피해자 위해 우려 등의 염려가 없는 한 원칙적으로 열람·등사를 허용하도록 「검찰보고사무규칙」(법무부령)의 즉시 개정을 권고합니다.

3 기대 효과

○ 『국회의원·판검사·장차관 등 관련 중요사건의 검찰 불기소결정문의 공개』는 국민의 알권리 보장 및 검찰권 행사의 투명화로 **검찰 외부의 민주적 통제**를 가능하게 하여 **'전관특혜'의 사법 불신을 제거**하고 형사사법에 대한 국민의 신뢰를 제고할 수 있는 법적 제도적 장치가 될 것임

○ 『수사기록 등의 전자문서화·열람·등사범위 확대』는 고소(발)인·피해자·피고소(발)인·피의자등 사건관계인 또는 참고인의 방어권 행사, 신속한 권리구제 등에 있어서 효과적인 장치가 될 것임

# 법무 · 검찰 개혁위원회 제16차 권고
## - 교정시설 수용자의 검사실 출석조사 관행 및 남용 개선 -

### 1  권고 배경

○ 법무부 교정본부 통계에 의하면, 교정시설에 수감 중인 수용자 등(구속피의자·구속피고인·수형자·소년원생, 이하 수용자)을 수사기관이 수사하는 경우, 경찰은 교정시설을 방문하여 조사하는 반면, 검찰은 수용자를 검사실로 소환하여 조사하고 있어 수사기관 간의 형평성에 맞지 않음

○ 최근 5년간 전국 교정시설 방문조사(공무상 접견 등) 현황

(단위: 건)

| 구 분 | 평균 | '15년 | '16년 | '17년 | '18년 | '19년 |
|---|---|---|---|---|---|---|
| 전 체 | 54,470 | 52,335 | 54,051 | 54,113 | 52,859 | 58,993 |
| 경찰 방문조사 | 49,754<br>(91.5%) | 47,552 | 48,980 | 48,835 | 49,451 | 53,953 |
| **검찰 방문조사**<br>**(검사직접방문)** | **46(3.3)**<br>**(0.86%)** | **36(0)** | **50(0)** | **54(6)** | **59(4)** | **35(9)** |
| 보호관찰관등조사 | 4,669<br>(7.64%) | 4,747 | 5,021 | 5,224 | 3,349 | 5,005 |

○ 서울(구) 등 5개 기관 검사조사 출석 현황('19. 1. ~ 7.)

(단위: 건)

| 구 분 | 합계 | 서울(구) | 수원(구) | 서울동부(구) | 인천(구) | 서울남부(구) |
|---|---|---|---|---|---|---|
| 건수 | 17,475 | 4,498 | 2,605 | 3,447 | 3,717 | 3,208 |

○ 현재 수용자의 검사실 출석조사는, 검사가 교정기관에 수용자를 검사실로 계호·호송해 줄 것을 요청하면 수용자 1인당 2-3인의 교도관이 호송 차량으로 수용자를 검찰청 내 구치감으로 이송한 후 검사실로 데려감. 구치감에서 검사실까지의 호송, 수용자의 조사 종료 시까지 검사실 내에서의 계호, 조사 종료 후 교정기관까지의 호송은 모두 교도관이 담당함

○ 수용자의 검사실 출석조사 관행으로 인해 교정 직원의 계호·호송업무 가중, 수용자의 검찰청 구치감에서의 장시간 대기, 출석 후 미조사나 조서 무인 등을 위한 단시간 출석, 검사실에서의 수용자 도주,[24] 검찰청 직원과의 위화감으로 인한 교정 공무원의 사기 저하 등의 문제가 발생함

○ 2019년 검찰청 소환 후 단시간 조사자 현황(서울구치소 등 5개 교정기관)

(단위 : 명)

| 기관<br>시간 | 계 | 서울<br>(구) | 수원<br>(구) | 서울동부<br>(구) | 인천<br>(구) | 서울남부<br>(구) | 비 고 |
|---|---|---|---|---|---|---|---|
| 소환 후<br>조사하지 않음 | 56 | 26 | 6 | 3 | 4 | 17 | ※ 소환 인원 대비 30분 이내 조사자 비율 평균 7.6% (조사에 누락된 간인무인, 단순 질문 등)<br>※ 시간은 구치감 출실 후 환실까지 소요된 시간 기준 |
| 10분 이내 | 501 | 224 | 40 | 45 | 130 | 62 | |
| 20분 이내 | 823 | 229 | 138 | 70 | 202 | 184 | |
| 30분 이내 | 823 | 194 | 132 | 122 | 212 | 163 | |
| 소환 총 인원 | 28,852 | 6,913 | 4,148 | 5,809 | 6,711 | 5,271 | |

○ 교정본부의 '수용자 검사 조사실 소환 현황' 통계에 의하면, 수용자가 수십, 수백 회씩 검사실 출석조사 등 상당한 범위를 벗어나는 반복적인 출석조사 요구를 받은 경우가 있는데 이는 불필요한 수사이거나 출석조사를 남용할 가능성이 크고 검찰의 직접수사 지양 기조에도 맞지 않음

○ 수용자 검사 조사실 소환 현황(2014년~2019년까지 입소한 수용자등 검찰청 10회 이상 출석 현황)

| 출석횟수 | 합계 | 10회<br>이상 | 20회<br>이상 | 50회<br>이상 | 100회<br>이상 | 200회<br>이상 | 300회<br>이상 | 400회<br>이상 | 500회<br>이상 | 600회<br>이상 | 700회<br>이상 |
|---|---|---|---|---|---|---|---|---|---|---|---|
| 인원(명) | 8,267 | 5,918 | 1,914 | 326 | 98 | 6 | 2 | 1 | 0 | 1 | 1 |

---

[24] 부산구치소 수용자 김○○이 2012. 5. 29. 울산지검에서 검사조사 중 오전 조사를 마치고 오후 조사를 받기 위해 검사실 내 영상녹화실에서 대기 중 도주한 사례, 서울동부구치소 수용자 최○○은 2020. 2. 19. 서울 동부지검 0000호 검사실에서 검사의 요청으로 보호장비를 해제하고 조사를 받던 중 갑자기 담당검사 집무실로 뛰어 들어가 출입문을 시정하고 창문을 통해 투신한 사례 등이 있음.

○ 최근 "1조 원대 사기로 만 명이 넘는 피해자를 양산하고 수십 명이 목숨을 끊었던 사건의 주범 A씨가 1심에서 징역 12년형을 선고 받고 수감 중에 다른 사건을 제보한다는 이유로 검사실에 1주일에 3~4회씩 참고인 출정조사를 나간 후 검사실 전화로 외부와 연락하여 추가 범행을 공모"한 사례, "횡령으로 징역 4년을 선고받고 수감 중이던 B씨는 또 다른 사기 사건으로 재판을 받으면서 검사실 출정조사를 5년간 무려 234회 실시하였으며 검사실 전화로 외부에 전화하여 추가 범행을 지시한" 사례 등 수용자의 검사실 출석조사의 남용 사례도 언론에 보도된 바도 있음25)

○ 수용자라 하더라도 피의자로 입건되어 조사를 받는 경우라면 수사의 필요성이 인정될 수 있고 따라서 수용자를 검사실로 출석시켜 조사할 수 있을 것임. 하지만, 수용자가 참고인으로 조사를 받는 경우 당사자는 '참고인의 지위'에 있으므로 형사소송법상 참고인의 검사실 출석여부는 참고인의 자유로운 의사에 따라 결정되어야 함

○ 그런데 교정시설에 구속·수감된 수용자의 경우 검찰로부터 참고인 출석요구를 받더라도 수용자의 특수한 지위, 수사·기소권외에 형집행권까지 가진 검사의 지위·권한 등을 고려할 때 수용자의 자유로운 의사에 따라 출석여부가 결정된다고 보기는 어려워 수용자의 인권과 방어권이 침해될 가능성이 있음26)

○ 특히, 현재 검사가 수용자에 대해 출석을 요구할 경우 수용자에게 직접 출석요구서를 발송하지 않고 (수용자의 특성상 전화나 문자로는 불가능)형사사법포털(KICS)를 통해 수용자 출석 요청을 받은 교정 직원이 수용자에게 이를 전달해 주는 방식으로 이루어지고 있어 적법한 통지로 보기 어렵고 수용자의 출석의사도 자유롭게 결정된다고 보기 어려움

---

25) JTBC, "수감 중인 사기범, 검사실 들락날락…그 안에선 무슨 일이?", 2020. 2. 9.자 기사 참고.
26) 교정기관은 수용자의 검사실 출석조사의 경우 계호를 위해 수용자에게 수의와 수갑을 차고 포승줄에 묶어(수용자가 복수이면 연숭) 호송하므로 검사의 불필요한 출석조사는 수용자에 대한 불필요한 인권침해를 초래할 수 있음

○ 한편, 교정기관이 수용자를 검사실까지 계호·호송을 담당해야 할 법적 근거도 명확하지 않음. 관련 규정으로 「형의집행 및 수용자처우에 관한 법률」 제97조가 있으나, 동 규정은 교도관이 보호장비를 사용할 수 있는 근거 규정이고, 미결수용자가 '재판'을 받기 위해 교도소 밖으로 나가는 '출정(出廷)'의 경우 법적 근거가 분명하지만 수용자의 검사실 출석에 대한 직접적인 근거 규정은 없고, '그 밖에 교정시설 밖의 장소'에 검사실이 포함되는지는 의문임

> ※ 형의 집행 및 수용자의 처우에 관한 법률 제97조(보호장비의 사용) ① 교도관은 수용자가 다음 각 호의 어느 하나에 해당하면 보호장비를 사용할 수 있다.
> 1. 이송·출정, 그 밖에 교정시설 밖의 장소로 수용자를 호송하는 때
> 2. 도주·자살·자해 또는 다른 사람에 대한 위해의 우려가 큰 때
> 3. 위력으로 교도관의 정당한 직무집행을 방해하는 때

○ 그 외 「형사소송법」 제81조와 제209조, 「수형자 등 호송규정」(대통령령 제28660호) 제2조에 의하더라도 수용자를 '교정 직원이 호송'하여 검사실에서 조사를 받게 하는 '검사실 출석조사'에 대한 명시적인 법적 근거를 찾기 어렵고 오히려 교정시설에서 검찰청까지의 호송은 검찰청 직원이 담당하는 것으로 해석됨

> ※ 형사소송법 제81조(구속영장의 집행) ①구속영장은 검사의 지휘에 의하여 사법경찰관리가 집행한다. 단, 급속을 요하는 경우에는 재판장, 수명법관 또는 수탁판사가 그 집행을 지휘할 수 있다.
> ③ 교도소 또는 구치소에 있는 피고인에 대하여 발부된 구속영장은 검사의 지휘에 의하여 교도관이 집행한다.

> ※ 수형자 등 호송규정 제2조(호송규정) 교도소·구치소 및 그 지소(이하 "교정시설"이라 한다) 간의 호송은 교도관이 행하며, 그 밖의 호송은 경찰관 또는 검찰청법 제47조에 따라 사법경찰관리로서의 직무를 수행하는 검찰청 직원이 행한다.

○ 법무부 훈령인 「수용관리 및 계호업무 등에 관한 지침」 제361조에서 검사조사실 조사 진행 중 보호장비 해제 규정 등을 두고 있어 <u>교정기관에서 검사조사실까지의 호송·계호를 담당하는 것을 전제하고 있음</u>. 하지만, 위 지침은 법무부 훈령으로 행정청 내부의 사무처리 준칙인 <u>행정규칙에 불과하고 검사조사실 호송 업무가 이루어지고 있는 현재의 관행을 반영한 근무지침이어서 수용자의 검사실 출석조사의 법률적 근거로 보기는 어려움</u>

※ 수용관리 및 계호업무 지침 등에 관한 지침(법무부훈령 1211호)

제361조(검사 조사실 근무자 유의 사항) ① 검사 조사실에서 조사가 진행 중인 동안에는 다음 각 호의 경우를 제외하고는 보호장비를 해제하여야 한다.

(생략)

② 제1항에 각 호에 따라 보호장비를 해제하지 않은 경우에도 해당 검사가 보호장비 해제를 요청하면 보호장비를 해제하고 출정 책임 간부에게 보고하여야 한다.

○ 따라서, 장기적으로 수용자의 검사실 출석조사는 원칙적으로 교정시설을 방문하거나 '원격화상 조사'[27]를 하도록 하고, 예외적으로 정당한 사유가 있는 경우 교정시설의 장에게 요청하여 승인을 얻은 후 검사실 출석조사를 하며, 출석조사의 경우 교정기관은 수용자를 검찰청 구치감까지만 호송·계호하고 이후의 호송·계호는 검찰청 직원이 담당하도록 「형의 집행 및 수용자의 처우에 관한 법률」 등 관련 법령의 개정 추진을 권고함

○ 다만, 현재 검사 및 검찰수사관의 인력, 그동안의 수사 관행 등을 고려하여, 수용자의 검사실 출석조사 관행 및 남용은 단기적으로는 첫째, 수용자의 검사실 출석조사는 수용자가 피의자로 조사받는 경우에 한하여 허용하고 참고인 조사의 경우 '교정시설 방문조사'나 '원격화상 조사'를 할 것, 둘째, 검사가

---

[27] 현재 교정시설에 도주 등 사고의 우려가 높은 수용자 등의 교정시설 밖 이동을 최소화하고 도주 등 사고발생을 최소화하기 위하여 교정과 검찰 간 원격화상조사시스템이 구축되어 있음. 형사사법포털(KICS)와 연계하여 교정기관 인터넷 PC와 검찰청 검사 및 수사관 PC의 연결이 가능하도록 화상조사시스템 운영. 2018년 기준 교정기관 원격화상 조사실은 총 49개(미설치 기관: 서울남부구치소, 영월·정읍·소망 교도소)이지만 조사실적은 6건으로 저조함.

수용자에게 출석요구를 할 경우 수용자 본인에게 서면으로 출석요구서를 발송하고 출석요구서에는 죄명, 소환사유, 출석할 장소, 출석동의 여부 등을 기재할 것, 셋째, 검사의 수용자에 대한 상당한 범위를 벗어나는 반복적인 출석조사 요구는 정당한 사유가 없는 한 금지하고, 출석 후 미조사나 조서 무인 등을 위한 단시간 출석은 원칙적으로 금지할 것, 넷째, 수용자의 검사실 출석조사의 경우 교정기관은 수용자를 검찰청 구치감까지만 호송·계호하고 이후는 검찰청 직원이 호송·계호를 담당할 것을 권고함

### 2  권고 사항

○ 원칙적으로 수용자에 대한 모든 검찰 조사는 '교정시설 방문 조사' 또는 '원격화상 조사'로 하고, 정당한 사유가 있는 경우 교정시설의 장의 승인을 얻어 검사실 출석조사를 허용하며, <u>출석조사의 경우 교정기관은 수용자를 검찰청 구치감까지만 호송·계호하도록</u> 「형의 집행 및 수용자의 처우에 관한 법률」 등 관련 법령의 개정 추진을 권고함

○ 다만, 현재 검사 및 검찰수사관의 인력, 그 동안의 수사 관행 등을 고려하여 단기적으로 검사실의 출석조사 관행 및 남용 개선을 다음과 같이 권고함

 - 수용자의 검사실 출석조사는 <u>수용자가 '피의자'로 조사받는 경우에 한하여</u> 허용하고 참고인 조사의 경우 '교정시설 방문조사' 또는 '원격화상 조사'를 할 것

 - 검사가 수용자에게 출석요구를 할 경우 수용자 본인에게 서면으로 출석요구서를 발송하고 출석요구서에는 죄명과 출석사유, 출석할 장소, 출석동의 여부 등을 기재할 것

 - 검사의 수용자에 대한 상당한 범위를 벗어나는 반복적인 출석조사 요구를 금지하고, 조서 간인 등을 위한 단시간 출석 및 출석 후 미조사는 원칙적으

로 금지할 것

- 수용자의 검사실 출석조사의 경우 교정기관은 수용자를 <u>검찰청 구치감까지만 호송·계호</u>하고 이후는 검찰청 직원이 호송·계호를 담당할 것

### 3  기대 효과

○ 수용자의 검사실 출석조사의 남용을 방지함으로써 검찰의 직접수사가 지양될 수 있음

○ 적법절차에 근거한 수용자의 인권과 방어권을 보장하고 교정행정의 효율성을 높일 수 있으며 검찰과 경찰 등 수사기관 간의 형평성을 확보할 수 있음

# 법무·검찰 개혁위원회 제18차 권고
## - 검찰권의 공정한 행사를 위한 검사 인사제도 개혁 권고 -

### 1 권고 배경

O 그동안 검찰개혁은 검찰권이 공정하게 행사되도록 정치권력으로부터 검찰의 독립성과 중립성을 확보하는 문제에 집중되어 왔으나 그 과정에서 오히려 검찰 조직이 민주적 통제를 벗어나 스스로 권력화하는 문제가 발생하면서 검찰개혁의 방향을 두고 딜레마에 빠지게 되었음

O 우리나라 검찰이 선진국 검찰에서는 볼 수 없는 '정치검찰화'와 '검찰 파쇼화'의 두 가지 문제를 모두 가지고 있는 주요 원인 중 하나는 검찰 상층부의 의지가 아래 검사들에게 그대로 관철되도록 만드는 엄격한 상명하복 문화이고 그 밑바탕에는 검사를 철저히 통제하기 위하여 검사 '줄세우기'와 '길들이기'를 하는 인사제도와 복무평정 제도가 자리잡고 있음

O 수직적 위계구조 하에서 승진은 특수·공안·기획 분야 검사들이 독점하고 있고 전보가 1~2년마다 전국 단위로 이루어져 검사들이 인사의 영향력에 지나치게 노출되어 있으며 복무평정도 검사를 극단적으로 서열화하는 시스템으로 이루어져 있어 검사들은 상층부로 올라가기 위하여 복무평정권과 인사권을 가진 검찰 내·외부의 영향력에 극히 취약하게 됨

O 한편, 검찰청법은 검사의 임명과 보직은 법무부장관의 제청으로 대통령이 하되 법무부에 검찰인사위원회를 두어 인사에 관한 중요한 사항을 심의하도록 규정하고 있는데, 검찰인사위원회가 실질적인 역할을 해오지 못하여 검사 인사가 부당하게 이루어지는 경우에도 이를 견제할 방안이 없다는 문제도 있음

O 따라서, 검사가 외부는 물론 내부의 압력에 흔들리지 않고 상명하복 문화가 아닌 법률과 양심에 따라 공정하게 직무를 수행할 수 있도록 하기 위해서는 기존의 승진, 전보 등 인사제도와 복무평정 제도 전반을 아우르는 총체적 구조를 재편하고 검찰인사위원회가 공정한 인사를 위하여 실질적 견제 기능을 하도록 재정립하는 전면적인 혁신이 필요함

## 2  현황 및 문제점

### I. 줄세우기를 유발하는 특정 분야 검사들의 승진 및 전문화 독점

1. 특수·공안·기획 분야 검사들의 관리자 보직 독점 '그들만의 리그'

   ○ 검찰은 그동안 민생범죄를 담당하는 형사·공판부가 아닌 정치권력과 밀접하게 관련된 특수·공안·기획 분야를 중시하여 이른바 능력 있다고 평가한 검사를 해당 분야에 발탁하는 '발탁 인사'를 해왔고 이에 따라 관리자 보직 승진은 특정 분야 검사들이 독점함

   이에 검찰의 주요 의사결정을 하는 수뇌부는 '그들만의 리그'로 이루어져 조직문화의 폐쇄성이 강화되었음

   ○ 가장 상징적인 검사장 승진을 특수·공안·기획 분야 검사들이 독점해왔을 뿐 아니라, 일선 검찰청 형사·공판부장도 형사부 경력이 일천한 특수·공안·기획 분야 검사들이 다수 맡고 있음

   - '18. 12. 일선 검찰청 부장은 재직기간의 2/5 이상 형사·공판·조사부 근무경력을 보직요건으로 정하였으나[38] 약 5~6년에 불과한 형사부 근무경력 검사가 형사부 관리자로서의 경력과 전문성을 갖추었다고 보기 어려움

      ※ 최근 법무관 출신은 약 12년, 非법무관 출신은 약 15년 재직 후 부장에 보임되므로 재직기간의 2/5는 약 5~6년에 불과한데, 검사 임관 후 5~6년차까지는 대부분 형사·공판부에 배치되므로 위 2/5 경력요건은 **대부분의 검사가 충족**함

   ○ 특히 형사·공판의 정책을 수립하고 주요 사건을 지휘하는 대검 형사부·공판송무부 과장과 주요사건을 다루는 서울중앙지검 형사·공판부장도 형사·공판부 검사들은 배제된 채 특수·공안·기획 분야 검사들이 장악해왔음

      ※ '19. 12. 대검 형사부·공판부 과장과 서울중앙지검 형사·공판·여성아동범죄조사부장에 대하여 다른 검찰청 형사부장 등 근무경력 요건을 추가하였으나 미흡

   ○ 이에 검사들은 승진 트랙에 오를 수 있는 특수·공안·기획 전담에 배치되기 위하여 충성 경쟁을 하며 수뇌부의 입맛에 맞게 사건처리를 하게 되

---
38) 검사 전보 및 보직관리 등에 관한 규칙(법무부 예규) 제19조(부장검사 보임 전 특정부서 근무요건) 제1항

고 정치적 중립을 지키지 못하여 국민들에게 검찰이 공정하지 않다는 불신을 심어주고 있음

2. 전문화에 있어서 형사부 검사 소외

O 형사부의 여러 '전담' 부서는 전담사건 외에 폭력, 절도 등 일반사건도 다수 배당받아 '전문' 부서의 기능을 수행하지 못하고 형사부의 전문성을 인정하지 않는 문화 속에 계속 다른 전담을 맡게 되면서 형사부 검사는 전담사건만 처리하는 특수·공안 분야 검사와 달리 전문성을 쌓기 어려움

※ 대검이 인증한 **공인전문검사**도 **전문분야**를 지속적으로 맡지 **못하는 경우**가 다수임

O 전국 검찰청 217개 부의 약 90%에 해당하는 197개의 **형사·공판부**(非부치지청 불포함)의 정책기능을 담당하는 대검 형사부 및 공판송무부에는 단 3개의 과(형사1과·형사2과·공판송무과)밖에 없어 **형사부 전문화를 지원할 실효적인 정책기능을 수행하는 데 한계가 있음**

※ 전국 **177개 형사부**를 담당하는 대검 형사부에 2개, 전국 20개의 공판부를 담당하는 공판송무부에 1개의 공판 관련 부서는 **형사·공판부의 소외현상**을 단적으로 보여줌[39]

O 이에 평검사들이 승진에서 불리하고 전문성도 쌓기 어려운 형사부 검사로 남아있지 않기 위하여 특수·공안·기획 전담 배치권한이 있는 상급자에 줄을 서게 되면서 저경력 검사부터 조직에 순응하는 문화에 젖어들게 되고 형사부 전문가가 만들어지기 어려움

O 결국 정치인이나 재벌 등이 관련된 사건이 아니라는 이유로 국민들의 삶을 파괴하고 여성·아동·노인·장애인 등 사회적 약자가 피해자가 되는 중대한 범죄에 대한 검찰의 대응이 미비하게 되어 국민들에게 직접적인 피해를 끼치게 됨

※ 여성폭력, 아동학대, 소년범죄, 보이스피싱 등 범죄에 **형사사법시스템이 제대로 대응하지 못하여** 피해를 막지 못하고 있다는 비판이 지속되고 있음

---

[39] 대검 반부패·강력부 아래 반부패 분야에 차장급 선임연구관 및 수사지휘과, 수사지원과, 범죄수익환수과의 3개 과가 있고, 공공수사부에는 차장급 공공수사정책관 및 공공수사지원과, 선거수사지원과, 노동수사지원과의 3개 과가 있는 반면, **형사부**에는 형사1과, 형사2과의 **2개 과**, **공판송무부**에는 **공판송무과**(집행과도 있으나 공판과는 무관)만 있는데, 중소규모 검찰청은 형사부에서 공공수사 등도 담당하는 것을 고려하더라도 대검 정책부서 내 뒤바뀐 비중을 설명하기 어려움

## II. 검사를 통제하는 초단기 주기의 전국단위 전보제도

### 1. 현황

○ 전국 검찰청의 모든 보직을 대상으로, 부장검사 이상은 매년, 평검사는 2년40)마다 정기적으로 전보인사가 실시되어 검사의 절반이 매년 인사 대상이 되고 있음

※ 2019년 검사 총 2,131명(2019. 6. 현원 기준) 중 총 1,198명에 대한 전보 인사 실시[2019. 1. 526명(일반검사 496명, 고검검사 30명), 2019. 7. 647명(고검검사 620명, 일반검사 27명)]

○ '18. 11. 일·가정 양립 지원을 위하여 지방 소재 고검 관내 최대 8년 장기근속제가 도입41)되었으나 2년마다 복무평정 결과 및 기관장 의견에 따라 연장 여부가 결정되어 ① 오히려 기관장에 대한 예속을 심화시킬 수 있고 ② 뚜렷한 이유 없이 기간을 8년으로 제한하고 있어 일·가정 양립 지원이라는 취지를 달성하기 어려우며 ③ 전보제도 자체의 문제점 개선을 위한 접근은 없어 효과가 극히 제한적임

○ 비교적 일정한 원칙 하에 운용되는 법관 인사와 달리 서울·수도권 3회 연속근무 금지 등 외에는 명확하게 정해진 원칙 없이 자의적으로 운용되어 왔고 선발성 보직 등에 대한 특혜로 '귀족 검사' 논란까지 있었음

### 2. 문제점

가. 검사 통제 강화

○ 매년 또는 격년 전보인사를 통해 승진 루트를 밟을지 여부, 원격지 등 非선호지로 전보되는지 여부가 결정되므로 검사는 극단적으로 상층부의 의사에 종속되어 독립성이 근본적으로 위축될 수밖에 없고 상부의 검사 통제권은 이에 비례하여 강화됨

○ 인사권자는 조직 순응자에 대하여는 포상성 인사를 통한 '길들이기', 조직 非순응자에 대하여는 징계 절차 없이 징계성 인사를 통한 '즉각적 벌주기'가 가능하여 손쉽게 검사를 통제하고, 특히 중간관리자인 부장검사부터 매년 전보 대상이 되면서 새 임지 부임일부터 다음 임지를 고민하는 '인사 매몰'에 빠지게 함

---

40) 다만, 서울중앙, 서울남부, 인천, 수원, 대구, 부산지검 등 일부 검찰청의 평검사 근무기간은 3년임
41) 검사 전보 및 보직관리 등에 관한 규칙(법무부 예규) 제15조(일반검사 제한적 지역 장기근속제)

※ 그동안 검찰논리에 반하는 검찰내부망 게시글 작성자 등 조직 비순응자로 낙인된
검사에 대하여 전보인사를 통하여 사실상 징계하여 강력한 위하 효과 달성

○ 이로 인해 검사는 국민이 아닌 전보인사에 영향을 미칠 상부의 눈치를 보고 다음 인사 전에 상부의 입맛에 맞춘 실적을 만들기 위해 단기 실적주의로 흐르게 되면서 검사의 결정에 공정성이 담보되지 않는다는 불신이 강화되어 결국 국민의 피해로 귀결되고 있음

나. 투명한 인사제도 운용 저해

○ 전면적 전보제도로 인해 1회 전보인사 규모가 수백 명에 이르러 위원회 심의를 통한 투명한 인사제도 운용이 불가능한 구조로 소수의 인사부서 소속 검사들에 의한 폐쇄적인 인사절차를 정당화하는 원인을 제공함

다. 일·가정 양립 및 평생검사제 정착 저해

○ 非거주지로의 잦은 전보제도는 특히 검사들이 가정생활을 유지하며 지속적인 근무환경을 갖는 데 치명적 장애 요인으로 작용하여 검찰 내 성평등 및 일·가정 양립환경 조성이 원천적으로 불가능함

○ 1~2년마다 이동하는 현행 제도는 차장검사 등 관리자로 승진하지 못하면 대부분 사직하는 단기 근무형 구조에서만 유효한 제도로 정년까지 30년 이상 근무하는 평생검사제의 작동원리로는 부적합함

라. 형사부 검사 전문성 약화 및 잦은 사건 재배당

○ 전보인사 시기마다 부서배치가 새로 이루어져 형사부 검사의 전담은 6개월 내지 1년마다 변경되므로 전담 분야에 대한 고도의 전문성을 갖추기 어려워 형사부에서 질 높은 형사사법 서비스를 제공하는 데 한계가 있음

○ 잦은 전보에 따른 잦은 부서 재배치가 잦은 사건 재배당을 유발하여 사건처리가 지연되거나 왜곡되는 원인이 되고 있음

3. 법원의 사례

○ 법원도 2~4년 주기의 전국적 전보제도가 있으나 '서울-지방-수도권-서울' 등의 순서로 명확한 원칙에 따라 운용되고 있고 2014년 지역법관제가 폐지되었으나 희망시 심사를 하여 7년까지 계속 근무하도록 하는 지역계속근무법관제라는 형식으로 사실상 유지되고 있음[42]

※ 법원은 대체로 평판사(15년)는 '서울(4년)-지방(3년)-수도권(2~3년)-서울(4~6년)'의 순서로(서울권 임용 기준, 지방권은 반대), 부장판사는 '지방(2~3년)-수도권(2~3년)-서울(4~5년)'이라는 원칙을 세워 전보인사를 운용함

○ 그러나, 비교적 원칙에 따라 공정한 전보인사를 해오고 있다고 평가되는 법원에서도 현행 전보제도가 ① 비선호지역으로의 인사가능성으로 인하여 평정권을 가진 법원장 및 인사권을 가진 대법원장을 의식하게 되어 법관의 독립을 약화시키고 ② 잦은 인사로 인해 전문성이 약화되며 재판 진행 중 법관이 변경되어 국민에게 피해를 주는 등의 문제가 있으므로 법관 전보인사를 최소화하고 권역법관제도를 조속히 시행해야 한다는 논의[43]가 활발히 이루어지고 있음

※ '18. 4. 및 '19. 9. 전국법관대표회의는 법관전보인사 최소화와 권역법관제도 시행을 의결하였고, 대법원 법원행정처는 비경합법원 장기근무제도 도입을 검토 중임[44]

▶ [외국의 사례] 미국, 독일, 프랑스, 오스트리아, 이탈리아, 캐나다, 영국, 오스트리아 등 선진국 중 동의 없이 검사에 대한 전보인사를 하는 나라는 찾아보기 어렵[45] 대부분 선진국은 검사가 임용된 검찰청에서 정년까지 전문분야를 계속 담당하는 '지역검사', '전문검사' 제도를 취하고 있음

| 외국 입법례 : 전보제도 |
|---|
| ○ 미국<br>- 연방검찰청, 주검찰청, 지방검찰청 검사 모두 **각 검찰청 별로 임용되어 전보제도 자체가** 없음(연방 법무부 산하의 93개 연방검찰청도 **각 청별로 임용함**)<br>○ 독일<br>- 독일연방기본법[46] 및 독일법관법[47]은 **법관의 독립**을 위하여 **의사에 반하는 전보 금지를 규정**하고 있고, 검사에게도 원칙적으로 **의사에 반하는 전보를 하지 않음**<br>○ 프랑스<br>- 프랑스헌법[48]은 판사에 **부동성 원칙을 천명**하고 있고 **검사 전보**에 대한 명문의 규정은 없으나 **같은 취지**로 검사의 의사를 최대한 존중하며 '인사대상 직위 발표-전보희망지 제출-응모내역 공개- 최고사법관회의 검토 및 의견제시-법무부장관 임명'의 절차로 이루어져 **희망자에 한하여 전보인사를 하는 구조임**[49] |

---

42) 2014년 당시 지역법관제 폐지에 대한 비판 의견으로는 임지봉, "지역법관제 폐지가 능사인가", 한겨레 (2014.5.12.)(http://www.hani.co.kr/arti/opinion/because/636582.html)
43) 김영훈, "법관의 독립확보를 위한 법관인사제도의 모색", 법학연구(연세대학교 법학연구원) 제27권 제2호, 2017, 1-87면
44) 내일신문(2019.11.6.), '대법원, 비경합법원 장기근무제 도입 검토'(http://m.naeil.com/m_news_view.php?id_art=330775)
45) 우리와 같은 검사 전보제도는 일본에서 찾을 수 있는데 이는 우리 검찰제도가 일본을 모델로 설계되었기 때문으로 보임

## 4. 소결

○ 현행 전보제도는 그동안 주로 지역 내 유착 우려, 우수인사 서울·수도권 편중 우려 등을 이유로 유지되어 왔으나,

지역 내 유착 우려 관련, ① 수사권 조정으로 검사의 직접수사가 제한되는 등 검사의 권한이 상당 부분 축소되었고 ② 공수처 설치로 검사 비리적발 및 처벌이 용이해졌으며 ③ 청탁금지법의 시행 등으로 사회윤리가 전체적으로 강화되는 등 문제유발 요인이 상당히 줄어들었고,

우수인사 서울·수도권 편중 우려 관련, ① 지역법관제 시행시 지방에 지속적으로 근무할 수 있다는 장점으로 우수 법조인들이 지역법관에 지망을 했었고 ② 우수한 지방 소재 법학전문대학원(로스쿨) 졸업생들을 해당 지역 검사로 임용함으로써 지방 인재들의 서울 편중을 오히려 해소할 수 있다는 점을 고려할 필요 있음

○ 따라서, 지역 내 유착 등의 부작용은 내부감찰 강화, 공수처 수사 등을 통해 관리하면서 현행 전보제도의 문제점을 해결할 수 있도록 전보인사를 최소화하고 **권역검사제를 도입**하는 방안을 전향적으로 검토할 필요 있음

※ 권역검사의 **퇴직 후 전관예우 우려**도 제기될 수 있으나, 대부분의 검사가 40~50대에 조기 퇴직하여 '전관'이 되는 현재와 비교할 때 **평생검사제가 정착**되면 조기 퇴직하는 검사 출신 전관의 수가 대폭 줄어들게 되고, 나아가 권역검사 임용시 **해당 권역 내 변호사 개업을 하지 않을 것을 서약**하도록 하는 조치 등을 통해 **전관 발생을 원천적으로 차단**하는 방법으로 **우려를 해소**할 수 있음

---

46) 독일연방기본법 제97조 제2항은 '직업법관으로 계획에 따라 정식으로 임명된 법관은 법원의 판결과 법률이 정하는 이유 및 형식에 의해서만, 그의 의사에 반하여 임기의 만료 전에 해직되거나, 지속적 또는 일시적으로 정직 또는 전보 또는 퇴직될 수 있다.(이하 생략)'라고 규정하고 있음
47) 독일법관법 제30조는 '종신 또는 특정임기제 법관은 서면 동의에 의하지 아니하고는 다른 법원으로 전보되거나 퇴직될 수 없다.'라고 규정하고 있음
48) 프랑스헌법 제64조 제4항은 '판사는 부동(不動)이다.'라고 규정하고 있음
49) 유주성, "프랑스 검찰의 인사제도와 비교법적 함의", 강원법학 54, 2018., 411~413면

## III. 검찰인사위원회의 형식적 운용

○ 검찰인사위원회는 검찰청법 제35조에 의한 검사 임용·전보 등 인사 심의기구이나 심의안건이 추상적인 '인사의 원칙과 기준'일뿐 구체적인 인사안은 포함되지 않아 형식적 기구에 불과하다는 비판이 계속되어 왔음

○ 또한, 위원회 위원은 검사 3명, 변협 등이 추천한 변호사 및 법학교수 각 2명, 법무부장관이 위촉한 非변호사 2명 등 총 9명(판사위원 2명은 신규 임명시에만 참가)으로 구성되어 있는데, 검사 3명 및 非변호사 2명 등 과반수를 법무부장관이 정하고 임기가 1년에 불과하여 위원회의 독립성과 공정성을 담보하지 못함

○ 대표성이 담보되지 않는 검사위원 3명은 다수 검사의 의견을 반영하여 부당한 인사를 견제할 수 없는 구조이며, 위원 중 여성 비율에 대한 규정이 없어 여성이 충분히 대표되고 있지 못함

○ 대검찰청 검찰개혁위원회도 2018. 8. 13. '검찰인사위원회가 구체적 인사안에 대하여 심의하고 검사위원 3명을 민주적 방법으로 선출된 검사 대표 3명으로 변경하며 여성대표성을 강화하는 등의 검찰인사위원회 개선 방안'을 권고하였으나 이행되지 않고 있음

## IV. 검사 서열화를 유도하고 폐쇄적으로 운용되는 검사 복무평정 제도

### 1. 비합리적인 복무평정 주기·단계·방식

○ 검사장을 제외한 검사는 6개월마다 상급자에 의해 7단계의 상대평가로 복무평정을 받는데 평정단계별 의무비율이 존재하여 검사를 1등부터 최하위까지 줄 세우는 극단적 서열화 시스템으로 검사가 기관장과 상급자에 지나치게 예속되게 하는 원인이 되고 있음

### 2. 폐쇄적인 평정결과 고지 제도

○ 공무원 근무성적평정 제도[50]상 평정 대상자에게 결과를 공개하고 이의신청을 할 수 있도록 한 것과 달리, 검찰은 검사 평정결과를 평정 대상

---

[50] 공무원 성과평가 등에 관한 규정(대통령령) 제21조는 근무성적평정 평가자, 확인자 등은 평정 대상 공무원에게 평정결과를 알려 주어야 하고 대상 공무원은 평가자 또는 확인자에게 이의신청을 할 수 있으며, 이의신청 결과에 불복하는 경우 근무성적평가위원회에 근무성적평가 결과의 조정을 신청할 수 있도록 규정

자에게 비밀로 하고 법무부 내 인사 담당 부서만 평정결과를 열람·관리하며 평정결과에 대한 이의신청 절차도 없음

- '18. 11. 검사 복무평정 결과의 요지를 고지하는 제도가 신설51)되었으나, 고지시기, 고지대상자, 고지내용을 극히 제한하고 이의신청에 대한 심사절차도 없어 검증제도로서의 실효성이 있다고 보기 어려움

○ 나아가, 인사부서는 독점하고 있는 복무평정 결과를 근거로 승진, 전보 등의 인사를 정당화하는 반면 인사대상자는 아무 자료가 없이 이의를 제기하기 어려운 환경인데 심지어 이의제기를 위한 절차 자체가 없음

○ 복무평정에서 인사까지 이어지는 지극히 일방적이고 폐쇄적인 구조로 인해 검증과 통제기능이 전혀 작동하지 않은 채 부당한 복무평정도 그대로 인사자료로 쓰여 검찰인사 기능을 왜곡하고 검사에 대한 내부 통제를 강화하고 있음

## V. 검사 관료화를 유발하는 위계적 조직구조

### 1. 수직적인 7단계 위계 구조

○ 2004년 검찰의 준사법적 기관으로서의 기능을 회복하고 검사의 직무상 독립성 및 중립성 보장을 제고하기 위하여 고등검사장과 검사장 직급을 폐지하고 검찰총장을 제외한 검사의 직급을 일원화하는 내용으로 검찰청법이 개정되었음

- 이때 검찰청법 개정은 지나친 승진 경쟁 및 승진 누락으로 인한 조기 퇴직 현상을 해소하고 장기근속을 유도하여 평생검사제를 정착시킴으로써 검찰 본연의 업무를 충실히 수행하도록 제도화하기 위한 것이었음

○ 그러나, 이후 검찰은 '대검검사급 검사', '고검검사급 검사'의 개념을 도입하는 등52) 보직상 7단계 위계구조를 슬그머니 유지하여 검찰청법 개정 취지는 실현되지 못하였고 '검찰총장-고검장-지검장-차장검사(지청장)-부

---

51) 검사복무평정규칙(법무부령) 제8조의2(복무평정 결과 요지의 고지 등)
52) 검찰청법 제28조는 '대검찰청 검사급 이상의 검사'를 대통령령으로 정하도록 하는 방법으로 검사장급을 규정하고 있고 검사인사규정(대통령령) 제11조는 '고검검사급 검사'라는 용어를 사용하여 차장·부장검사급을 규정

장검사-부부장검사-검사'의 피라미드형 위계구조는 공고하게 유지되고 있음

※ 검사장 승진, 부장검사 승진 등 개념이 그대로 유지되어 법률상 검사 직급의 폐지 사실을 인식하기 어려울 정도임

2. 관리자 보직 트랙의 소수만 생존하는 '10대 90의 사회'

○ 소수만 위로 올라가는 피라미드형 계층구조 속에 차장검사, 검사장 등 관리자 트랙에서 배제된 다수는 십수 년간 쌓아온 경력과 관계없이 모두 고검 등에 배치되어 낙인효과가 발생하고 있음

○ 필연적으로 다수가 낙오하는 환경 속에 승진 경쟁이 과열되면서 상위 보직자에 절대적으로 충성하고 인사권자에게 줄을 서는 관료화와 정치화가 심화되어 왔고 승진에 탈락된 검사들은 일할 의욕을 상실하면서 본연의 기능을 수행하지 못하여 중견검사의 역량 낭비가 심각함

※ 변호사 시장 상황 악화로 조기 퇴직도 선택하지 못하는 승진 탈락자 그룹 비중이 지속적으로 늘어나고 있어 문제는 더욱 악화될 수밖에 없음

○ 한편 여전히 상당수의 검사들은 승진에서 탈락하여 고검 등에 발령이 나는 경우 불명예를 피하기 위하여 조기 퇴직을 선택하여 전관예우 문제의 근본적 원인을 제공함

3. 관리자에 권한이 집중되는 구조

○ 검사장 등 기관장에게 사건 배당권과 기소 여부 등 결정권은 물론 검사 부서배치권과 복무평정권 등 권한이 집중되어 있는데, 복무평정, 전담배치 등 인사상 불이익 우려로 인하여 검사의 이의제기가 사실상 봉쇄되어 권한을 남용하더라도 이를 견제할 제도적 장치가 없음

○ 법원에서 법원장 이외에는 부장판사도 재판을 계속 담당하는 것과 달리, 검찰의 부장검사 이상은 소속부원의 다소, 업무량 등을 불문하고 결재만 담당하고 직접 사건 처리를 하지 않아 관리자가 되면 업무량이 급감하는 구조임

○ 법률상 검사가 수사, 기소 등 모든 검찰권의 행사자로 규정되어 있어 단독관청으로 불리고 있으나 실제로는 고경력 검사조차 독립성을 거의 인정받지 못한 채 중층의 결재제도 하에 상급자의 결재를 받고 한편 미제 사건수 통계 등을 통한 통제까지 받으면서 조직에 최대한 순응하여 검사 관료화의 원인이 되고 있음

※ 법원에서는 대체로 8년 이상 경력을 쌓으면 단독판사를 맡는 것과 대비하여, 검찰은 경력 8년 이상인 검사에 대한 전결검사 제도가 있으나 상당히 제한적으로 운영됨

▶ [외국의 사례] 미국, 독일, 프랑스 등 선진국은 검사장이 검찰권의 행사자로 규정되어 있으나 실제로는 주임검사 전결로 대부분 사건을 처리하며 결재 과정도 상호 수평적으로 소통하며 상사가 조언을 해주는 의미가 커 주임검사의 결정권을 가능한 보장하는 문화임

## 3   권고사항

I. 승진 및 전문화에 있어 특수·공안·기획 검사의 독점 해소

1. 형사·공판부 부장은 형사·공판부 경력이 2/3 이상인 검사로 보임

   ○ 승진에 있어 특수·공안·기획 검사의 독점을 해소하여 전담배치 과정에서 검사 줄세우기 문제를 해결하고 형사·공판부에서 충분히 경력을 쌓은 검사가 형사·공판부 관리자를 맡도록 하기 위하여,

   전국 검찰청의 형사·공판부장(非부치지청 지청장 포함)과 대검 형사·공판송무부 과장은 형사·공판부에서 재직기간의 최소한 2/3 이상 형사사건을 처리한 경력(15년 재직자 부장 보임 기준 10년)을 보직요건으로 할 것을 권고함

   - 명칭상 형사부이나 실제로는 특수·공안 등 인지사건만 담당하는 경우가 상당수 있으므로 형사부 경력요건을 근무기간이 아닌 처리 사건수를 기준[예, 형사부 검사 연평균 처리사건수(약 1,500건)×10년]으로 할 것을 권고함

   ※ 공판부 검사, 출산휴가·육아휴직 검사 등은 해당 기간 일정 건수 처리 의제

   ○ 주로 형사·공판부를 감독하는 지검·지청 1차장검사(부치지청 지청장 포함)도 위 형사·공판부장 보임 요건을 갖춘 검사를 임용할 것을 권고함

   ○ 원칙과 취지를 훼손하지 않는 범위 내에서 경과규정을 둘 수 있되, 형사·공판부장 등 보임시 위 경력요건을 충족하는 검사를 우선적으로 임용할 것을 권고함

   ▶ 차기 검사 인사부터 즉시 시행 권고

2. 검사장 등 기관장은 형사·공판부 검사를 중심으로 임용

   ○ 검찰의 중심을 형사·공판부로 이동하기 위하여 기관장인 검사장 및 지청장(차치지청 이상)은 전체 검찰 내 분야별 검사 비중을 반영하여 형사·공판부 경력검사를 3/5 이상 임용할 것을 권고함

   ○ 여성아동범죄조사부장 등 전문부서의 관리자의 경우 해당 전담에 대한 경력 및 전문지식을 갖춘 것을 요건으로 임용하는 등 전문분야 관리자의 경력 요건을 마련할 것을 권고함

   ▶ 차기 검사 인사부터 즉시 시행 권고

3. 형사부 전문검사 시스템 구축

○ 검사들이 여성·아동범죄, 소년범죄, 보이스피싱범죄 등 형사부 전담을 지속적으로 담당하고 연구하면서 전문성을 쌓아갈 수 있도록 형사부 전문검사 시스템을 구축할 것을 권고함

○ 소년, 지적재산권, 조세, 식품의약범죄 등 전문전담부서를 추가로 신설하여 전담범죄만 처리하도록 하고 필수 전담기간(2년 이상)을 설정하며 전담검사 선정시 전담 경력 및 교육 조건을 최우선으로 할 것을 권고함

○ 형사부가 담당하는 민생범죄에 대한 실효적인 정책 기능을 수행할 수 있도록 대검의 형사부에 여성폭력범죄대응과, 소년범죄대응과 등을 신설할 것을 권고함

※ 대검 형사부 내 과 신설을 위해 필요시 직접수사부서 축소로 감독 대상 부서가 줄어든 반부패·강력부 등의 과 축소 검토

▶ 전문전담부서 운영에 관한 규칙 제정 등 즉시 시행 권고

II. 검사 전보인사 최소화 및 권역검사제 도입

1. 검사 전보인사 최소화 및 투명화

○ 전보인사를 검사 통제수단으로 삼지 못하도록 하고 검찰인사위원회가 전보인사안에 대하여 실질적 심의를 하여 자의적 인사를 견제할 수 있도록 하며 일·가정 양립 및 검사가 정년까지 근무하는 평생검사제 정착과 형사부 검사 전문성 강화를 위하여 검사 전보인사를 최소화할 것을 권고함

○ 지방 소재 지검 근무 희망검사는 기간의 제한 없이 해당 지검 관내 검찰청에 계속 근무할 수 있는 제도를 우선적으로 시행할 것을 권고함

○ 서울·수도권 소재 지검 근무 희망검사는 희망자가 부족한 지방 소재 검찰청에 일정 기간 근무하도록 하는 지방 근무 마일리지 제도를 시행하되, 지방 소재 검찰청 필수보직기간을 평검사는 3~4년, 부장검사는 보임 직후 2년 등으로 상향하여 명확하게 규정하고 서울·수도권 소재 검찰청에서도 非경합검찰청의 경우 연장근무를 허용하는 등 전보인사를 최소

화할 것을 권고함

※ 서울·수도권과 지방의 검사 정원('20. 3. 기준)은 약 6:4(1,240명:1,052명) 비율로, 다수가 서울·수도권에 거주하는 현 시점에서는 40%에 해당하는 지방 권역 검찰청 근무 희망자가 부족할 것으로 보이나 지역법관 사례에 비춰보면 지방 근무희망자가 증가할 것으로 예상되고 권역별 신규검사 임용으로 문제는 점진적 완화 가능함

○ 사전에 전보인사 기준을 공개하고 검사들의 의견을 충분히 수렴하여 확정한 후 공개함으로써 투명하고 명확한 전보인사 기준을 수립할 것을 권고함

▶ 검사별 근무희망지 조사 등 구체적 실행방안 마련작업 즉시 착수 권고

2. 권역검사제 도입

○ 중장기적으로는, 전국 검찰청을 근접 생활권을 중심으로 한 권역으로 나누고 원칙적으로 검사는 동일 검찰청에서 계속 근무하도록 하되 인력수급상 필요한 경우 일정 권역 내 전보인사를 하는 권역검사제의 도입을 권고함

○ 신규검사는 해당 지역 법학전문대학원(로스쿨) 출신을 위주로 권역별로 임용하여 지방 인재가 지방에서 뿌리내릴 수 있도록 함으로써 지역 균형 발전과 평생검사제 여건을 구축할 것을 권고함

III. 검찰인사위원회의 실질화로 견제 기능 강화

○ 검찰인사위원회를 월 1회 등 정례화하여 인사에 대한 추상적인 '원칙과 기준'을 심의하던 차원을 넘어 검사 신규 임용, 검사장 보직에 대하여는 구체적 임용안을 실질적으로 심의를 할 것을 권고함

○ 위원회의 독립성과 공정성을 확보하기 위하여 외부인사 2명 이상 추가함으로써 위원의 과반을 법무부 및 검찰로부터 독립된 외부인사로 구성하고 위원 임기를 2년으로 연장하며 검사위원도 민주적 방법으로 선출된 각 보직별 대표 4명(평검사 남·여 각 1명 포함)으로 구성할 것을 권고합니다.

○ 위원회에서 여성 대표성을 담보하기 위하여 판사, 변호사, 법학교수, 非변호사 위원은 분야별로 남녀 동수(검사위원은 4명 중 최소 2명)으로 구성할 것을 권고합니다.

■ 검찰청법 개정안
제35조
③ 위원은 다음 각 호의 어느 하나에 해당하는 사람을 법무부장관이 임명하거나 위촉하되 **임기는 2년**으로 한다.
③의 2 제1호부터 제5호까지의 위원은 각 호별로 남녀 동수로 한다. 다만, 제1호의 검사 3명 중 최소 1명은 여성으로 한다.(신설)
④ 인사위원회는 다음 각 호의 사항을 심의한다.
3의2. **검사 신규 임명** 및 제28조에 따른 **대검찰청 검사급 이상 검사의 보직**에 관한 사항(신설)

▶ 위원 구성 변경을 위하여 검찰청법 등 개정 추진

## IV. 검사 복무평정제도의 합리적이고 투명한 운영

### 1. 복무평정의 주기·단계·방식의 합리화

○ 복무평정 제도가 검사로서의 직무수행에 장애요소가 있는지를 점검하는 용도를 넘어 검사 서열화 및 통제의 도구로 오용되지 않도록 하기 위하여, 평정주기를 1년으로 늘리고 평정단계를 '우수-보통-미흡'의 3단계로 축소하며 평정단계별 의무비율을 폐지할 것을 권고함

### 2. 복무평정 결과 전면적 고지 및 이의신청제도 신설

○ 복무평정 제도가 투명화될 수 있도록 공무원 근무성적평정 제도와 마찬가지로 모든 평정 대상 검사에게 복무평정 결과 전체를 고지하고 평정 결과에 대한 이의신청 제도를 신설하며, 이의신청을 통해 시정되지 않는 경우 검찰인사위원회에서 심사할 것을 권고함

▶ 올해 하반기 검사 복무평정부터 시행 권고

## V. 경력검사 단독검사제 도입 및 직급 승진제도 폐지

### 1. 경력검사 단독검사제 등 신설로 검사 자율성 강화

○ 검사의 자율성을 강화할 수 있도록 고경력 검사(경력 8년 이상 등)의 전결권범위를 대폭 확대하여 법원 합의부 심판사건을 제외한 사건에 대한 전결권을 부여하는 단독검사제의 신설을 권고함

○ 고검검사급 경력검사에게는 특별한 경우를 제외하고는 모든 사건에 대한 포괄적 전결권을 부여하여 검사가 관리자 트랙에 들어가지 않더라도 계속 자율성을 갖고 근무할 수 있는 평생검사제의 여건을 만들 것을 권고함

※ 고경력 검사에 대한 통제는 2004년 직급 폐지시 보완책으로 도입된 검사적격심사 제도 및 내부감찰제도 강화 등 객관적 통제시스템을 통해 실현

○ 부장검사 등 관리자 보직에 대한 업무분석을 통하여 관리자도 업무량의 다소에 따라 직접 사건을 처리하도록 하는 등 관리자와 非관리자 사이에 불공정한 업무배분을 시정할 것을 권고함

▶ 대검 및 각 검찰청의 위임전결 규정을 개정하는 등 즉시 시행 권고

2. 검사장 순환보직제 등 통해 검사 직급 일원화의 취지 실현

○ 중장기적으로, 검찰청법상 검사 직급 일원화의 취지를 실현할 수 있도록 관리자 보직에 대한 승진 개념을 폐지하기 위하여,

검사장 및 지청장(부치지청 이상) 등 기관장은 전보인사 없이 해당 지역 일정기간 근무자 중에 임기제로 임명하고 임기 후에는 다시 검사로서 근무할 수 있도록 하는 기관장 순환보직제를 도입할 것을 권고합니다.

○ 차장, 부장 등 기관 內 관리자 보직은 기관 내 검사 중에서 순환보직제로 운영하고, 그 보직권은 기관장에게 위임하여 기관장 임기가 종료되면 관리자 보직도 종료되도록 함으로써, 직급 상 승진이 아닌 순환 보직 개념으로 전환할 것을 권고합니다.

■ **검찰청법 개정안**
제34조① 검사의 임명과 보직은 법무부장관의 제청으로 대통령이 한다. 다만, 대통령은 제23조에 따른 지방검찰청과 지청의 **차장검사** 및 제24조에 따른 **부장검사** 보직은 지방검찰청 검사장과 지청장에게 **위임**할 수 있다.

▶ 기관 內 관리자에 대한 보직권 위임을 위하여 검찰청법 개정 추진 권고

### 4  기대 효과

○ 검사 인사제도 개혁을 통하여 검사가 기수와 관계없이 관리자 또는 전문가로서 각자의 역할을 하는 수평적인 구조로 재구성됨으로써 검사가 조직 내·외부의 영향에서 벗어나 공정하게 직무를 수행할 수 있게 되고 이를 통해 형사사법 전반에 대한 국민의 신뢰를 회복할 수 있습니다.

○ 검사가 임용부터 정년까지 일정 권역의 검찰청에서 일정 분야의 업무를 지속하면서 전문성을 갖추어 질 높고 공정한 형사사법서비스를 제공하는 선진국 검찰의 모습으로 변화할 수 있습니다.

○ 대통령과 법무부장관이 검사에 대한 인사권을 갖고 민주적 통제를 하도록 하되 검찰인사위원회가 실질적인 기구로 거듭나 자의적인 인사권 행사를 견제하도록 하여 공정한 인사가 이루어질 수 있습니다.

○ 검찰의 자원과 역량이 국민이 필요로 하는 분야에 효율적이고 균형 있게 투입되게 함으로써 검찰 조직 내에서 주목을 받지 못했지만 국민의 삶에 중요한 영향을 미치는 여성폭력, 소년범죄 등 분야에 대한 검찰의 대응능력이 강화되어 국민 삶의 질을 고양하는 데 실질적으로 기여할 수 있습니다.

## 법무 · 검찰 개혁위원회 제21차 권고
### - 법무부장관과 검찰총장의 수사지휘권 제도 개혁 등 -

## 1  권고 배경

**가. 검찰총장에 집중된 권한 분산 및 견제 필요성**

○ 선진 형사사법절차가 구축된 문명국가 중에 우리나라처럼 검찰총장에 권한이 집중된 경우는 찾기 어려움. 형사소송법상 검사는 수사권, 수사지휘권(보완수사요구권), 영장청구권, 기소권, 공소유지권, 형집행권 등 막강한 권한이 있음. 검찰총장은 이러한 막강한 권한을 가진 전국 2,200여명의 검사를 손발처럼 지휘할 수 있는 수사지휘권을 보유하고 있음. 얼마 전까지는 대검이 범죄정보도 광범위하게 수집하였고 대검 중앙수사부(일명 중수부)는 직접수사도 하였음[65]

○ 검찰총장은 검사의 보직 인사와 비위 감찰에도 사실상의 영향력이 있음. 검찰청법 제34조 제1항에 의하면 법무부장관이 검사의 보직 인사를 대통령에게 제청할 때 검찰총장의 의견을 듣도록 되어 있어 검찰총장은 검사의 인사에 사실상의 영향력을 미침. 법무부가 검찰에 의해 장악된 '법무부의 검찰화' 시기에는 그 영향력이 더 컸을 것임. 대검 감찰부는 전국 검사들의 비위에 대한 '자체(1차) 감찰권'을 보유하고 있고 검찰총장은 대검의 사무를 총괄하는 기관장으로서 대검 감찰권 발동에도 영향력을 미칠 수 있는 지위에 있음

○ 검찰총장이 전국 2,200여명의 검사에 대해 수사지휘권을 보유하고

---

[65] 대검 중수부는 과거 청와대나 검찰총장의 하명(下命)사건에 대해 직접 수사를 하였음. 권력층 인사들을 처단하여 '성역없는 수사'의 대명사로 비유되기도 하지만, 한편으로는 표적 사정시비를 불러일으키면서 '정치 검찰'의 오명을 받기도 했음. 2009년 중수부 수사 도중 노무현 전 대통령이 사망한 것을 계기로 폐지론이 강하게 제기되었음. 이후 박근혜 정부 시기인 2013년 4월 중수부는 전면 폐지되었음.

검사의 인사·감찰에 대해 영향력을 발휘할 수 있는 점 등을 고려하면, 한국의 검찰총장은 문명적 형사사법절차가 구축된 어느 국가에서도 찾아볼 수 없는 제왕적 검찰총장이라 할 수 있음

○ 한국의 검찰 조직은 막강한 권한을 가진 전국 2,200여명의 검사들이 제왕적 검찰총장을 정점으로 하여 수직적인 피라미드식 지휘·관료체계를 구축하고 있음. 2004년 상명하복의 검사동일체 원칙 규정이 폐지되었지만 여전히 검찰 조직에는 검사동일체 원칙의 관행과 문화, 의식이 남아 있음.66) 이에 우리 위원회는 2019. 11. 11. 이를 개선하기 위해 제7차 권고로 (검사의) 『이의제기권의 실질적 보장을 위한 관련 지침 개정 권고』를 발표한 바 있음.

※ 구 검찰청법 제7조 (검사동일체의 원칙) ① 검사는 검찰사무에 관하여 상사의 명령에 복종한다.
현 검찰청법 제7조(검찰사무에 관한 지휘·감독) ① 검사는 검찰사무에 관하여 소속 상급자의 지휘·감독에 따른다.
② 검사는 구체적 사건과 관련된 제1항의 지휘·감독의 적법성 또는 정당성에 대하여 이견이 있을 때에는 이의를 제기할 수 있다.

○ 검찰 내부의 비위와 부패에는 눈을 감고 국민이 열망하는 검찰 개혁에는 소극적이며 검찰 조직의 이익을 최우선으로 하는 '검찰주의'가 검찰 조직 내에 깊숙이 자리 잡게 된 배경임

○ 국가권력의 분산과 권력 상호 간의 견제와 균형을 통해 국민의 기본권인 자유와 권리를 보장하려는 헌법의 권력분립원칙 관점에서 볼 때 검찰총장에 집중된 권한은 반드시 분산되어야 하고 검찰 권력에 대한 견제는 필수적임

---

66) 검사동일체 원칙은 전국의 검사들이 상명하복을 바탕으로 검찰총장을 정점으로 하는 유기적 조직체로 활동한다는 원리임.

※ 우리 위원회는 2019. 10. 28. 제6차 권고로, 대검과 검찰총장의 집중된 권한을 분산하는 취지에서 「대검찰청 등의 정보수집기능 폐지」를 발표한 바 있음.

## 나. 검찰총장의 구체적 수사지휘권 행사의 폐해와 문제점

○ 검찰총장 1인에게 수사지휘권 등 막강한 권한을 부여하고 임기를 보장하는 것은 일선 검사들이 검찰 내외의 부당한 영향으로부터 독립하여 소신 있게 수사할 수 있도록 큰 방어벽이 되어 줄 것이라는 취지에서 비롯된 것임.

○ 검찰총장의 권한과 역할은 일선 검사가 독립하여 공정하게 수사할 수 있도록 큰 울타리가 되는 것에 그쳐야지 검찰총장이 일선 검사의 모든 수사를 직접 지휘해야 하는 것은 아님

○ 검찰청법 제4조 제2항도 "검사는 그 직무를 수행할 때 국민 전체에 대한 봉사자로서 정치적 중립을 지켜야 하며 주어진 권한을 남용하여서는 아니 된다."고 하여 '검찰 수사의 정치적 중립성'의 의무는 수사를 담당하는 일선 검사에 부여하고 있음

○ 그러나 검찰총장의 수사지휘권은 오히려 일선 검찰청 수사팀에 거부할 수 없는 정치적 압력으로 작용하는 '매개'가 되기도 하였고, 검찰총장이 직접 지휘하는 특수수사에서는 선택, 표적, 과잉, 별건 수사 등의 폐해와 논란이 있었음

## 다. 수사지휘권 관련 법무부장관과 검찰총장의 외국 입법례

○ 수사지휘권 관련 법무부장관과 검찰총장의 외국 입법례를 보면,

- <u>독일의 경우</u> 연방검찰총장이 있지만 법원조직법에 따라 <u>법무부장관에게 특정 사건과 관련하여 검찰에 대한 지시 권한을 인정하고 있</u>

음. 법무부장관의 구체적 사건의 지휘권에 대해 논란은 없지 않으나 독일의 검찰제도가 창설된 1879년도부터 현재까지 유지되고 있음. 이는 의회에 대해 책임을 지는 법무부장관이 검사의 권한 행사에 지휘권을 갖는 것이 필요하다는 민주적 정당성의 원칙에서 비롯된 것임[67]

- **미국의 경우** 연방과 각 주에 법무부장관이 있고 법무부장관은 검찰청의 장으로 검찰총장의 직을 겸하며 검찰총장의 권한을 행사함. <u>법무부장관은 연방검찰에 대해 일반적 지휘감독권 외에 구체적 사건에 대한 지휘감독권을 행사할 수 있음</u>[68]

- **프랑스의 경우** 형사소송법상 <u>검찰의 수장은 법무부장관임</u>. 다만, 일선 검찰에 대해서는 <u>일반적인 지휘권을 행사할</u> 뿐이고 <u>구체적인 사건에 있어서는 고등검사장이 지휘함</u>. 대검찰청의 장은 형사법의 정확한 적용여부와 형사사법행정을 감독하는 권한만 가지고 있을 뿐 <u>구체적 사건의 지휘권이 없음</u>[69]

- **영국의 경우** 법무검찰 조직의 중심은 법무부장관임. 법무부장관은 검찰청의 수장인 공소국장을 임명하고 소추기관을 지휘·감독함. 다만, <u>법부부장관은 개별 사건에 개입할 수 없고</u>, <u>검사들이 개별 사건에서 독립적으로 소추여부(사기범죄수사국의 경우에는 수사 및 소추여부)를 결정하는 독립성을 보장할 책임이 있음</u>[70]

- **일본의 경우** "전후 검찰청법을 제정하면서 의회에 책임을 지는 법무대신의 역할과 검찰의 준사법적 기능을 고려하여 <u>일본 검찰청법 제14조는 법무대신은 구체적 사건에 대해서 검찰청의 최고 책임자인</u>

---

[67] 이상 임세진, "독일 검찰의 정치적 중립성과 독립성에 관한 연구-인사제도와 조직운영을 중심으로", 2019 국외훈련검사 연구논문 제34집, 825-826쪽.
[68] 김웅규, "검찰총장의 헌법상 지위", 미국헌법연구, 제17권 제1호, 2006.2, 150-151쪽.
[69] 정동현, "실제 수사사례를 통한 프랑스 검찰의 수사지휘 고찰", 국외훈련검사 연구논문, 2018.10, 22-23쪽.
[70] 유제민, "영국 법무 검찰 조직 개관 및 상호관계 연구", 국외훈련검사 연구논문, 2018.9, 40쪽, 42쪽.

검사총장만을 직접 지휘할 수 있도록 하고 <u>검사총장</u>은 자기의 권한 및 책임 하에 그 지휘의 타당성 여부를 판단한 후 검사로 하여금 사건처리를 하도록"[71] 규정함

○ 이상의 주요 외국 입법례를 보면, 검찰사무의 최고 책임자는 법무부장관으로 '기소권'을 가진 검찰에 대해 '특정 사건'에 대한 지휘까지 인정하고 있고, 일부 국가는 일반적 지휘만을 인정하고 있음

○ 한국처럼 법무부장관 외에 별도로 검찰총장제도를 두고 <u>검찰총장이 전국 모든 검찰청의 개별 구체적 사건 수사에 대해 지휘권을 행사하는 경우는 일본 외에는 그 입법례를 찾기 어려움</u>

○ 그런데 1949. 12. 20. 법률 제81호로 제정·시행된 한국의 검찰청법 제8조(법무부장관이 아닌 검찰총장에게 수사지휘권을 행사할 수 있도록 하고 법무부장관의 구체적 수사지휘는 예외적으로 검찰총장에 대해서만 하도록 규정)는 일본 검찰청법 제14조 규정을 그대로 답습한 것임

> ※ 檢察廳法 第十四條 法務大臣は、第四條及び第六條に規定する檢察官の事務に關し、檢察官を一般に指揮監督することができる。但し、個々の事件の取調又は處分については、檢事總長のみを指揮することができる。(법무대신은 제4조(공소권등) 및 제6조(수사권)에서 규정하는 검찰관의 사무에 관하여 검찰관을 일반적으로 지휘 감독할 수 있다. 단, 개별 사건의 조사 또는 처분에 관해서는 검사총장만을 지휘할 수 있다.)

> ※ 검찰청법 제8조(법무부장관의 지휘·감독) 법무부장관은 검찰사무의 최고 감독자로서 일반적으로 검사를 지휘·감독하고, 구체적 사건에 대하여는 검찰총장만을 지휘·감독한다.

---

71) 김웅규, "검찰총장의 헌법상 지위", 미국헌법연구, 제17권 제1호, 2006.2, 146-147쪽: "다만, 일본에서도 검사총장이 법무대신의 신임 하에서 검찰의 총지휘를 맡고 있기 때문에, 청훈(請訓:훈령을 청함)을 기다리지 않고 법무대신이 적극적으로 구체적 사건에 관한 지휘를 행하는 것은 현실적으로 거의 없음." 상기 논문, 148쪽.

## 라. 검찰총장의 구체적 수사지휘권은 각 권역별 고등검사장으로 분산

○ 한국의 검찰 조직은 지금이라도 일본 검찰의 조직 체계와 구조에서 탈피하여 현대의 기능적 실질적 권력분립의 관점에서 검찰 권력을 분산하고 검찰 권력 상호 간의 견제와 균형을 통해 국민의 인권과 자유를 보장하는 조직으로 탈바꿈되어야 할 것임

○ 검찰총장에 집중된 권한을 분산하고 권력 간의 견제와 균형을 위해서는 검찰총장의 구체적 수사지휘권을 폐지하고 각 권역별 고등검찰청의 장으로 분산할 필요가 있음

○ <u>대검은 개별 구체적 사건에 대한 수사지휘부서가 아니라 정책 기능과 일반적 수사지휘기능을 강화하고, 형사법의 정확한 적용여부나 형사사법 행정을 감독하는 부서 등으로 전환되어야 할 것임</u>

※ 향후 우리 위원회는 대검찰청의 조직과 기능에 관한 권고를 할 예정임

○ 대검 검찰개혁위원회(위원장 송두환)도 2018. 9. 13. 제13차 권고로 "국민들은 최근 대법원의 재판개입 사법농단 의혹 사건에서 대법원의 사법행정업무와 재판업무의 집중이 가져오는 폐해를 목격하고 있다. 검찰은 법원의 심급제도에 대응한 대검찰청, 고등검찰청, 지방검찰청의 위계적 조직 구조를 가지고 있는 바, 그로써 상급기관의 지휘감독 기능만이 강조되고 상명하복의 조직문화로 이어진다면 검찰의 준사법적 기능이 독립적, 자율적으로 수행되는데 장해를 야기할 위험이 있다"고 하면서 "검찰행정업무와 준사법적 업무(수사 및 기소, 공소유지 등)을 기능상 분리할 필요가 있으므로 <u>대검의 정책기능, 일반적 지휘감독기능은 강화하되 개별적 구체적 사건의 처리에 대하여는 일선 청의 자율성을 확대하여 수사지휘 기능을 각급 검찰청으로 분권</u>

화하는 방향으로 조직개선안을 마련할 것"을 권고한 바 있음

○ 대검 검개위의 권고처럼 검찰총장의 구체적 수사지휘권을 일선 검찰청으로 분산하는 경우 분산의 단위를 고검으로 할 것인지 지검으로 할 것인지는 입법자가 정책적으로 결정해야 할 문제임. 다만, 지검으로 할 경우 지검 간에는 그 관할 영역이나 규모의 편차가 너무 커(예컨대 서울중앙지검은 검사 인원이 250여 명인데 반해 춘천지검은 검사가 20여명에 불과함) 지검 단위에 일률적으로 구체적 수사지휘권을 부여하기에는 무리가 있어 보임

○ 구체적 수사지휘권 행사시 최소한의 통일성은 기할 필요가 있는 점, 우리 위원회가 제18차 권고에서 권역검사제 도입을 권고한 점, 현재 실질적 기능이 부여되어 있지 않은 고검의 기능을 살릴 필요가 있는 점 등을 고려하여 검찰총장의 구체적 수사지휘권은 각 권역별 고등검사장으로 분산하도록 검찰청법 제8조, 제12조, 제17조 등의 개정 추진을 권고함

> ※ 우리 위원회는 2020. 5. 18. 제18차 권고로 「검찰권의 공정한 행사를 위한 검사 인사제도 개혁」을 발표하면서 "전국 검찰청을 근접 생활권을 중심으로 한 권역으로 나누고 원칙적으로 검사는 동일 검찰청에서 계속 근무하도록 하되 인력수급상 필요한 경우 일정 권역 내 전보인사를 하는 권역검사제의 도입"을 권고한 바 있음.

○ 결국, 검찰총장이 독점적으로 구체적 수사지휘권을 행사할 경우 그 적법성과 정당성을 감시·견제할 기관이 마땅치 않지만, 고등검사장에게 구체적 수사지휘권이 부여될 경우에는 그 적법성과 정당성에 대해 수평적으로 고등검사장들 상호 간, 수직적으로 법무부장관과 검찰총장의 감시, 수사 검사의 의견 반영 등으로 감시와 견제가 현행보다 더 두터워 질 것임. 검찰 외부에서는 고위공직자범죄수사처(공수

처)의 감시와 견제도 작동할 것임. 헌법상의 권력분립 원칙이 실질적
으로 작동하는 검찰 조직으로 재구성될 것임

## 마. 검찰 수사의 정치적 중립 보장

○ 권력분립원칙의 관점에서 검찰총장에 집중된 권한을 분산하여야 함이
마땅함과 동시에 법무부장관이 구체적 수사지휘를 통해 검찰 수사의
정치적 중립을 훼손하는 경우도 방지해야 할 것임

○ 우리나라에서 법무부장관이 검찰총장에게 구체적 수사지휘권을 공식
적으로 발동한 경우는 참여정부 때 천정배 장관이 강정국 동국대 교
수에 대한 국가보안법위반 사건과 관련하여 불구속수사를 지시한 경
우와 최근 추미애 장관이 최근 총장의 측근 검사장이 연루된 이른바
검언유착 의혹 사건과 관련하여 '전문수사자문단 소집 중단'과 '검찰
총장의 수사지휘권 배제'를 지시한 경우가 있었음

○ 세계 각국의 역사에서 내각의 구성원인 법무부장관이 정치적 고려로
검찰 수사에 개입하는 것이 논란이 되고 문제가 되기도 하였음. 최근
캐나다에서는 트뤼도 총리와 핵심 측근들이 뇌물혐의로 조사를 받던
건설사 SNC-라빌린에 기소유예(불기소) 처분이 내려지도록 검찰과
법무부장관(검찰총장 겸직)을 압박한 사실이 밝혀짐[72]

○ 우리나라에서도 유사한 사례로 2013년 국가정보원 여론 조작 사건
(이른바 국정원 댓글 사건)에서 당시 황교안 법무부장관이 원세훈
국정원장의 공직선거법위반에 대해 불기소를 지시하면서 당시 채동
욱 검찰총장과 충돌하였고, 이후 채 총장은 법무부장관이 총장에 대
한 감찰을 지시하자 총장직에서 물러난 사례가 있음[73]

---
72) 연합뉴스, "트뤼도 캐나다 총리, 건설사 기소 막으려 검찰에 부당 압력", 2019. 8. 15.자 기사.
73) 당시 법무부장관 황교안은 공직선거법 적용과 구속영장 청구를 요구하는 대검찰청의 요청을 묵살하고, 선거법을 적용하지
말라고 지시했음 채동욱 검찰총장과 서울중앙지검 및 특별수사팀은 공직선거법을 적용해야 된다는 입장이며 대검찰청 공

○ 이에 검찰총장의 구체적 수사지휘권을 각 고등검사장으로 분산할 경우 '검찰 수사의 정치적 중립' 보장을 위해 법무부장관은 고등검사장에 대해서 서면으로 수사지휘를 하되 사전에 고등검사장의 서면 의견을 듣도록 하고 불기소지휘는 원칙적으로 제한하도록 함

○ 또한, 고등검사장의 개별 사건에 대한 구체적 수사지휘도 서면으로 하여야 하고 수사 검사의 의견을 반드시 서면으로 듣도록 하여 수사 검사의 의견을 최대한 반영할 수 있도록 권고함

※ 유럽평의회74) '형사사법제도에서의 검찰의 역할'(2000.10.6.) 권고내용75)

```
13. 검찰이 정부(government)의 일부이거나 정부에 종속된 경우, 국가는 다음 사항을 보장할 수 있도록 적절한
조치를 취하여야 한다.
d. 정부가 특정 사건을 기소하도록 지휘할 권한이 있는 경우, 그 지휘는 투명성과 공정성이 국내법에 따라 존중
된다는 충분한 보장 하에 이루어져야 하며 정부는 예를 들어 다음과 같은 의무가 있다.
- 관련 검사나 검찰을 대표하는 주체로부터 사전 서면 의견을 받을 것
- 서면 지휘에 대하여 적절히 설명할 것. 특히 서면 지휘가 검사의 의견과 다르고 위계적 통로를 통하여 전달
  될 때 그러함
- 반드시 재판 전에 검사의 의견과 정부의 지휘가 기록의 일부가 되도록 하여 다른 당사자들이 그것을 인지하
  고 그에 대한 견해를 밝힐 수 있도록 함
e. 검사는 서면 지휘를 준수할 의무가 있을 때조차도 법정에서는 어떤 법률상 의견도 진술할 자유가 있다.
f. 원칙적으로 특정 사건에 대한 불기소 지휘는 금지된다. 만일 금지되지 않는 경우라면, 이러한 지휘는 예외적
이어야 하고 위 d. e. 항목에서 규정한 요구가 충족되어야 할 뿐 아니라 특별히 투명성을 보장하기 위하여 적절
하고 구체적인 통제를 받아야 한다.
```

## 바. 법무부장관의 검사 보직 인사 제청시 검찰총장의 의견청취절차 개선

○ 법무부장관이 검사의 보직을 대통령에게 제청할 경우 검찰총장의 의견을 듣도록 한 검찰청법 제34조 제1항에 그 형식이나 절차 등에 대한 구체적 규정이 없어 최근 법무부장관과 검찰총장 간에 갈등과 혼란이 발생한 점, 법무부가 인사권을 통해 검찰을 민주적으로 통제할

---

안부와 황교안 법무부장관은 반대 입장을 보였음. 수사팀의 입장에 반대하며 사건을 진행시키지 않는 것에 대해 황교안 법무부장관은 수사지휘권을 행사한 것은 아니고 의견을 조율한 것이라고 해명하였음.
74) 유럽평의회는 1949년에 설립된 유럽의 국제기구로 2008년 기준 47개국이 가입되어 있음. 유럽의 경제·사회적 발전을 촉진하기 위해 가맹국의 긴밀한 협조에 의한 공동의 이상과 원칙을 지지하고 있으며 국방(군사) 분야를 제외한 모든 분야에서 점진적인 유럽 통합을 지향함. 산하 조직으로 회원국 의무장관으로 구성된 각료 위원회와 자문 위원회, 회원국 의원으로 구성된 의원 회의, 유럽 인권 위원회, 유럽 인권 재판소, 사무국 등의 기구를 두고 있음.
75) "THE ROLE OF PUBLIC PROSECUTION IN THE CRIMINAL JUSTICE SYSTEM", Recommendation Rec(2000)19, 24-25쪽.

필요가 있는 점, 검찰총장의 검사 보직 인사에 관한 의견을 반영할 필요가 있는 점 등을 종합적으로 고려하여, 법무부장관은 검찰인사위원회의 의견을 들어 검사의 보직 인사를 대통령에게 제청하도록 하고, 검찰인사위원회의 장은 검사가 아닌 외부 위원 중에서 호선하도록 하며, 검찰총장은 검찰인사위원회에 검사의 보직 인사에 관한 의견을 서면으로 제출하도록 검찰청법 제34조 제1항, 제35조 제2항 등의 개정 추진을 권고함

### 사. 검찰총장 임명 다양화

○ 검찰청법 제27조에 의하면, 검찰총장은 판사, 검사, 변호인 등으로 15년 이상 그 직에 재직하였던 사람 중에 임명하도록 하고 있으나, 그동안 검찰총장은 현직 남성 검사 중에서 내부 승진으로 임명하는 관행이 고착화되어 있음

○ 검찰총장이 현직 검사에서 바로 검찰총장으로 임명됨에 따라 검찰총장은 국민의 이익보다는 검찰 조직의 이익을 최우선으로 하여 검찰 조직 내부의 비위를 제대로 척결하지 못하는 폐해가 발생하였고 모든 국민이 염원하는 검찰 개혁에는 소극적인 태도를 보여 왔음

○ 검찰총장의 임명자격을 다양하게 규정한 검찰청법 제27조의 취지에 따라 현직 남성 검사에서 검찰총장을 임명하는 현재 관행을 개선하여 판사, 변호사, 여성 등 다양한 출신의 명망 있는 후보 중에서도 검찰총장을 임명하도록 권고함

## 2  권고 사항

### 가. 검찰 수사의 정치적 중립 보장

○ 법무부장관으로부터 검찰 수사의 정치적 중립을 보장하기 위하여 「검찰청법」 제8조 등을 다음과 같이 개정 추진하도록 권고함

- 법무부장관의 구체적 사건에 대한 수사지휘는 각 고등검사장에 대해 서면으로 하되 사전에 고등검사장의 서면 의견을 받을 것

- 법무부장관의 구체적 사건에 대한 수사지휘 중 불기소지휘는 원칙적으로 금지할 것

### 나. 검찰총장의 구체적 수사지휘권 폐지 및 분산

○ 검찰총장에 집중된 수사지휘권을 분산하기 위하여 「검찰청법」 제8조 등을 다음과 같이 개정 추진하도록 권고함

- 검찰총장의 구체적 수사지휘권은 폐지하고 각 고등검사장에게 분산할 것

- 고등검사장의 수사지휘는 서면으로 하고 수사 검사의 의견을 서면으로 들을 것

### 다. 법무부장관의 검사 인사시 검찰총장 의견청취절차 개선

○ 법무부장관이 검사의 보직을 대통령에게 제청함에 있어 검찰총장의 의견을 듣도록 한 「검찰청법」 제34조 제1항 등을 다음과 같이 개정 추진하도록 권고함

- 법무부장관은 검사의 보직을 대통령에게 제청함에 있어 검찰인사위원회의 의견을 듣도록 할 것

- 검찰총장은 검사의 보직에 대한 의견을 검찰인사위원회에 서면으로 제출하도록 할 것

- 검찰인사위원회의 위원장은 검사가 아닌 '외부 위원' 중에서 호선할 것

(검찰인사위원회의 실질화에 대한 우리 위원회 제18차 권고안 참고)

**라. 검찰총장의 임명 다양화**

- 검찰총장이 검찰 조직의 이익을 우선하고 검찰 내부의 비위를 제대로 척결하지 않는 폐해를 유발하는 획일적인 조직문화를 시정하기 위하여, 검찰총장을 현직 검사에서만 임명하는 현재 관행을 개선하도록 권고함

- 검찰총장의 임명자격이 다양하게 규정되어 있는 검찰청법 제27조를 고려하여 판사, 변호사, 여성 등 다양한 출신의 명망 있는 후보 중에서도 검찰총장을 임명할 것을 권고함

## 3  기대 효과

○ 검찰총장에 집중된 수사지휘권을 폐지, 분산함으로써 검찰 내부 권력 상호 간에 실질적인 견제와 균형이 작동하도록 하는 한편, 검찰총장이 직접 수사를 지휘함으로써 발생하는 선택, 표적, 과잉, 별건 수사 등의 폐해를 개선할 수 있음

○ 법무부장관의 불기소 수사지휘를 원칙적으로 금지함으로써 부당한 정치적 영향력을 차단할 수 있음

○ 법무부장관의 검사 보직 인사 제청 시 검찰인사위원회의 의견을 듣도록 하고 검찰총장은 검찰인사위원회에 서면으로 의견을 진술하도록 함으로써 검찰 인사에 대한 민주적 통제를 강화하고 법무부장관과 검찰총장 간의 검사 보직 인사와 관련한 갈등을 방지할 수 있음

○ 현직 검사 중에서만 검찰총장을 임명하는 관행을 개선함으로써 검찰 조직의 이익을 최우선으로 하거나 검찰 내부의 비위를 은폐 축소하는 '제 식구 감싸기' 등의 폐단을 시정할 수 있음

## 검찰청법 개정안 조문 비교

| 현행 | 개정 |
|---|---|
| 제8조(법무부장관의 지휘·감독) 법무부장관은 검찰사무의 최고 감독자로서 일반적으로 검사를 지휘·감독하고, 구체적 사건에 대하여는 검찰총장만을 지휘·감독한다.<br><②항 신 설 ><br><br><③항 신 설 > | 제8조(법무부장관의 지휘·감독) ① 법무부장관은 검찰사무의 최고 감독자로서 일반적으로 검사를 지휘·감독하고, 구체적 사건에 대하여는 고등검사장만을 지휘·감독한다.<br>② 법무부장관은 구체적 사건에 대한 지휘 시 서면으로 하여야 하고, 사전에 고등검사장의 의견을 서면으로 들어야 한다.<br>③ 법무부장관은 구체적 사건에 대한 수사지휘시 불기소지휘를 하여서는 아니 된다. |
| 제12조(검찰총장)<br>① <생 략><br>② 검찰총장은 대검찰청의 사무를 맡아 처리하고 검찰사무를 총괄하며 검찰청의 공무원을 지휘·감독한다.<br>③ <생 략> | 제12조(검찰총장)<br>① (현행과 같음)<br>② 검찰총장은 대검찰청의 사무를 맡아 처리하고 검찰사무를 총괄하며 검찰청의 공무원을 일반적으로 지휘·감독한다.<br>③ 현행과 같음 |
| 제17조(고등검찰청 검사장)<br>① <생 략><br>② 고등검찰청 검사장은 그 검찰청의 사무를 맡아 처리하고 소속 공무원을 지휘·감독한다.<br><br>③ < 신 설 > | 제17조(고등검찰청 검사장)<br>① (현행과 같음)<br>② 고등검찰청 검사장은 그 검찰청의 사무를 맡아 처리하고 관할 검찰청의 검찰사무를 총괄하며 관할 검찰청의 공무원을 지휘·감독한다.<br>③ 고등검찰청 검사장은 구체적 사건에 대한 수사지휘권 행사시 서면으로 하여야 하고 수사 검사의 의견을 서면으로 들어야 한다. |

| 현행 | 개정 |
|---|---|
| 34조(검사의 임명 및 보직 등) ① 검사의 임명과 보직은 법무부장관의 제청으로 대통령이 한다. 이 경우 법무부장관은 검찰총장의 의견을 들어 검사의 보직을 제청한다.<br>② <신 설> | 제34조(검사의 임명 및 보직 등) ① <u>검사의 임명과 보직은 법무부장관의 제청으로 대통령이 한다. 이 경우 법무부장관은 검찰인사위원회의 의견을 들어 검사의 보직을 제청한다.</u><br>② <u>검찰총장은 검찰인사위원회에 검사의 보직에 대한 의견을 서면으로 제출하여야 한다.</u> |
| 제35조(검찰인사위원회) ① (생략)<br>② 인사위원회는 위원장 1명을 포함한 11명의 위원으로 구성하고, 위원장은 제3항에 따른 위원 중에서 법무부장관이 임명하거나 위촉한다. | 제35조(검찰인사위원회) ① 현행과 같음<br>② 인사위원회는 위원장 1명을 포함한 11명의 위원으로 구성하고, <u>위원장은 제3항에 따른 검사 아닌 위원 중에서 호선한다.</u> |

## (활동을 종료하며) 국민께 드리는 글

검찰 개혁은 국민의 염원이 모인 시대적 과제입니다. 2기 법무검찰개혁위원회 (이하 위원회)는 법무행정과 검찰의 개혁안을 마련하는 장관 자문기구로서 1년 동안 법무부 장관에게 총 25차례 개혁방안을 권고하였습니다. 위원회는 9월28일 활동 종료를 맞이하여 국민 여러분께 경과를 보고 드리려 합니다.

위원회는 과연 진정한 검찰 개혁이란 무엇인가를 엄중히 고민하였습니다. 검찰 개혁은 검찰 스스로 권력이 되는 무소불위의 시대를, 이제는 끝내자는 것입니다. 군사독재 시절 비대해졌던 권력기관들은 민주화 이후 하나둘씩 제 자리를 찾아 가고 있습니다. 검찰만 예외일 수는 없습니다. 검찰 개혁은 검찰을 헌법이 명령 하는 자리로 돌려놓는 것입니다.

그러나 동시에, 검찰은 정치권력의 뜻대로 움직이는 기관이 되어서는 안 됩니 다. 정권과 친하다고 해서 봐 주고, 정권과 사이가 나쁘다고 해서 죄 없는 사람 을 괴롭히는 검찰. 이런 검찰을 바라는 국민은 없을 것입니다. 검찰권은 어떤 세 력이 집권하든 중립적이고 공정하게 행사되어야 합니다.

권한을 검찰총장에서 법무부장관으로 옮길 것이냐, 아니면 법무부장관에서 검찰 총장으로 옮길 것이냐. 무소불위 검찰권을 통제하려면 법무부장관이 힘을 가져 야 하느냐, 정치권력의 외풍을 막아내려면 검찰총장이 힘을 가져야 하느냐. 이 양자택일이 검찰개혁 논의의 전부인양 오해되고 있습니다. 이렇게 물어서는 답을 구할 수 없습니다.

무소불위의 권한은 누가 갖든 문제를 일으킵니다. 누구도 권한을 마음대로 휘두를 수 없도록 검찰권을 분산하고 견제와 균형이 작동하도록 만드는 것. 그것이 검찰 개혁의 핵심 과제입니다. 위원회는 활동기간 내내 일관되게 이 목표를 추구하였습니다. 검찰 개혁을 왜곡하는 가짜 질문과 가짜 논쟁을 뛰어넘어 제대로 된 논의를 해야 한다는 막중한 책임감으로, 위원회 활동의 핵심 취지를 국민께 보고 드립니다.

인사는 조직을 움직이는 가장 막강한 권력입니다. 그래서 조직을 바꾸려면 인사를 바꿔야 합니다. 위원회는 검찰 인사 개혁안을 총체적으로 제시했습니다. 그 것이 18차 권고입니다.

그동안 검찰은 형사부 공판부 부장 자리에도 특수·공안·기획 등 이른바 '잘나가는' 검사들을 대거 앉혀왔습니다. 형사부 공판부 검사들은 한직으로 밀려난 느낌을 받을 수밖에 없었습니다. 그런가 하면 '출셋길'에 진입한 특수·공안·기획 검사들은 더 높은 곳을 바라보고 인사권자에게 충성하게 됩니다. 18차 권고에서 위원회는, 형사부 공판부에서 경력이 풍부한 검사들을 형사부 공판부 부장으로 임명하라고 권고합니다. 이런 당연한 이야기까지 권고해야 하는 게 검찰의 현주소입니다.

검찰의 전보인사는 1년 단위로 매우 짧게 이뤄집니다. 인사 단위가 짧을수록 다들 인사만 바라보게 되니 인사권자는 힘이 세집니다. 위원회는 전보인사를 줄여 인사 폭을 길게 하고, 기관장 임기제도 보장하며, 인사 원칙을 투명하게 공개하라고 권고하였습니다. 인사권을 마음껏 자주 휘두를 수 없도록 하라는 겁니다.

검찰 인사권을 법무부 장관이 행사할지 검찰총장이 행사할지를 두고도 많은 논란이 있었습니다. 답은 그 누구도 혼자서 검찰 인사를 좌지우지하지 못하게 하는 것입니다. 위원회는, 지금은 유명무실한 검찰인사위원회를 월 1회로 정례화하고 민주적으로 선출된 직급별 검사대표도 참여해서 기관장 보직도 심사하는 등 실질적인 권한을 주라고 권고했습니다. 검찰인사위원회가 제대로 돌아가면 인사권을 장관이든 총장이든 한 명이 휘두르기 어려워집니다.

인사가 '구조적'으로 조직을 틀어쥐는 힘이라면, 업무분장은 '일상적'으로 조직을 틀어쥐는 힘입니다. 직장생활을 해본 분이라면 누구나 쉽게 공감하실 겁니다. 검찰도 다르지 않습니다. 검찰에서 업무분장이라고 하면 핵심은 사건 배당입니다. 이 것을 4차 권고에서 다루었습니다.

검사는 어떤 사건을 맡느냐에 따라 '출셋길'에 진입할지 탈락할지 결정됩니다. 상급자가 키우고 싶은 검사에게 중요한 사건을 몰아주는 '특혜배당'을 하고 눈 밖에 난 검사에게 일만 많고 공적은 없는 '폭탄배당'을 터뜨려도, 지금 구조에서는 견제할 방법이 없습니다. 이러면 검사가 본연의 업무에 집중하기보다는 상급자에게 잘 보이는 게 더 중요해집니다.

그래서 4차 권고에서 위원회는 검찰청마다 '사무분담 및 사건배당 기준위원회'를 만들어서 배당을 하라고 권고합니다. 평검사와 수사관 등 구성원들이 다양하게 참여하는 위원회입니다. 이런 위원회는 상급자의 전횡은 견제하면서, 사건마다 전문성이 있는 검사가 누군지 잘 알아서 적임자에게 배당을 할 수 있습니다. 그리하여 검사가 본연의 업무에 집중할 수 있도록 만들어줍니다.

위원회는 무소불위의 검찰권을 누가 더 가져야 한다는 식으로 권고하지 않습니다. 위원회는 검찰 조직 자체가 보다 민주적으로 작동하여야 한다고 권고합니다. 특수부와 형사부가, 상급자와 평검사가, 선배 검사와 후배 검사가, 검사와 검찰수사관이, 상명하복 구조에서 벗어나 견제와 균형의 원리로 옮겨가도록 권고합니다. 위원회가 낸 모든 권고가 이 취지와 목적에 기초하여 만들어졌습니다만, 특히 핵심이 되는 권고는 앞서 보고드린 4차 18차 외에도 아래와 같은 것들이 있습니다.

검찰 개혁을 위해서는 검찰 내부에서 일반 검사들과 검찰수사관 등 검찰 구성원들의 목소리가 다양하고 활발하게 나올 필요가 있습니다. 그래서 위원회는 일반검사회의와 수사관회의 등 회의체를 만들고 활동할 수 있도록 보장하라고 권고합니다. 9차 권고입니다. 일반검사회의는 상급자의 부당한 업무지시를 견제하고, 수사관회의는 검사의 권한 남용을 견제합니다. 이 회의체는 앞서 권고한 사건배당위원회를 민주적으로 선출하는 역할도 합니다.

검찰은 기소권을 독점한 기관입니다. 검찰이 고위공직자나 동료 검사를 '봐주기 불기소'해도 그동안은 견제할 방법이 없었습니다. 위원회는 고위공직자 수사가 불기소로 결론이 날 경우, 불기소결정문을 국민이 볼 수 있도록 공개하라고 권고하였습니다. 10차 권고입니다. 불기소결정문 공개는 '봐주기 불기소'를 하기 껄끄럽게 만들 것입니다.

수사권과 기소권 분리는 사회적 합의입니다. 따라서 검찰이 앞장서 노력할 필요가 있습니다. 위원회는 검찰 직접수사를 축소하고, 검찰 조직의 무게중심을 특수부에서 형사부 공판부로 옮기라고 권고했습니다. 위원회가 최초로 내놓은 1차 권고였습니다.

한편, 검찰총장의 권한이 강해야 검찰권 행사의 중립성과 공정성을 지킬 수 있다는 주장이 있습니다. 검찰총장은 더이상 올라갈 자리가 없으므로 대통령 눈치 보지 않고 검찰의 '맏형'으로 외압을 차단해 줄 수 있으니, 이것이 검찰의 중립성을 지키는 길이라는 겁니다.

그렇지 않습니다. 검찰총장의 권한이 강하면, 정치권력이 검찰을 장악하는 게 오히려 쉽습니다. 검찰총장 한 명만 장악하면 검찰조직 전체를 장악할 수 있기 때문입니다. 이런 검찰총장이 '맏형 검찰총장'보다 실제 역사에서 훨씬 흔했습니다. 이제는 이런 일이 가능해서는 안 됩니다.

어떤 정권도 검찰을 무기로 쓸 수 없게 만드는 동시에, 검찰이 무소불위의 힘을 휘두를 수도 없게 만들어야 합니다. 위원회가 찾은 답은 검찰권 분산입니다. 견제와 균형의 원리가 조직 안팎으로 여러 차원에서 작동하도록 만들어야 합니다. 지금 검찰의 작동원리는 정반대입니다. 인사, 승진, 사건배당 등 모든 제도가 집중과 상명하복의 원리로 설계되어 있습니다. 이런 제도들이 서로 촘촘히 맞물려 있습니다.

예를 들어 검찰인사위원회를 제대로 하고 싶어도 전보인사가 지금처럼 너무 잦으면, 인사위원회로는 그 수많은 인사를 다 처리하기 어렵습니다. 그러니 지금 구조에서 검찰인사위원회 하나만 덜렁 강화하면 실패하기 쉽습니다. 제도 한두 개를 개혁적으로 바꿔 봐도 다른 제도들과 원리가 어긋나서, 정착하지 못하고 팅겨 나오는 것입니다. 검찰 개혁이 그토록 어려운 과제인 이유가 여기에 있습니다.

검찰 개혁을 좌초시켜온 세력이 즐겨 써온 방법은 개혁의 총체성을 흔드는 것입니다. 총체적으로 제시된 개혁 과제 중 한두 개를 떼어 논의하면서, 검찰 조직과 맞지 않는다고 낙인찍는 방식으로 개혁을 좌초시켜 왔습니다. 그러므로 검찰 개혁은 개혁안 한두 개를 시험해보는 식이어서는 안 됩니다. 검찰 조직의 집중과 상명하복 원리 자체를 바꾸는 것이어야 합니다.

그래서 검찰 개혁은 총체성이 중요합니다. 잘 맞물린 개혁 패키지가 필요한 이유가 여기에 있습니다. 개혁안이 제대로 실현되기 위해서는 개혁 패키지는 반드시 총체적으로 실현되어야 합니다. 검찰 개혁을 바라는 국민들께서는 이 점을 특히 관심 있게 지켜봐 주시기 바랍니다.

이번 정부 들어 1기와 2기 법무검찰개혁위원회 외에도, 대검찰청 검찰개혁위원회와 법무부 성희롱성범죄대책위원회까지 모두 네 개 위원회가 활발히 활동하였습니다. 내놓은 권고가 합쳐서 60개입니다. 위원회는 활동 종료를 맞이하여 4개 위원회의 권고가 얼마나 이행되고 있는지, 너무 최근에 나와서 이행할 시간이 없었던 권고 등을 빼고 43개 권고의 이행 여부를 점검해 봤습니다. 이행상황점검을 별지로 작성해보았습니다. 위원회 활동이 종료되는 시점에서 평가해 보면, 이행 현황은 만족스럽지 않습니다. 위원회는 자문기구입니다. 권고를 이행할 주체는 법무부와 검찰입니다. 위원회는 개혁의 총체성이 후퇴하지 않을까 걱정하고 있습니다.

위원회는 활동기간 내내 국민 여러분의 뜨거운 관심과 성원, 따끔한 질책과 비판 모두를 분에 넘치도록 받았습니다. 진정한 검찰 개혁을 바라는 국민의 염원이 그만큼 간절해서일 것입니다. 위원회가 내놓은 25개 권고가 의심의 여지없는 정답이라고 생각하지는 않습니다. 다만 우리 사회가 검찰 개혁을 논의할 때 기준이 될 수 있는 원칙과 기조를 제대로 세울 수 있도록 최선을 다해 치열하게 고민하였습니다.

1년전 위원회가 활동을 시작하면서 내놓은 4대 개혁기조를, 활동을 종료하는 오늘 되돌아봅니다. 위원회는 1) 비대해진 검찰조직을 정상화하고 2) 검찰조직의 내부 투명성을 높여 3) 검찰권이 공정하고 적정하게 행사되도록 하며 4) 수사과정에서 국민 인권을 더 잘 보장하도록 하겠다는 기조를 세웠습니다. 검찰권이 분산되고 견제와 균형의 원리가 관철되어야 한다는 위원회의 결론, 그래야만 국민 인권이 제대로 보장된다는 답은, 이 개혁기조를 중심에 두고 1년간 치열하게 고민해온 결과입니다.

이제 위원회의 권고가 어떻게 실현되어 나갈지 국민 여러분과 함께 지켜볼 일이 남았습니다. 위원회가 활동을 마친 후에도 위원 모두는 각자의 자리에서, 검찰개혁이 올바른 길로 가도록 감시하고 독려하고 논쟁하는 책임을 다할 것입니다. 그것이 국민 여러분이 보내 주신 과분한 성원에 보답하는 길이라고 생각합니다. 깊이 감사드립니다.

# VI
## 남은 과제

# 남은 과제

**가.**

나는 1기 법무검찰개혁위원회 위원으로 1년, 2기 법무검찰개혁위원회 위원장으로 다시 1년간 활동하였다. 두 번에 걸친 법무검찰개혁위원회는 법무, 검찰과 관련하여 많은 개혁안을 발표하였다. 대검에서는 검찰개혁위원회가 1년간 활동하면서 많은 개혁안을 발표하였다. 2019년 말과 2020년 초에는 국회에서 공수처법이 통과되고 검경 수사권 조정안 등이 담긴 검칠청법 및 형사소송법 개정안이 통과되었다. 이로도 부족하여 2022년 다시 검찰 수사 범위를 2개의 범죄로 제한하는 법률이 통과되었다. 국회에서 검찰개혁 관련 법안이 통과된 일은 앞으로 검찰개혁의 시발점이 될 것이라고 평가되었다. 그러나 윤석열 정부가 등장한 이후 시행령 통치로 검경 수사권 조정 취지가 무색해졌다. 또 공수처는 처음부터 예상한 대로 제 기능을 하지 못했다. 윤석열 집권 이후 검찰을 비롯한 모든 권력 기관이 퇴행적 모습을 보였다. 일방적이고 무법적인 검찰 국가화 현상의 끝에 계엄과 대통령 탄핵 사태까지 발생하였다.

**나.**

내란 사태를 거치면서 공수처법 문제가 부각되기 시작했다. 수사권 문제부터 인력 부족 문제까지 공수처의 문제점을 국민이 깊이 인식하였다. 그러나 공수처법 제정 당시 규모를 줄이고 수사 대상을 축소하는 법안이 통과될 때부터 충분히 예상할 수 있던 일인데도 미리 준비하지 않은 잘못이 크다. 검경 수사권 조정안도 불충분하다. 비록 경찰 수사권은 인정되었지만 검찰의 직접수사 범위가 너무 넓었다. 윤석열 정부는 시행령으로 검찰이 모든 수사를 할 수 있게 하여 검찰권을 온존하였다. 안일한 국회 입법 과정에서 기인한 결과다. 전술하였듯 일본의 경우도 검찰과 언론이 결합하여 새로운 정치 세력을 무너뜨린 전례가 두 번이나 있는데, 일본 검찰과 비교하여도 우리나라 검찰은 특수수사 범위가 너무 넓어 무소불위 권한을 행사할 소지가 크다. 검찰 인력은 오히려 늘어나고 있다.

**다.**

검찰개혁은 검찰 권한을 조정하는 데만 머무르는 것이 아니라 전체 권력기관개혁과 맞물린다. 정보, 수사, 기소, 재판은 연속적인 과정이고, 하나하나가 모두 국민의 자유와 인권을 침해할 소지가 있다. 원칙적으로 정보는 정보기관이, 수사는 수사기관이, 기소는 법률가로 이루어진 검찰이, 재판은 법원이 담당하는 것이 순리이며, 기관 간 권한 분산 및 견제를 통하여 국민의 자유와 인권 침해를 최소화하는 것이 권력기관 간 권한 분배의 원칙이다. 역사적으로 우리나라는 권력기관 간 권한 분배의 원칙에 충실하지 못하여 권력기관이 여러 권한을 동시에 가지고 있었다. 민주주의가 성숙한 지금은 원칙에 맞추어 권력기관의 권한을 재조정하여야 한다. 경찰의 정보 기능 축소, 검찰의 직접수사를 없애는 제도개혁을 동시에 진행하여야 한다. 내란 사태 이후, 검찰은 공소기능만 담당해야 한다고 국민적 합의가 모아지고 있다. 거기에 시민적 통제까지 더해야 한다. 권력기관은 통제되지 않을 경우 무소불위의 조직으로 성장할 가능성이 높은 조직이다.

**라.**

경찰이 수사권을 가질 경우, 그렇지 않아도 인권침해 가능성이 상당했는데, 위험성이 더 커질 수 있다.* 자치경찰제 실시와, 행정경찰과 수사경찰 분리, 경찰위원회 실질화 등으로 폐단을 줄일 수 있다.** 그러나 현재의 자치경찰제는 자치경찰의 실질이 없고, 행정경찰과 수사경찰의 분리도 완전하지 않다. 국가수사본부는 인적, 제도적, 법률적 관점에서 보았을 때 경찰청 통제를 벗어나기 쉽지 않다. 행정안전부는 경찰국 신설을 통하여 경찰에 대한 직접 통제를 노골화하였다. 경찰위원회의 권한도 충분하지 않다. 전직 고위 경찰이 경찰위원으로 임명된 경우가 많다고 한다. 앞으로도 경찰 통제는 쉽지 않을 것이다. 경찰 수사에 대한 제도적 통제 방법도 강구하여야 한다.

---

\* &lt;경찰의 민낯&gt;(장신중)
\*\* &lt;김인회의 경찰을 생각한다&gt;(김인회)

**마.**

개혁은 항상 진행형이다. 법률이 개정되었지만 현실은 변하지 않았다. 권력기관이 권한을 행사하는 과정에서 나타나는 모순, 불합리를 발견하고 시정하는 노력을 앞으로도 게을리 하지 않아야 할 것이다.

# VII
마치며

# 마치며

문재인 대통령 퇴임 후인 2023년 2월 3일, 양산 평산마을을 방문해서 윤 정부의 정치, 검찰개혁 등을 주제로 대화를 나눴다. 조국 전 장관 사건 1심 판결 선고가 있던 날이다. 왼쪽부터 1기 법무검찰개혁위원 이윤제 교수, 문재인 대통령, 2기 법무검찰개혁위원 이석범 변호사, 필자.

2기 법무검찰개혁위원장 임기를 마친 후 2022년 대선에서 윤석열 후보가 승리할 무렵, 위원회 활동을 정리하여야겠다고 마음먹었다. 검찰개혁 후퇴가 예상되었고, 언젠가는 다시 올 검찰개혁의 기회에 작은 도움이라도 되어야겠다는 생각을 했다.

　정리를 해놓고 보니 여러 가지 생각이 교차한다. 열정적으로 일했지만 그래도 부족했다. 2020년 3월경 불충분한 검찰개혁으로 인해 다시 검찰의 시간이 온다는 경고를 들었는데* 이것이 결국 현실화되고 만 것이다. 이제 검찰의 시간을 끝낼 때가 되었고, 다시는 검찰의 시간이 올 수 없도록 제도개혁을 해야 한다. 부족하고 불완전한 것도 기록으로 남겨야 한다는 생각을 했다. 이를 디딤돌로 다시 일어설 수 있기 때문이다. 그래서 문재인 정부의 검찰개혁을 돌아보고 우리 위원회 활동을 기록해야 한다. 실패의 기록도 성공의 기록도 필요하다. 제도는 시간이 지나면 항상 현실과 괴리될 수 밖에 없기 때문에 변화하는 시대 상황에 따라 개선과 개혁이 필요하다. 그때 이 기록이 조금이나마 도움이 될 것이라 생각한다.

---

\* &lt;검찰외전: 다시 검찰의 시간이 온다&gt;(강희철)

# 참고문헌

문재인, 김인회의 검찰을 생각한다 (문재인, 김인회)

김인회의 사법개혁을 생각한다 (김인회)

법무검찰개혁위원회 백서

2기 법무검찰개혁위원회 백서

국가정보학 (전웅)

검찰공화국, 대한민국 (김희수 외 3)

법원과 검찰의 탄생 (문준영)

일본형사소송법 (히라라기 토키오)

참여연대 사법감시센터 검찰보고서

문재인 정부 100대 국정과제 추진 실적

2018년도 국정과제 추진 실적 자료 (국민주권분과)

죄수와 검사, 죄수들이 쓴 공소장 (심인보, 김경래)

경찰의 민낯 (장신중)

경찰을 생각한다 (김인회)

검찰외전: 다시 검찰의 시간이 온다 (강희철)

경찰개혁위원회 백서

검찰 과거사위원회 자료집

경찰개혁위원회 1년의 기록

사법개혁 리포트 (김선수)